点集落

▍宮城県栗原市入の沢遺跡空撮（東北歴史博物館蔵）

古墳文化の北上

最北の前方後円墳

▍奥州市角塚古墳　写真提供：奥州市教育委員会

“蝦夷の墓”末期古墳

青森県おいらせ町阿光坊古墳群　写真提供：おいらせ阿光坊古墳館

青森県八戸市丹後平古墳群・
同15号墳出土金装獅嚙環頭大刀柄頭
（八戸市博物館蔵）

陸奥国最北の城柵　志波城
写真提供：盛岡市教育委員会

多賀城　政庁南面道路全景
(東北歴史博物館蔵)

蝦夷支配と仏教の広がり

福島県南相馬市大悲山石仏群千手観音菩薩像と
2011年に倒壊した覆屋の復旧にともなう発掘調査現場
写真提供：南相馬市教育委員会

アイヌ史における古代

北大構内のサクシュコトニ川遺跡にしかけられた擦文文化期のテシ（木杭列）

写真提供：北海道大学埋蔵文化財調査センター

骨製針入れ

写真提供：根室市歴史と自然の資料館

大陸製の青銅製帯飾板

（枝幸町教育委員会蔵）

擦文土器

（厚真町教育委員会蔵）

イクパスイ

（北海道立埋蔵文化財センター蔵）

陸奥と渡島

シリーズ ⁘ 地域の古代日本

吉村武彦
川尻秋生
松木武彦
編

角川選書
656

刊行にあたって

古代で倭国・日本とされた列島地域は、『日本書紀』の国生み神話では「大八洲国」と呼ばれていた。本州・九州・四国島という主要な三島と隠岐・佐渡などの島々である。この大八洲国に、蝦夷が居住する「渡島」がある北海道と、「南島」の南西諸島が加わって現在の日本国が構成されている。

律令制国家の時代は、行政的区分として五畿七道（天平宝字元年〈七五七〉の和泉国の建国までは四畿七道）に分かれていた。畿内は大和・河内・和泉・摂津・山背国からなり、七道は東海・東山・北陸・山陰・山陽・西海・南海道である（東海道から時計の逆回りに呼ぶ）。各国には国府と国分寺があり、複数の郡から構成され、在地の有力者が郡司として地域の支配に加わっていた。

さて、人の一生をみるに、物心がついた居住地から郷土意識が芽生える。それが誕生地であれ、移住地であれ、マチやムラという馴染の地域となる。やがて成長するにつれ、村・町や市、そして都道府県へと行動範囲が拡がっていき、やがて日本を意識するようになる。

近年では、教育・メディアの影響で標準語が一般化している。しかし、たとえば「×」記号の読みは、関東では「ばつ」、関西では「ぺけ」、九州では「ばってん」などと読まれ、それぞれの地方に根づく言葉として使われている。地域に根ざした文化は、ひとつの言葉でさえ、特色のある呼び方として今日まで続いている。これが生活習慣となると、方言以上に地域独自の特徴を持っている。おそらく古代を含め、歴史的に形成されてきたものと思われる。このように、一人ひとりが個性を持つように地域にも独自の文化があり、それらが歴史的・複合的に形成されて、今日の日本文化を成り立たせている。

　これまでKADOKAWAでは、地域の歴史に焦点をあてた書籍を多く刊行してきた。『角川日本地名大辞典』（全五一巻、一九七八～九〇年）は、都道府県別の地名研究に大きな足跡を残してきた。

　そして、本企画の前身となるシリーズ『古代の日本』（全九巻、一九七〇～七一年）、『新版 古代の日本』（全一〇巻、一九九一～九三年）を出版し、地域に根ざした歴史の解明に寄与してきた。その後、三〇年近く経ち、都城や地域の国府・郡家（ぐうけ）の官衙（かんが）遺跡などの発掘による新発見や、数多くの木簡・墨書土器などの文字史料が出土し、地域の歴史研究もめざましく発展した。新聞を飾る考古学上の新発見もあいつぎ、研究者ばかりか一般の歴史愛好者の関心を集めている。

　選書版『地域の古代日本』は、これまでの『古代の日本』シリーズの学術的意義を受け継いでいくとともに、新版刊行後における考古学・歴史学の研究成果を反映して、一般の読者に地域の歴史をわかりやすく解き明かすシリーズとして企画した。

　シリーズの構成はコンパクトにまとめて全六巻とし、『東アジアと日本』を総論として、『陸奥と渡島』、『東国と信越』、『畿内と近国』、『出雲・吉備・伊予』、『築紫と南島』と展開する。

ただし、地域編についても、各地域の具体的特徴がわかるようなテーマを設定するとともに、日本の全体像が理解できるように構成して、列島全域を再現することを試みた。

なお、巻末には地域を詳しく知るための文献案内のほか、博物館・埋蔵文化財センター展示室など地域の歴史遺産を実見できるように、ガイドを掲載した。ぜひ地域の歴史の面白さを実感してほしい。

吉村武彦
川尻秋生
松木武彦

執筆者一覧　282

本文中の「＊」は、巻末の「キーワード解説」の用語の初出に付けたものである。

本巻への招待

本巻は、日本列島最北部の東北と北海道をあつかう。

東北と北海道は歴史的にみても関係が深い。二〇二一年、三内丸山遺跡をはじめとする一七遺跡が「北海道・北東北の縄文遺跡群」として世界遺産に登録されたが、とくに北海道と北東北の縄文遺跡が選ばれたのは、東北地方から北海道西部にかけてブナ林を中心とした冷温帯広葉樹林が広がっていることに加えて、沖合では親潮・黒潮や対馬海流などが交差するなど、狩猟・採集・漁労を基盤とする縄文文化に適した自然環境にめぐまれていたことが大きい。そのためこの地域では縄文文化がとくに発達し、規模が大きく、ユニークな遺跡が数多く形成されたのである。

東北北部と北海道は、自然環境が類似することに加えて、有史以前から交流が盛んであった。大化改新の少しあと、阿倍比羅夫が軍船を率いて日本海側を北上し、秋田などを経て渡島まで遠征を行うが、この渡島こそが北海道の古名である。それは比羅夫が生きた羆二頭と羆の毛皮七〇枚を携えて飛鳥の都に帰還したことからも裏づけられる。比羅夫の遠征が渡島まで及んだのは、東北北部と北海道の間に形成されていた交流のネットワークに導かれたものとみてよい。

古代に東北・北海道を一括するものとしてまっ先に上げられるのは、何といっても蝦夷であろう。蝦夷といえば、通常は東北地方を思い浮かべるが、右の比羅夫の記事に出てくる渡島の住民も「蝦夷」とよばれているので、蝦夷に北海道の住民が含まれていたことは確実である。

列島の最北部にあたる東北・北海道は、他の地方とは、政治的、文化的に異質な点が少なくない。とくに北海道では、通常の日本史とは異なる時代区分が用いられている。北海道には稲作や古墳が伝播せず、縄文のある土器が作られ続けるので、その時期を続縄文文化期とよんでいる（弥生・古墳時代ごろ）。

その後、大陸・サハリン方面の文化の影響を受けたオホーツク文化が形成され、もう一方では本州方面の土師器文化の影響を受けて擦文文化が成立する。両文化はしばらく併存するが、平安後期になるとしだいに融合し、また土器を作らなくなって、中世初頭にはいわゆる「アイヌ文化期」となる（図2-1、6-1参照）。

近年、北海道の歴史を「アイヌ民族を主体とする歴史」としてとらえ直す立場が重視され、古代から一貫してアイヌ民族の歴史的形成をたどる試みがなされるようになってきた。

一方、東北地方は古代には国家の北縁部にあたっていた。古墳時代には東北地方のちょうど真ん中の宮城・山形県の北部までは古墳文化本来の古墳が継続的に造られた。この時期、それより北の東北北部には、北海道から続縄文文化が南下してくる（三～六世紀）。このように古墳時代の東北地方は、倭王権と一定の政治関係を結んで古墳を築造した地域と、北方文化圏に含まれる地域に二分されるのである。

六世紀半ばころ、倭王権は有力首長を国造（くにのみやつこ）に任命して地方支配をおこなう国造制が成立する。その北限が新潟平野と阿武隈（あぶくま）川河口を結ぶラインで、それより北の住民が一括して蝦夷とよばれた。さらに大化改新時には、このラインのすぐ北側にそって城柵（じょうさく）が置かれ、国家の支配領域を北方へ拡大する政策がとられるようになる。八世紀前半には、出羽（でわ）国では庄内（しょうない）地方に出羽柵が、陸奥（むつ）国では大崎（おおさき）地方の北縁部に城柵・郡家などが列をなして〝防衛ライン〟が形成されるが、これが古墳文化の北限ラインにほぼ一致する。さらに八世紀後半には三十八年戦争が勃発（ぼっぱつ）し、それがほぼ終結した九世紀初頭には胆沢（いさわ）・志波（しわ）城が築かれ、律令（りつりょう）国家の北辺はほぼ北緯四十度まで北上する。これより北の本州最北部は一二世紀ごろまで建郡が遅れ、糠部（ぬかのぶ）や外ヶ浜（そとがはま）など中世まで建郡されない地域も残る。

このように東北地方は、古代の最後まで国郡制に組み込まれない地域が残り、蝦夷とよばれる人びとが存在した点で、本州以南のほかの地域にはみられない特色をもっていた。

なお、本巻の諸論考では、蝦夷を「蝦夷」、あるいは「エミシ」と表記する場合もあるが、それぞれの執筆者の立場を尊重して、あえて統一はしていない。

以下、本巻所収の諸論考の内容を紹介しておきたい。

1章「古代東北の歴史環境」（熊谷公男）は、古墳時代前期に形成された南北文化の境界ラインが七世紀以降も変質しながら存続することを指摘し、そのライン以北に住む東北北部および北海道の蝦夷が言語や墓制などを異にする異文化集団としての性格を保持し続けていたことを論じる。またこのライン以北に分布する末期古墳は、形態的には古墳文化の影響を強く受けているが、古墳時代が終わったあとも二〇〇年以上にわたって独自の埋葬儀礼を保持し続けたことを示す墳墓で、この地域にすむ蝦夷の文化的主体性を示すものとして積極的に評価すべきことを論じる。

2章「続縄文文化の発達」(高瀬克範)は、北海道の歴史における続縄文文化の位置づけを、とくにその後期における交易の重要性の高まりから考える。

まず続縄文後期にサケ科魚類重視が全道的に広がるのは、この時期に急速に普及しはじめる鉄器を本州から入手するための交易の対価とされたためと考える。さらにこの時期の竪穴(たてあな)住居の消滅や、東北北部への続縄文文化の広がりも、サケ科魚類の交易と関係する事象とし、その点から続縄文後期はアイヌ経済の原型が形作られはじめた時期と評価する。

3章「前方後円墳の北限と「蝦夷」の墳墓」(菊地芳朗)は、東北南部まで分布する古墳と東北北部から北海道島の一部に分布する末期古墳を相互に比較した論考。

まず古墳と古墳文化は、おおよそ大崎平野と山形盆地を北限とするが、互いに入り組んでいて一本の境界線によっては分けられないとする。また古墳は東北へ徐々に北上してきたわけではなく、前期のうちにいっきに北限にまで達したことを指摘。さらに古墳の数や分布域は、他の地域とも連動して時期による変動が激しいとする。

末期古墳は、七世紀初めごろに東北北部が古墳文化を基盤とする社会に変化するとともに成立し、一〇世紀まで造り続けられるが、古墳文化の影響がつよく、古墳との区分は合理的な基準によるものとはいえないことを強調する。もう一方で同時期の古墳とまったく同じ形式の末期古墳は現れなかったともしていて、東北北部と北海道島の新たな社会は、続縄文文化を一部引き継ぎながら地域の特色を色濃く保持していることも指摘する。

4章「多賀城・城柵と蝦夷」（樋口知志）は、古代城柵および律令制下における城柵と蝦夷との関係について現在の通説を検討し、独自の見解を提唱する。まず城柵に関しては、国司が城司として城柵に常駐して支配をおこなうという現在の通説に対して、国司は城柵に常駐したわけではなく、用務の度に城柵に国司が派遣される「城柵専当国司制」が採られていたとする。また城柵と蝦夷支配の関係については、蝦夷は調庸民（公民）とはされず、別系統で城柵の支配を受けていたとみるのが通説であるが、本論考では蝦夷・俘囚（ふしゅう）も籍帳制支配の下に置かれた可能性は十分にあるとし、大宝令（たいほうりょう）施行当初は蝦夷の公民化がめざされていたが、多賀城創建のころに懐柔策で繫（つな）ぎ止めておく方針に変化したという推測説も提示している。

5章「陸奥の仏教文化」（堀裕）は、陸奥国を四つの地域に分け、蝦夷との関わり方の相違を基本的視点にすえて、陸奥の仏教文化のあり方を丹念にあとづける。

国造が置かれた陸奥国南部は、陸奥国で最も早く、七世紀半ばころに寺院が造営されたが、それは蝦夷支配の拠点造りと関わっているとする。陸奥国中部は、七世紀半ばから八世紀前半にかけて城柵の近傍に寺院が築かれたところで、天武（てんむ）天皇の殯（もがり）を一つの契機として蝦夷への布教も行われたとする。また国府付属寺院の郡山（こおりやま）廃寺、多賀城廃寺は遠望しやすい立地になっており、国府の景観上のシンボルともされていたことを指摘。陸奥北部の城柵では、付属寺院の代りに山林寺院などが建立されており、のちの中尊寺（ちゅうそんじ）に連なっていくとする。さらに最後に陸奥最北部でも一〇世紀には天台寺が建てられており、仏教関係の遺物が出土する遺跡もみつかっていることを指摘する。

6章「古代アイヌ文化論」（蓑島栄紀）は近年の研究動向をふまえ、北海道の歴史を「アイヌ民族を主体とするアイヌ史」として再構築する立場から、続縄文後半期（三～七世紀）から擦文文化期（七～一二・一三世紀）までを「アイヌ史における古代」ととらえて概観する。

現在、一三世紀頃を「アイヌ文化」の成立期とみるのが通説であるが、それは多分に物質文化に重点を置いた考古学的な時代区分であって、この時期に民族・人間集団としての「アイヌ」が成立したという誤解を生みやすいことを指摘し、本論考では北海道の歴史を一貫して「アイヌ民族を主体とする歴史」としてとらえる立場に立つことを明確にする。

まず鉄器化の進展や同一文化圏が東北地方まで拡大する続縄文後半期を「アイヌ史的古代」の幕開けととらえる。つぎの擦文文化期は、当初こそ本州方面の土師器文化の強い影響がみられるが、一〇世紀以降は独自の道を歩みはじめ、炉の重視やイクパスイ・イナウとみられる木製品が出土するなど、しだいにアイヌ文化の原形が確認されるようになるとする。また擦文文化では石器が消滅し、本格的な鉄器文化の時代となるが、これは擦文社会を大きく外部社会との交易に傾斜させていく前提条件となったとする。

ＥＳＳＡＹ「故郷（ふるさと）の先人達」（安彦良和）は、子供の頃の土器・石器拾いの思い出にはじまり、阿倍比羅夫の北征の記事に出てくる「大河」についての持論、故郷遠軽の瞰望岩（がんぼういわ）にまつわるアイヌの戦いの伝説、そして最後に「アイヌ」という民族名の起源によせる思いなどが、軽妙な筆致で語られている。

熊谷公男

『図説　日本史通覧』（帝国書院）を元に作成

国名	よみ	都府県名	五畿七道
陸奥	むつ	青森・秋田・岩手・宮城・福島	東山道
出羽	でわ	秋田・山形	東山道
下野	しもつけ	栃木	東山道
上野	こうずけ	群馬	東山道
美濃	みの	岐阜	東山道
飛騨	ひだ	岐阜	東山道
信濃	しなの	長野	東山道
近江	おうみ	滋賀	東山道
佐渡	さど	新潟	北陸道
越後	えちご	新潟	北陸道
越中	えっちゅう	富山	北陸道
能登	のと	石川	北陸道
加賀	かが	石川	北陸道
越前	えちぜん	福井	北陸道
若狭	わかさ	福井	北陸道
安房	あわ	千葉	東海道
上総	かずさ	千葉	東海道
下総	しもうさ	千葉・茨城・埼玉・東京	東海道
常陸	ひたち	茨城	東海道
武蔵	むさし	埼玉・東京・神奈川	東海道
相模	さがみ	神奈川	東海道
伊豆	いず	静岡・東京	東海道
駿河	するが	静岡	東海道
遠江	とおとうみ	静岡	東海道
三河	みかわ	愛知	東海道
尾張	おわり	愛知	東海道
甲斐	かい	山梨	東海道
伊勢	いせ	三重	東海道
伊賀	いが	三重	東海道
志摩	しま	三重	東海道
山城	やましろ	京都	畿内
摂津	せっつ	兵庫・大阪	畿内
和泉	いずみ	大阪	畿内
河内	かわち	大阪	畿内
大和	やまと	奈良	畿内
丹波	たんば	兵庫・京都	山陰道
丹後	たんご	京都	山陰道
但馬	たじま	兵庫	山陰道
石見	いわみ	島根	山陰道
出雲	いずも	島根	山陰道
隠岐	おき	島根	山陰道
伯耆	ほうき	鳥取	山陰道
因幡	いなば	鳥取	山陰道
播磨	はりま	兵庫	山陽道
備前	びぜん	岡山	山陽道
美作	みまさか	岡山	山陽道
備中	びっちゅう	岡山・広島	山陽道
備後	びんご	広島	山陽道
安芸	あき	広島	山陽道
周防	すおう	山口	山陽道
長門	ながと	山口	山陽道
紀伊	きい	和歌山・三重	南海道
淡路	あわじ	兵庫	南海道
阿波	あわ	徳島	南海道
土佐	とさ	高知	南海道
伊予	いよ	愛媛	南海道
讃岐	さぬき	香川	南海道
筑前	ちくぜん	福岡	西海道
筑後	ちくご	福岡	西海道
豊前	ぶぜん	福岡・大分	西海道
豊後	ぶんご	大分	西海道
日向	ひゅうが	宮崎・鹿児島	西海道
大隅	おおすみ	鹿児島	西海道
薩摩	さつま	鹿児島	西海道
肥後	ひご	熊本	西海道
肥前	ひぜん	佐賀・長崎	西海道
壱岐	いき	長崎	西海道
対馬	つしま	長崎	西海道

1章　古代東北の歴史環境
——南北文化の境界線を中心に

熊谷公男

はじめに

古代の東北地方は、古代国家の北縁の地であった。古代国家、なかんずく律令国家は、北方に広がる未服の地の住民を「蝦夷」（エミシ）*と名づけて夷狄視し、その居住地を支配領域に組み込んでいく政策をとった。そのために蝦夷と境を接する地帯に支配拠点として城柵*を置き、支配領域を拡大していったのである。

もう一方で、古代の東北地方は倭人文化と北方文化の二つの異なる文化が接するところでもあった。すなわち東北地方は古代国家側からみれば〝辺境の地〟であったが、視点を変えると、その境界の向こうには北方世界という異なる世界が広がっていて、東北地方はその異文化世界と境を接していたことがみえてくる。この北方世界との接点という立ち位置が東北地方の歴史に、ほかの地域にはみられない特色を付け加えることになるのである。

古代の東北地方には、ちょうどその中央に南北両文化の境界線が通っていた。太平洋側の北上川の河口付近から大崎地方（宮城県大崎市周辺）の北縁を通り、日本海側の最上川の河口付

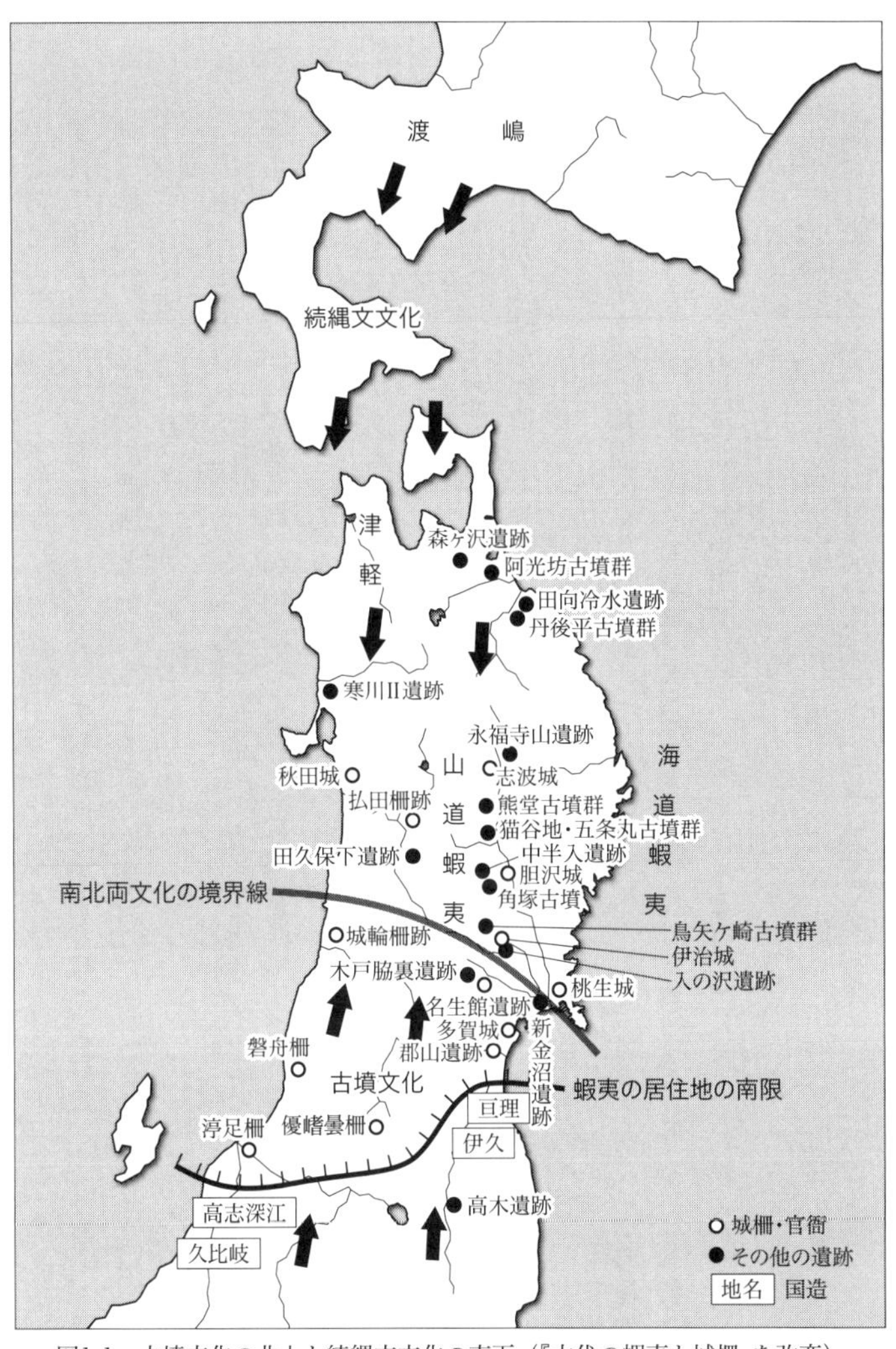

図1-1　古墳文化の北上と続縄文文化の南下（『古代の蝦夷と城柵』を改変）

近にぬける線がそれである（図1-1）。この境界線は、年代とともにその位置が移動していくというものではなく、五〇〇年以上にもわたってほぼ同じ位置を保ち続けた。すなわち、古墳時代前期の四世紀には〝古墳の北限ライン〟としてすでに存在していたことが確認され、その後も古墳時代を通して古墳文化と北方の続縄文文化*の境界線として存在し続けた。古墳時代が終わって律令国家の建設がはじまると、今度は同じラインが城柵の北限ラインとして現れる。さらに神亀元年（七二四）の多賀城*の創建とともに、宮城県北部に城柵や郡家などをライン状に配列して蝦夷に備えるようになるが、これはいわば文化の境界線が軍事的な〝防衛ライン〟に装いを変えた姿といえよう。

その後奈良時代の後半になると、律令国家は積極的な蝦夷政策に転じ、ラインを越えた未服の地に桃生城や伊治城を築くと、これが蝦夷を大いに刺激することになって、宝亀五年（七七四）に海道蝦夷が反乱を起こして桃生城を焼き討ちする事件が起こり、いわゆる三十八年戦争とよばれる戦乱の時代へと突入していくことになるのである。

このように、南北文化の境界線に焦点をあてて東北の古代史をたどっていくと、この境界線の存在がいかに大きかったかが改めて認識できるように思われる。そこで、本章では南北両文化の境界線を中心に、古代東北の歴史環境について考えてみることにしたい。

1　多賀城の創建と〝防衛ライン〟の構築

多賀城の創建と大崎地方

いまも多賀城の南門跡近くに立つ多賀城碑（図1-2）には、多賀城は神亀元年（七二四）に按察使（地方行政監察官）・鎮守将軍の大野東人が建てたと記されている。多賀城は城柵の形態をとった陸奥国府なので、多賀城の創建は新しい陸奥国府の建設でもあった。ちなみにこれ以前の陸奥国府は、一二キロメートルほど南西の仙台市郡山遺跡にあったと推定されている。なぜこのとき陸奥国府は多賀城に移転されたのであろうか。

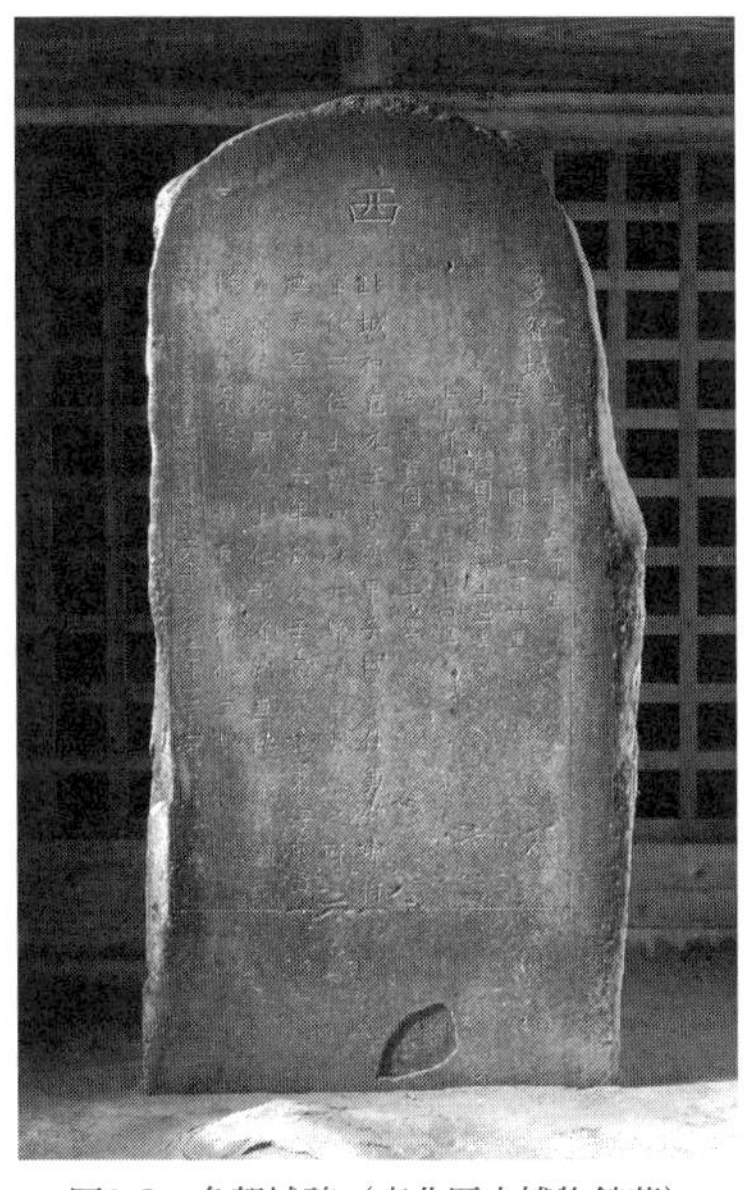
図1-2　多賀城碑（東北歴史博物館蔵）

多賀城創建の四年前の養老四年（七二〇）、陸奥国で蝦夷の反乱が勃発して按察使の上毛野広人が殺された。このときの反乱は柵戸（城柵周辺の移民）らの住民に大きな衝撃を与えたようで、反乱地域から多数の住民が逃げ出す事態となった。そこで中央政府は彼らの動揺を静めるために、養老四年から三年連続で調庸を免除する対策を講じた。この反乱は、乱後の混乱状況や中央政府が講じた一連の施策などからみて、空前の規模の大乱であったとみられる。そのため中央政府はこれまでの蝦夷政策を抜本的に見直さなければならなくなり、新たに鎮兵*と鎮守府*を置くなど、矢継ぎ早に蝦夷支配の強化策を実施していくことになる。多賀城の創建もそのような蝦夷支配の再編・強化策の一環としてとらえられるのである［熊谷、二〇〇〇］。

その多賀城の創建期の屋根を葺いていた瓦から興味深い事実が浮かびあがってきた。多賀城の瓦が、北に二〇～三〇キロメートルほど離れた大崎地方の瓦窯（宮城県加美郡色麻町日の出山瓦窯跡、大崎市木戸瓦窯跡、同大吉山瓦窯跡など）で焼かれていたのである。重くて運搬が大変な瓦を大崎地方で焼いて、わざわざ多賀城まで運んでいたことになる。

もちろんそれには理由があった。それはこの時期には、大崎地方の多くの城柵・官衙（大崎市名生館遺跡〈玉造柵跡〉、同新田柵跡、加美町城生柵跡〈色麻柵跡か〉など）や寺院などでも瓦を必要としたので、大崎地方の瓦窯で一括して焼成して各所に供給していたのである（図1-3）。ということは、これらの城柵・官衙や寺院は、多賀城の建設と併行して新設、あるいは再整備されたことになる。いいかえれば、新国府多賀城の建設は、これら大崎地方の諸城柵・官衙や寺院の再編と連動した事業であったのである。

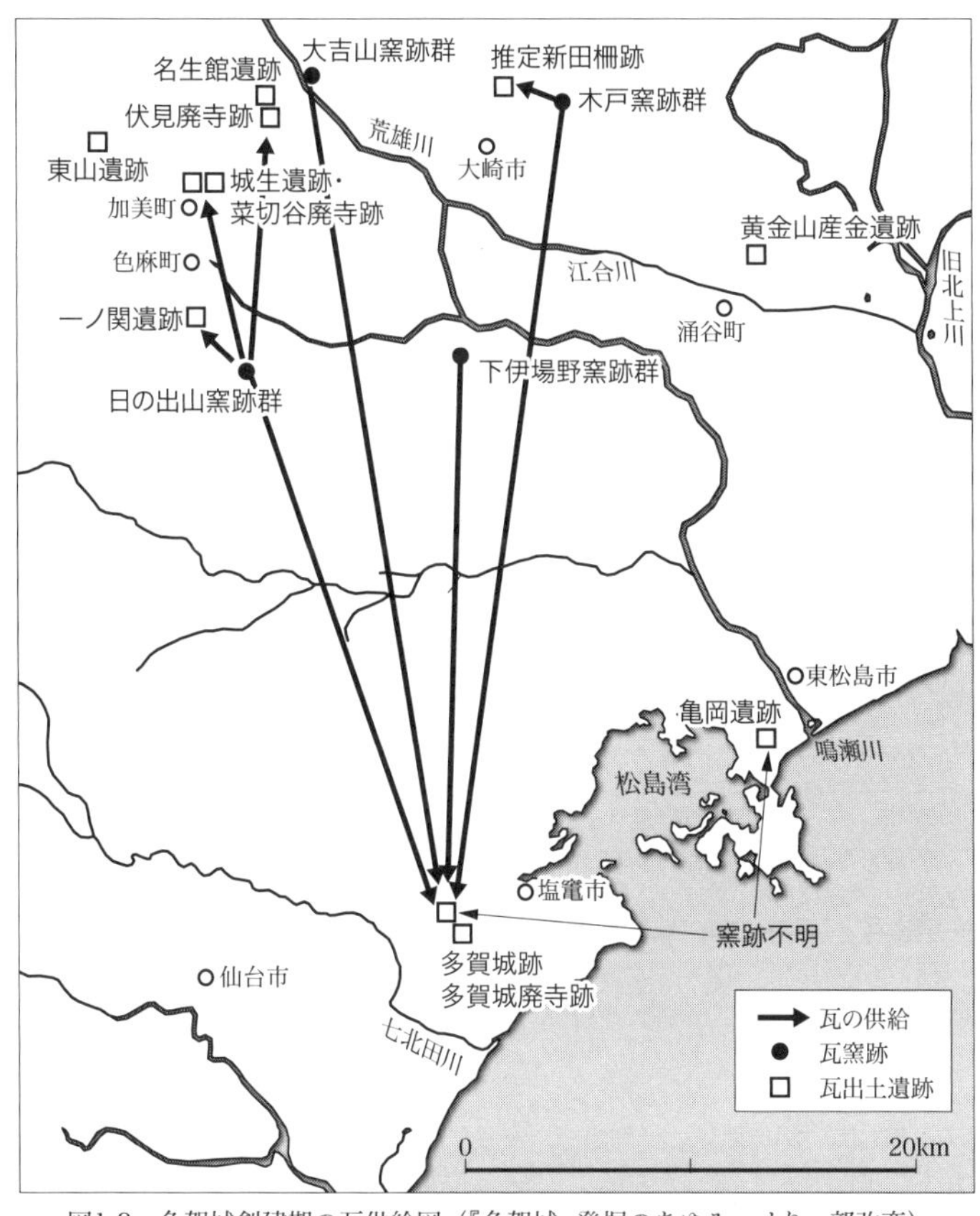

図1-3　多賀城創建期の瓦供給図（『多賀城−発掘のあゆみ−』より一部改変）

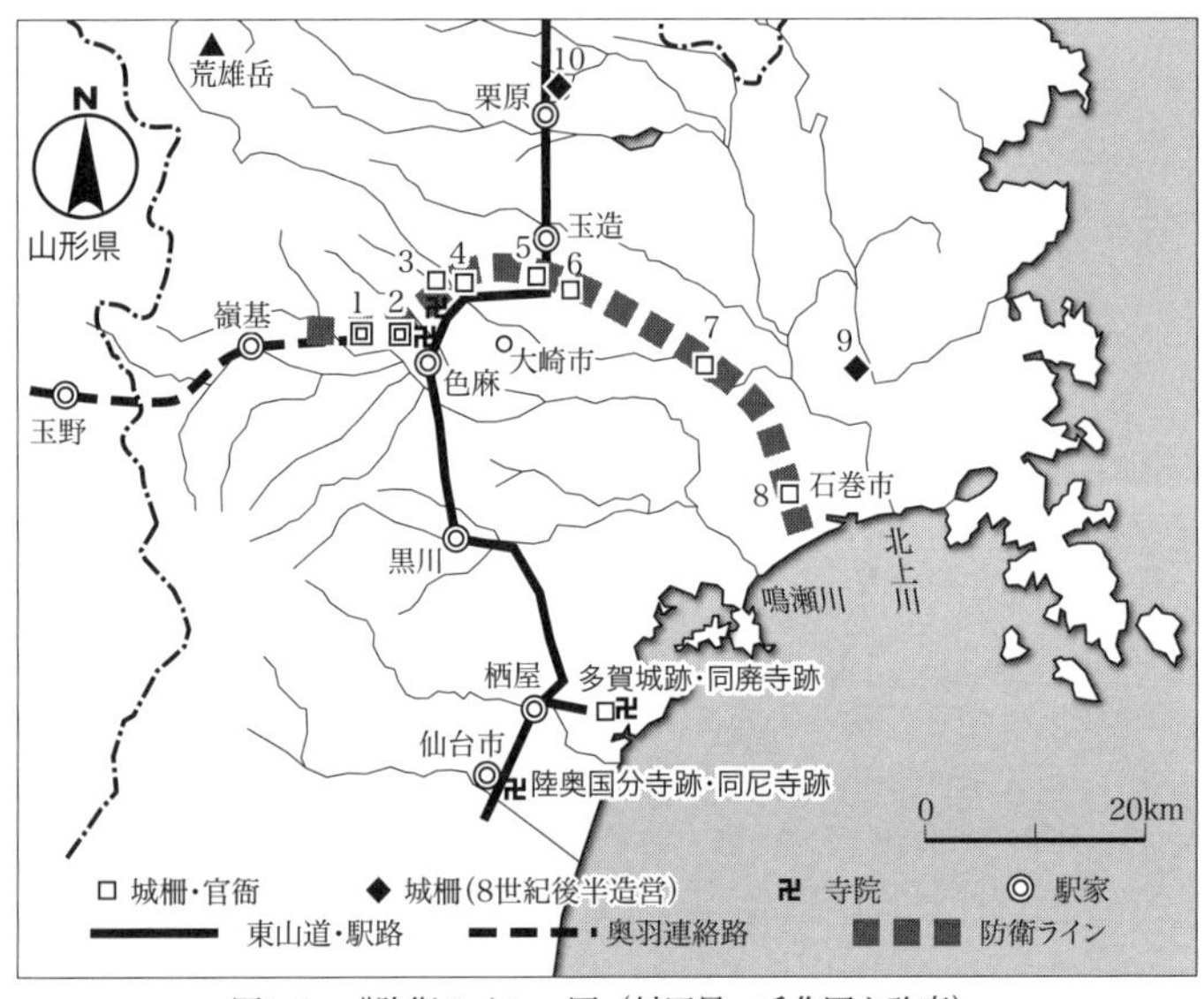

図1-4　〝防衛ライン〟図（村田晃一氏作図を改変）

1 東山遺跡群（賀美郡家）、2 城生柵跡（推定色麻柵跡）・菜切谷廃寺跡、3 名生館遺跡（玉造柵跡）・伏見廃寺跡、4 小寺・杉ノ下遺跡、5 権現山・三輪田遺跡、6 新田柵跡、7 城山裏土塁跡・日向館跡（推定小田郡家）、8 赤井遺跡（牡鹿柵跡）、9 桃生城跡、10 伊治城跡

〝防衛ライン〟の構築

多賀城の建設と併行して整備が進められた城柵・官衙遺跡を地図上に落としてみると、大崎平野の北の縁辺部に東西に列をなして配置されていることがわかる（図1-4）。村田晃一氏は、これを〝防衛ライン〟とよんでいる［村田、二〇一五］。このように、多くの城柵がライン状に配置されるということは、ほかにまったく例をみない。

さらに多賀城の建設に相前後して、大崎・牡鹿（おしか）地方にすでにあった信太（しだ）・丹取（にとり）などの郡をより小さな郡に分割、再編して、いわゆる黒川以北十郡（牡鹿・小田・新田・長岡・志太・玉造・

富田・色麻・賀美・黒川の一〇の郡）が成立する。黒川以北十郡は、一郡平均三郷程度の小規模で比較的均質な郡から構成されているが、このような微少な郡の集合体もまた、陸奥・出羽両国の「近夷郡」（蝦夷の居住地に近接した郡）を見わたしてもほかに例がない。郡の小規模化は、一つ一つの郡域をせまくして郡内を支配しやすくするためと考えられるので、併行して進められた〝防衛ライン〟の構築と相まって、当時、未服の蝦夷の地と境を接していた大崎地方の支配体制の強化策とみられる。

　多賀城の創建と連動して、大崎平野の北縁部になぜこのような城柵を連ねた〝防衛ライン〟が作られたのかというと、直接的には養老四年に反乱を起こした蝦夷集団への備えとみてよい。つまり養老四年の反乱は、この〝防衛ライン〟の北側の蝦夷たちが中心となって蜂起したとみられるのである。それは奈良時代に「山道蝦夷」とよばれたグループにあたる（図1-4）。それではこのラインは、このときの反乱によって新たに創出されたのかというと、実はそうではなく、東北を南北に二分する伝統的な文化の境界線を踏襲しているとみられるのである。そこでつぎに、時代をさかのぼってそのことをみてみよう。

大化改新と城柵＝柵戸支配方式のはじまり

　古代国家が支配領域を北に拡張するために蝦夷の地に城柵を設置し、その周辺に柵戸とよばれる公民を他地域から移住させる政策を取りはじめるのは、大化改新の直後のことである。『日本書紀』には大化三・四年（六四七・六四八）に越国に渟足・磐舟柵を造って「蝦夷に備え」、柵戸を置いたことがみえる（前者は新潟市、後者は新潟県村上市と推定されるが、遺跡は未発見）。一方、太平洋側（陸奥国）については『日本書紀』には何の記録も残されていないが、戦後、発掘調査によって仙台市太白区で初期の城柵遺跡とみられる郡山遺跡が発見された。郡山遺跡は、Ⅰ期官衙・Ⅱ期官衙の二時期に分けられる。Ⅰ期官衙の創建は七世紀半ばとみられ、それが七世紀末にⅡ期官衙に建て替えられるのである。

郡山遺跡のⅠ期官衙が造られた少しあとの七世紀第3四半期に大崎市名生館遺跡に少し変わった集落が出現する。奈良時代の名生館遺跡は玉造柵に比定される城柵遺跡であるが、七世紀後半にはその前身として竪穴住居（当時の庶民の住居）に加えて多数の小型の掘立柱建物（役所の庁舎など）からなる集落が営まれる。ここからは在地系の内黒土師器とともに多くの関東系土師器が出土した（図1-5）。関東系土師器とは関東の技法で作られた土師器で、在地の土師器とちがって内面が煤などで黒色処理されていないことが多く、器形も異なるので、専門家が見ればすぐ見分けがつく。関東系土師器をめぐってはいろいろな問題があるが、結論的には関東出身の「柵戸」とよばれる移民の存在を示すものとみてさしつかえない。宮城県内では、ほかにも七世紀末前後の同種の集落が各地で発見され、多数の関東系土師器が出土している。

大化改新まで時間をさかのぼってみたが、改新後、城柵と柵戸を基軸とした新たな蝦夷支配方式がはじまり、陸奥国にはそれらを統括する城柵として仙台平野に郡山遺跡が造営されるが、律令国家はその後まもなく、のちに〝防衛ライン〟が構築される大崎地方にまでいっきに進出し、移民を送り込んで拠点的な集落として名生館遺跡を造り、ほかにも複数の移民集落を営む

図1-5　名生館遺跡出土の内黒土師器と関東系土師器（大崎市教育委員会蔵）

のである。ところがその後陸奥国の北辺は、施設の再編・整備は行われるが、ほぼ一世紀の間、大崎地方に停滞したままとなる。

このようにみてくると、〝防衛ライン〟は七世紀後半には古代国家の北辺ラインとして存在していて、律令国家がその内側の支配を固めようと多数の移民を送り込んだところ、養老元年になってそれに反発した蝦夷が大規模な反乱を起こしたので城柵を増強して〝防衛ライン〟に衣替えしたとみることができる。〝防衛ライン〟はもともと、北方世界との境界線として存在しており、中央政府はその内側の大崎地方までは比較的容易に進出できるが、それより北にはなかなか足を踏み入れられないでいるようすがうかがわれよう。

出羽国成立前後―日本海側の状況―

ここで目を日本海側に転じてみよう。既述

のように、大化改新の直後に渟足・磐舟柵を現在の新潟県北部に築き、さらに和銅元年（七〇八）には越後国を北に拡張して現在の山形県庄内地方に出羽郡を置いた。「出羽」とは、本来、イデハと読み、「突端」という意味である。出羽国は、越後国の突端におかれた出羽郡を中核に和銅五年（七一二）に建国され、直後に陸奥国から最上・置賜二郡が移管されるのである。この間、和銅二年には征夷がおこなわれ、兵器の輸送先として出羽柵がみえるので、出羽郡の建置と相前後して出羽柵が造営され、建国後には国府となったと推定される。なお出羽柵は出羽郡、すなわち庄内地方に所在したことは確実であるが、その遺跡はまだ発見されていない。

　このように出羽国建国段階の最北の郡は出羽郡であり、その北辺は現在の秋田・山形県境付近とみられる。さらに天平五年（七三三）には、出羽柵を秋田村高清水岡に移転するが、この時点では出羽郡以北には郡が置かれていないので、秋田出羽柵は飛び地状に存在した［熊谷、二〇二二］。そうすると、出羽国成立後は、飛び地の秋田出羽柵を別にすれば、雄勝城が造営される天平宝字三年（七五九）まで、出羽郡のある庄内地方が出羽国の北辺であった。したがって奈良時代半ばまでの律令国家の北辺は、陸奥側は〝防衛ライン〟が形成された大崎・牡鹿地方、出羽側が庄内地方ということになる。

2　〝防衛ライン〟の歴史的性格

〝古墳の北限ライン〟

かつて伊東信雄氏は、最北の前方後円墳である岩手県奥州市の角塚古墳（口絵p.1）を除けば、古墳時代中期の古墳は「鳴瀬川、江合川の流域から最上川流域を結ぶ線以南」にしかなく、「ここに古墳時代から一本の線がひかれる」と指摘したことがある［伊東、一九七六］。これは東北地方の研究者の間では〝古墳の北限ライン〟として広く知られているものであるが、このラインは前項で取り上げた奈良時代前半の律令国家の北辺とまさしく重なり合うことに気づくであろう。そうすると、多賀城の創建とともに構築された〝防衛ライン〟の起源は古墳時代にまでさかのぼる可能性が出てくることになる。

伊東氏の見解はいまからちょうど半世紀前におこなわれた東北大学の最終講義のときのもので、さすがにその後の調査・研究の進展によって一部は修正が必要となっている。最も大きな違いは、伊東氏のころは東北地方の前期古墳は福島県会津若松市の会津大塚山古墳ただ一つと考えられていたが、現在では東北最大の宮城県名取市雷神山古墳をはじめ、〝古墳の北限ライン〟以南の東北各地に前期古墳が分布することがわかっている［辻、一九九八］。さらには、最近になって宮城県栗原市の伊治城跡の南に隣接する丘陵上から古墳時代前期最北の拠点集落とみられる入の沢遺跡（口絵p.1）が発見され、話題となった［辻編、二〇一七］。また伊治城内からも小型の前期古墳（方墳）がみつかっている。この場所は、伊東氏が想定した〝古墳の北限ライン〟よりも十数キロメートル北で、一つ北側の迫川水系に属する。しかしながら大型の古墳が継続的に築かれる北限ということであれば伊東氏の指摘どおりであり、出羽側も庄内地方に大型古墳は現存しないが、鶴岡市で明治四十三年（一九一〇）に発見された「菱津（ひしづ）の石棺」が伝えられていて、前期末までさかのぼる可能性が高い［菊地、二〇一〇／藤沢、二〇一五a］。したがって庄内地方でも前期古墳が築造されたのであり、基本的に伊東氏の指摘した〝古墳の北限ライン〟がすでに古墳時代前期末（四世紀）の段階には存在していたとみてよい。

古墳築造の盛衰と南北両文化の境界線

近年の研究では、古墳の築造は時期によって大きく変動することが明らかになっている（図1-6）。藤沢敦氏によれば、そのような変動を通してみると、古墳の分布域は前期の間にほぼ確立しているとみてよいという［藤沢、二〇一五a］。また中期末（五世紀末）に角塚古墳が築造されて、分布域が北へ拡大されたようにもみえるが、それも角塚古墳以外では、その周辺に小規模古墳や古墳文化の集落がいくつか分布するぐらいで、分布域はさほど広がらない。したがってこの時期といえども、古墳文化圏が面的に北上川中流域まで拡大されたというわけではなく、北側の続縄文文化圏（続縄文文化については4節参照）のなかに飛び地状に古墳文化の拠点が築かれたとみたほうが実態に即しているのではないかというのが筆者の考えである。

もう一方で、中期の前・中葉（五世紀前・中葉）や後期の中・後葉（六世紀中・後葉）などには古墳築造が低調となり、分布域も後退することが明らかになってきた。ところがそうした時期にも、平面形が方形でカマド付きの竪穴住居（図1-7）からなる古墳文化の集落の分布は安定していて、宮城県北部や仙台平野、さらには山形県庄内平野などでは、古墳が築造されな

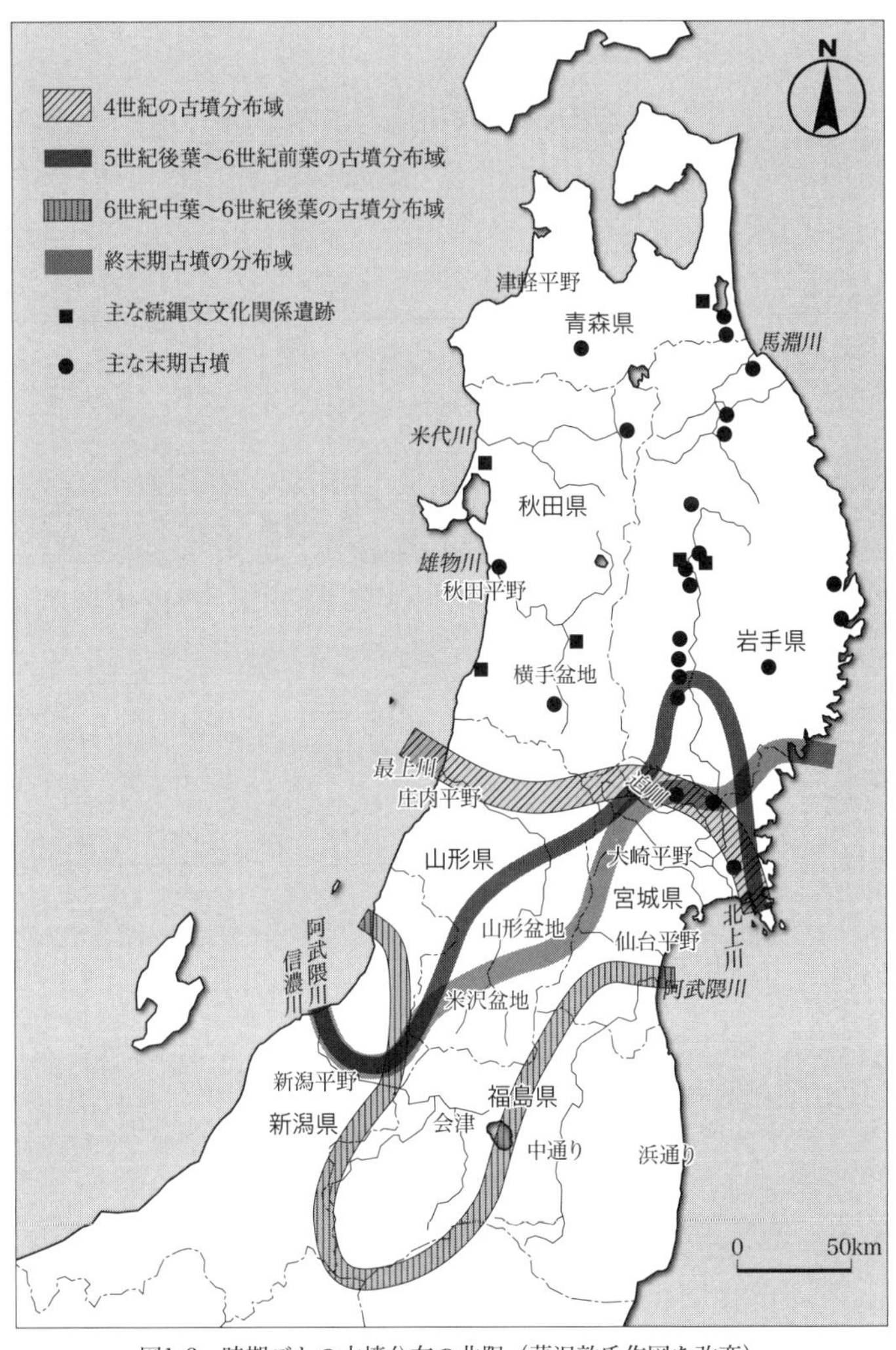

図1-6　時期ごとの古墳分布の北限（藤沢敦氏作図を改変）

図1-7　八戸市酒美平遺跡カマド付きの方形竪穴住居跡（八戸市埋蔵文化財センター是川縄文館蔵）

い時期にも集落遺跡は確認されるという。この点から藤沢氏は、おおむね現在の東北南部三県を古墳文化が展開し続けた範囲とみることができるとしている［藤沢、二〇一五a］。

要するに、三世紀半ばに古墳時代がはじまると、古墳は比較的はやく一世紀ほどのうちに〝古墳の北限ライン〟にまで到達するが、その後は、ラインの北に点的に古墳文化の拠点を築くことはあっても、大型古墳が継続的に築造される範囲が〝古墳の北限ライン〟を突破することはなく、むしろ古墳の分布域が大幅に後退することが何度かあった。しかもそのようなときでさえ、古墳が築造されなくなったいくつかの地域では、古墳文化の集落は営まれ続けた。つまり古墳文化は、畿内から同心円的に徐々に周縁に広がっていったのではなく、南北文化の境界線まではいっきに広がっていったことが明らかになってきたということである。

　このようにみてくると、古墳時代に東北地方で古墳の分布域の変動が激しいというのは、基本的には古墳を築造する勢力と倭王権との政治的関係、さらにはそのような勢力相互の政治的関係が不安定で、変動が激しかったということを意味していると思われる。それに対して、古墳文化と北方文化の境界ラインは、古墳時代を通してむしろ安定していたことは、このあと取り上げる北方系の土壙墓（どこうぼ）の分布域などからも裏づけられる。

　南北文化の境界線より北に広がっていた続縄文社会は、古墳時代を通して古墳文化本来の古墳は受け入れなかったが、古墳文化の文化要素をいっさい受け入れなかったわけではない。むしろ土器・鉄器などをはじめ、盛んに古墳文化の文物を受け入れて自己の文化を変革していったし、七世紀以降になるとついに墓制にも古墳文化の影響がおよび、「末期古墳」*を築くようになるのである。この末期古墳は、いわば南北両文化の融合を示す貴重な具体例と思われるので、4節でくわしく取り上げたい。

〝防衛ライン〟の歴史的性格

　多賀城の創建とともに構築された〝防衛ライン〟の歴史的性格を明らかにするために、古墳時代まで歴史をさかのぼってみた。そこで明らかになったことは、このラインは古墳時代前期に形成された〝古墳の北限ライン〟と位置的にほぼ一致し、その後も古墳時代を通して古墳文化と北方文化の境界を本質とするラインとして比較的安定して存在してきたことがわかった。したがって奈良時代前半に構築された〝防衛ライン〟はそれを引き継いだものとみるべきであろう。
実は、このことについてもすでに伊東信雄氏が指摘している。すなわち〝古墳の北限ライン〟を指摘した伊東氏は、そのラインが奈良時代初期の城柵の北限ライン（基本的に〝防衛ライン〟と同じ位置）と一致すること、このラインより北からは北海道系の続縄文土器が出土すること、さらにこのラインが山田秀三氏が指摘したアイヌ語地名の濃厚に分布する南限とほぼ重なること、の四点を指摘している。筆者はこの四点とも、本章のテーマである「古代東北の歴史環境」を理解するのに不可欠の基本的事実と考えている。

本章ではとくに奈良時代初期の城柵の北限ライン（＝〝防衛ライン〟）が〝古墳の北限ライン〟と一致することの意味を考えてみたい。考古学分野では、七世紀初頭に続縄文文化が消滅するとともに、方形の竪穴住居が東北北部にまで広がっていくことを重視し、これによって七世紀以降の東北地方では南北両文化の境界線自体が消滅してしまい、南北の文化が均質になって一つの文化圏となると考えるのが一般的であるように思われる。

それでは〝防衛ライン〟が〝古墳の北限ライン〟とほぼ重なることは単なる偶然なのであろうか。筆者には、とてもそうは思えない。本章でもみたように、〝古墳の北限ライン〟を歴史的に引き継いだのが〝防衛ライン〟だと考えるのが合理的であると思う。とすれば、東北地方では七世紀以降も依然として南北文化の境界線が存在していた可能性が出てくるが、そう考えることは妥当であろうか。以下、この問題を検討してみたい。

〝防衛ライン〟はかつての〝古墳の北限ライン〟を引き継いだもので、それゆえに政治的、軍事的境界ラインであると同時に文化の境界ラインという性格も保持しており、このラインより北に住む蝦夷は一定の文化的差異があったというのが筆者の考えである。その点は次節以降にゆずり、ここでは〝防衛ライン〟のその後についてみておきたいと思う。

　律令国家は、養老四年（七二〇）の蝦夷の反乱後、多賀城を創建するとともに〝防衛ライン〟を築いて大崎地方の防御を固める政策をとったが、そのような対蝦夷策は藤原仲麻呂政権以降大きく変更され、〝防衛ライン〟をみずから踏み越えることになる。天平宝字三年（七五九）に〝防衛ライン〟の東側の海道方面に桃生城（石巻市）を造営し、神護景雲元年（七六七）に西側の山道方面に伊治城（栗原市）を造営したのがそれである。七世紀の第3四半期に移民の特殊な集落を築いて大崎地方に進出したころから数えると、陸奥国の北辺を北に拡張したのは実に約一〇〇年ぶりのことである。桃生城を造った仲麻呂の息子按察使兼鎮守将軍藤原朝獦(あさかり)は「大河（＝北上川）を跨(こ)え峻嶺(しゅんれい)を淩(しの)ぎ、桃生柵を作り賊の肝胆を奪う（度肝をぬいた）」（『続日本紀』天平宝字四年正月丙寅(へいいん)条）と賞賛された。

　しかもこのラインを越えて築造された桃生城は複郭構造、伊治城は三重構造とよばれる平面構造をとっており、いずれも柵戸らの居住域を城内に取り込んだ新しいタイプの城柵として造営される。このことは、〝防衛ライン〟以北の地域では周辺の蝦夷の脅威が質的に異なっていたことを物語るものであろう。そして伊治城造営の七年後の宝亀五年（七七四）に桃生城が海道蝦夷に焼き討ちされて陥落し、三十八年戦争へと突入していくのである。

　かつて虎尾俊哉氏は、もともとこのラインは、古代国家と蝦夷との間に「暗黙の諒解(りょうかい)とでも言いたい一種の相互信頼によって成立していた国境線」であったのだが、藤原仲麻呂が送り込んだ朝獦が桃生城や雄勝城を造営するという積極策を展開したことでその「国境線」を踏み越えることになったとし、それが相互信頼を突き崩して蝦夷にかつてない激しい抵抗を生み出し、やがて三十八年戦争が勃発したという見解を表明している［虎尾、一九七五］。「国境線」というい方には語弊もあろうが、虎尾氏の見解は、このラインのもつ特別な意味を言いあてているように感じられ、それを仲麻呂政権が強引に踏み越えたためにやがて蝦夷の激しい抵抗を招くことになったというとらえ方は、筆者には核心をついているように思われる。

こうして律令国家は、文化の境界線でもあった〝防衛ライン〟をみずから踏み越えて、〝蝦夷の地〟へと足を踏み入れていく。そこには、次節で取り上げるように、土師器や竪穴住居など、倭人の生活文化を大幅に取り入れながらも、「夷語（いご）」を話し、「末期古墳」とよばれる独特の小円墳を造り続ける人びとが住む世界が広がっていたのである。

3　文献史料からみた蝦夷

蝦夷観念の性格と蝦夷の居住域

まず、文献史学の立場から蝦夷とはどのような人びとと考えられるのかをおさえておきたい。

「蝦夷」とは、一義的には列島の東北方に住む〝まつろわぬ（＝王権にしたがわない）人びと〟

を王権側が一括してよんだ呼称ということができる〔高橋、一九六三〕。したがって「蝦夷」とは、もともと人種とも民族とも異なる、王権の政治的な他者認識なのである。

とはいえ、ここが蝦夷論のむずかしいところなのだが、「蝦夷」は王権の政治支配の有無だけを基準とした単なる人間集団の区分というわけではない。もう一方で華夷思想の影響を受けているところから、「化外（けがい）の民」すなわち国家外の「未開」で「野蛮」な異族（＝夷狄）という文化的な要素がつきまとっており、そこから現実に社会的な差別が生じることもあった。

そのような王権の側の他者認識を端的に示すのが『日本書紀』景行四十年七月条にみえる景行天皇のヤマトタケルに対する言葉であって、そこでは蝦夷は儒教倫理の根本である父子・男女の区別すらなく、その日常生活は、洞穴や樹上に住んだり、動物の生き血を飲むなど、一般の倭人とはまったく異なる野蛮な人びととして描かれている。この記事は一部に『文選（もんぜん）』（中国南北朝時代の詩文集）序の文章が使われているなど、イデオロギー的性格が濃厚で、蝦夷の実像を伝えたものではないが、蝦夷が国家の外縁部に住む「未開」な異族（＝異文化集団）と認識されていたことを端的に示している。問題は、蝦夷を異族とする他者認識がその実態とどのような関係にあったのかということである。渡島（わたりのしま）（＝北海道）の住民もまた蝦夷とよばれたように、蝦夷には実態としても異文化集団が含まれていたことは確かであるが、見解が分かれるのは東北北部の蝦夷の評価である。以下では、とくにこの点を検討してみたい。

そこでまず蝦夷研究の基本的な枠組みを定めるために、文献史料から蝦夷観念の成立時期と蝦夷の居住域を明らかにしておきたい。既述のように、高橋氏は蝦夷とは〝まつろわぬ人びと〟のことだとしたが、それに歴史的実体を与えたのが今泉隆雄氏であって、大化期に国造の支配下のクニを分割して評（コオリ）制をしく際に、国造の支配領域の外側の住民を一括して「蝦夷」とよんでいることを指摘した。そしてその具体的範囲は、『先代旧事本紀』所載の「国造本紀」によれば、国造の北限がほぼ新潟県中部―宮城県南部なので、それより北に住む人びとが蝦夷とされたとしたのである［今泉、一九九九］。筆者もまた、蝦夷支配のための施設である城柵や史料にみえる「蝦夷」とよばれた人物の分布などから今泉説を補強し、新潟平野―米沢盆地―阿武隈川河口付近を結んだ線を「蝦夷」の居住地の南限とした（図1-1）［熊谷、二〇〇四a・b］。

国造制の施行時期については、現在、磐井の乱の平定後の六世紀半ばごろとみるのが通説であるので、それにしたがえば「蝦夷」観念の成立も、一応、そのころと考えることができる［熊谷、二〇〇四a・b］。なお、蝦夷の居住地の南限ラインは、藤沢氏による古墳時代後期中・後葉（六世紀中・後葉）の古墳の分布域に近い［藤沢、二〇一五a］（図1-6）。このことも、蝦夷観念の成立時期を推定する手がかりとなろう。

このように「蝦夷」観念は六世紀半ばごろに成立し、その範囲は新潟平野と阿武隈川河口を結ぶ線より北ということになるが（図1-1）、斉明朝（六五五～六六一）には津軽・渟代（能代）・齶田（秋田）・渡島（北海道）などの蝦夷が服属し、北は本州最北端や北海道も含まれることになった。北海道では七世紀後半ごろに擦文文化が成立するので、渡島蝦夷とは考古学的には擦文文化人のことである。

一方で、蝦夷の南限に近い地域は古墳文化圏に入るので、「蝦夷」とはよばれても文化的には一般の倭人とほとんど異ならなかったとみてよい。この地域の蝦夷は、おそらく七世紀後半〜八世紀初頭にその多くがほとんど抵抗もなく公民身分に編入されてしまうと考えられる。ただ大崎・牡鹿地方の黒川以北十郡では、宝亀元年（七七〇）に俘囚（ふしゅう）（服属した蝦夷）三九二〇人がいっせいに公民身分に編入されているので、八世紀後半まで蝦夷が残っていたことがわかる。黒川以北十郡も古墳文化圏に入るが、古墳時代にはその縁辺部に続縄文系の遺跡が集中する場所があったりして、文化的にやや特殊な地域であった。そのような歴史的背景もあって、奈良時代後半まで俘囚がかなり残っていたのかもしれない。

以上、南北両文化の境界ライン以南の蝦夷は、縁辺部の黒川以北十郡とその周辺を除けば、律令国家の疆域（きょういき）の拡大にともなって、ほとんどが奈良時代初期までに公民身分に編入されて同化が進み、黒川以北十郡でも奈良時代の後半までには大部分の俘囚が公民となったとみられる（ただし、この地域にはその後新たに帰服した蝦夷が来住することがあった）。これは〝まつろわぬ人びと〟のうち、古墳文化圏に含まれ、倭人と文化的差異がほとんどない一部の「蝦夷」たちがはやくに同化されて公民となったことを示しており、その結果「蝦夷」の居住地の南限は比較的短期に南北の境界ライン付近まで北上するのである。こうして平安初期まで残った蝦夷の大半は南北両文化の境界ラインよりも北の蝦夷ということになり、結果的に「蝦夷」が実態としても異文化集団としての性格を強めていくことになったとみられるのである。

文献史料からみた蝦夷文化

そこでつぎに、文献史料から蝦夷の文化的特徴にせまってみようと思う。さきに『日本書紀』の景行紀の記事を紹介したが、その印象が強烈なためか、蝦夷に関する文献史料は信用できないと思っている人も少なくないかもしれないが、実際には景行紀のようなイデオロギー的色彩のつよい記事はむしろまれだと思った方がよい。蝦夷についての記述は国史や当時の法令、さらには出土文字資料など、さまざまな史料にみられ、それらには貴重な事実を伝えるものが少なくない。そこでつぎにそれらの史料のいくつかを取り上げ、蝦夷の実態に迫ってみたいと思う。

『類聚三代格』所載の延暦六年（七八七）正月二十一日官符は、王臣（貴族・官人）・百姓（一般人）と夷俘（服属した蝦夷）との交易を禁断することを陸奥按察使に命じた格（律令を修正・補足する法律）であるが、そのなかで問題となっているのは「綿は既に賊に襖冑（綿入れの甲冑）を着せ、鉄は亦た敵に農器を造らしむ」とあるように、三十八年戦争中の綿（＝真綿）や鉄の密貿易である。ここで注目されるのは、鉄は敵（蝦夷）の農具の原料になっているという一節である。蝦夷は農耕を知らず、肉を食べているというのが政府の公式見解であったが、ここでは蝦夷が倭人から手に入れた鉄で農具を製作しているという事実が語られているのである。

このように、文献史料にも蝦夷の実録的な記述がみられることがはっきりしたところで、つぎに取り上げたいのが、蝦夷の肉食についての記載がある法令である。『類聚三代格』貞観十八年（八七五）六月十九日官符が引用する鎮守府解（鎮守府〔このころは胆沢城*にあった〕の中央政府への申請書）では、ふだんから夷俘に支給する食糧の確保や、正月・五月の節会（節句におこなわれる公的な宴会）に鎮守府の政庁で夷俘を招いて開く饗宴のために狩猟をさかんにおこなうので、その滅罪のために最勝王経講読と吉祥天悔過の法会を鎮守府庁（鎮守府の政庁）でおこなってきたが、これを公式行事として認めてほしいと中央政府に申請し、許可されている。蝦夷への食糧供給や節会の饗宴のために鎮守府が狩猟をおこなったのは、蝦夷が獣肉を好んだためということは容易に察しがつく。この法令によれば、鎮守府周辺の蝦夷が一般の倭人にくらべて獣肉を好んでいたことは事実とみなければならない。

しかも胆沢城跡の発掘調査で、このように蝦夷が獣肉を好んだことに関連すると思われる考古学的な事実が判明している。厨院（役所内の食事の準備や材料の調達・保管を担当する機関）と推定される官衙遺構内の井戸跡からニホンジカ・イノシシなどの獣骨が出土し、食肉後の投棄と判断されたのである。その時期は九世紀末から一〇世紀前半ごろとみられている。これは、この時期に鎮守府の公的な行事に獣肉が供されていたことを示すもので、さきの貞観十八年官符の内容を裏づける資料といえよう［熊谷、二〇〇四b］。このように当時の法令からみると、平安初期の蝦夷は稲作を含む農耕をおこなう一方で、獣肉を好む傾向がみられるので、狩猟を生業としていた蝦夷も少なからずいたとみてよいと思われる。

また文献史料によれば蝦夷は「夷語」とよばれる言葉を話し、官人と彼らとの対話には訳語（通訳）が介在したことが知られる。『日本後紀』延暦十八年（七九九）二月乙未条に陸奥国新田郡の弓削部虎麻呂とその妻が「夷語」に習熟し、デマを流して蝦夷を扇動したとして日向国に配流されたとあり、『藤原保則伝』にも、元慶の乱の際に鎮守将軍小野春風は「夷語」に通

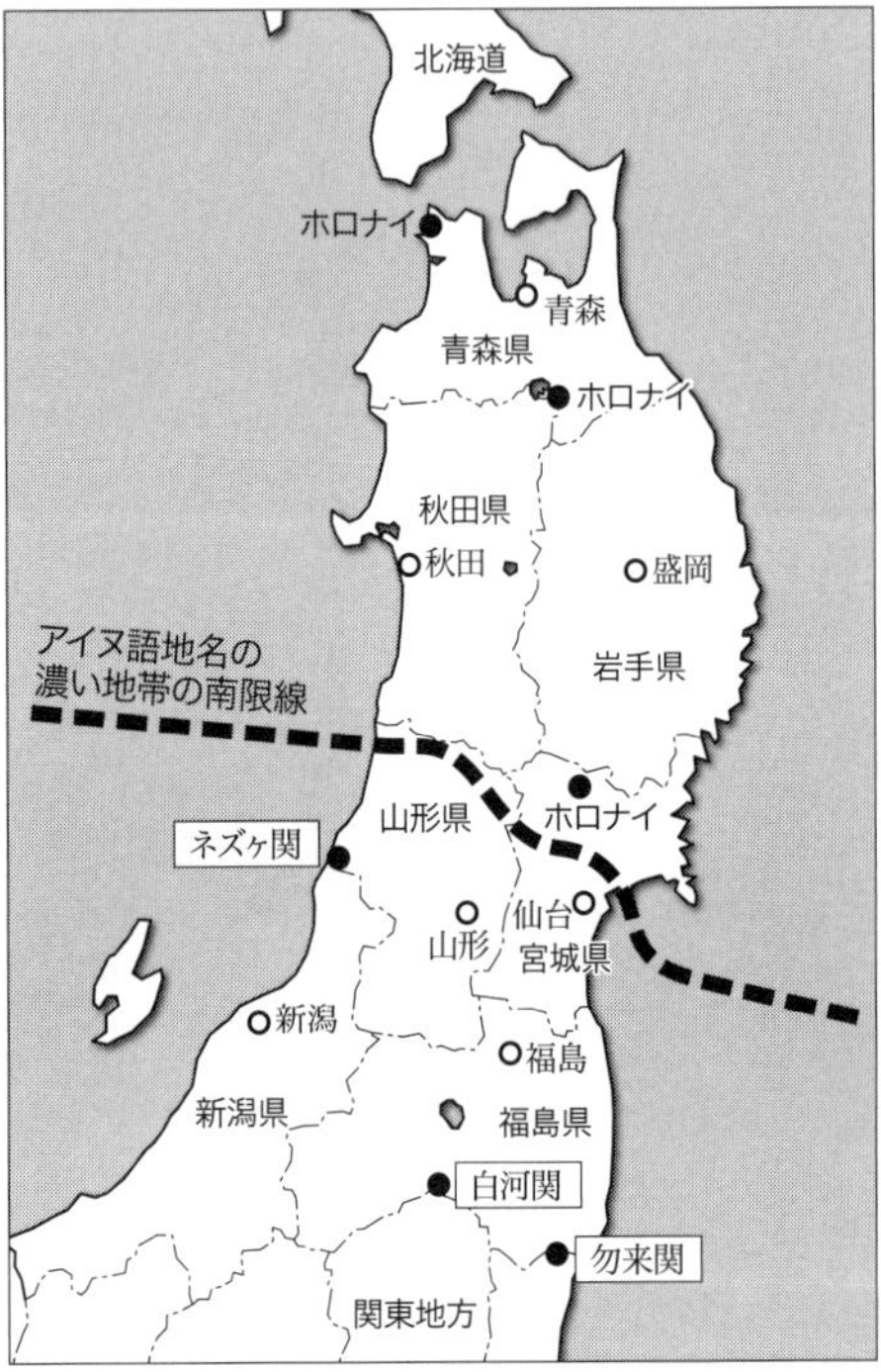

図1-8　アイヌ語地名の濃い地帯の南限線（山田秀三氏）

暁していたので、反乱軍の中に入って説得にあたったという話がみえている。また「蝦夷訳語」の物部斯波永野（もののべのしわのながの）が元慶の乱終結後の元慶五年（八八一）に外従五位下（げじゅごいのげ）を授かっているが、これは時期的に元慶の乱における功績を賞したものであろう。これらの史料を通覧すると、「夷語」を話していたのは、おおむね南北文化の境界ライン付近か、それより北の蝦夷に限られる。

このように文献史料からは、続縄文文化・古墳文化が消滅したはるかあとの平安初期においても、南北両文化の境界線より北には「夷語」を話し、肉食を好む蝦夷がいて、狩猟が依然として南の社会よりも重要性をもち続けるなど、一般の倭人とは異なる文化をもつ蝦夷が住んでいたことが知られるのである。

文献史料からは「夷語」の内容までは知ることはできないが、その空白を埋めてくれるのがアイヌ語地名の研究である。北海道には語尾にナイやベツがつく地名が多いが、それがアイヌ語地名である。その研究家である山田秀三氏は長年にわたって踏査をくり返しながら研究をおこなってきたが、その結果、東北北部にも北海道とそっくりのアイヌ語地名が多数分布しており、太平洋側では宮城県北の大崎平野あたり、日本海側では秋田・山形両県境あたりに「アイヌ語地名の濃い地帯の南限線」が引けることに気がついた（図1-8）。まさに古代の南北両文化の境界線に一致するのである［山田、一九九三］。これまた単なる偶然とは考え難いであろう。「夷語」とはアイヌ語系統の言語であったとみてよい。

4　南北両文化と末期古墳

続縄文文化の南下

つぎに、考古学的な研究によってわかってきた北方世界からの動きを取り上げてみよう。

戦後の発掘調査によって、津軽平野で弥生時代の水田跡が発見され、弥生文化とともに稲作農耕が本州最北端の津軽地方まで伝播（でんぱ）してきたことが知られるようになった。ところがその後、調査が進展すると、弥生時代の末期（三世紀）以降は、東北北部（青森・岩手・秋田）では遺跡数が激減し、しかも一部を除くと竪穴住居で構成される集落遺跡は皆無に近く、稲作農耕の痕（こん）跡（せき）も見いだせなくなるのである。この傾向はつぎの古墳時代も続き、六世紀代まで東北北部は

図1-9　北大式土器（写真提供：北海道大学埋蔵文化財調査センター）

遺跡数が極端に少ない時期が続くことになる。

この三～六世紀は、ちょうど東北北部に北海道から続縄文文化が南下してくる時期にあたっている。北海道には弥生文化が伝播せず、縄文を施す土器をはじめ、狩猟・漁労・採集を中心とする生業など、縄文文化の伝統が色濃く残る。それを続縄文文化とよんでいる。

三～四世紀には、北海道の道央部で誕生した後北（こうほく）C_2-D式土器とよばれる続縄文文化後期の土器が津軽海峡を渡って東北北部、一部新潟県まで広がってくる。五～六世紀は、口縁部に一列にならぶ突瘤文（つきこぶもん）が特徴の北大式土器（図1-9）の時期となる。北大式は続縄文土器最後の土器型式で、最初に北海道大学構内の遺跡でまとまって出土したのでこの名がある。北大Ⅰ～Ⅲ式に区分されているが、東北地方でまとまって出土するのは北大Ⅰ式までである。

続縄文文化に特徴的な文化指標としては、縄文のある土器と独特の土壙墓、それに皮なめしに使用した黒曜石製石器（スクレイパー）などがあげられる（図1-10）。続縄文文化後期になると、不思議なことに竪穴住居が検出されなくなるが、

図1-10　黒曜石製石器　(写真提供:(公財)岩手県文化振興事業団 埋蔵文化財センター)

これにはいくつかの見解がある。遊動生活に適した簡易なテント状の住居だったとか、定住生活ではあったが、遺構として検出しにくい平地式住居にすむようになったといった意見である。重要なのは、土器はもちろんのこと、土壙墓や黒曜石製石器、それに竪穴住居の消滅など、続縄文文化の主要な指標が東北地方北部でも共通して認められることである。

なお教科書的には列島の石器時代は縄文時代までで、弥生時代以降は金属器の時代とされているが、石器も部分的に残る。この時期、古墳文化圏では馬具などに用いる皮革の需要が高まって、それに応(こた)えるために交易品としての皮革生産が盛んになったと考えられ、それに黒曜石製石器が使われたのである。なお続縄文文化でも、鉄器はすでに使用されている。

東北地方北部の続縄文文化の遺跡は土壙墓を中心としたものである。秋田県能代市寒川Ⅱ遺跡・岩手県盛岡市永福寺山遺跡などは三・四世紀代の後北C₂-D式期の代表的な遺跡であり、青森県上北郡七戸町森ケ沢遺跡・秋田県横手市田久保下遺跡などが五・六世紀の北大式期の重要な遺跡としてあげられる。また宮城県大崎市木戸脇裏遺跡（図1-1）は、南北両文化の境界線付近に位置するが、四世紀から六世紀まで続く遺跡で、黒曜石製石器が多数出土している。

これらの遺跡の土壙墓では屈葬がおこなわれ、墓穴の底面に一対の柱穴を設けたり、側壁に土器を埋納するための袋状ピット（小穴）があることが少なくなく、またしばしば多量の黒曜石の剝片（原石を打ち欠いてうすく剝ぎ取った石片）を副葬するなど、同時期の北海道の土壙墓と共通する特色を有している。土壙墓に副葬される土器は、当初は続縄文土器に弥生土器・古式土師器などであったが、しだいに土師器が増加し、ついには北大式などの続縄文土器がほとんどなくなってしまう傾向が明らかになってきた。東北北部の続縄文文化圏の人びとは、お墓は続縄文文化特有の土壙墓を造り続けながらも土器に関しては急速に土師器を受け入れ、ついにほとんど土師器だけで生活するようになり、七世紀に入ると続縄文土器は完全に姿を消してしまうのである。阿部義平氏はこの一連の動きを「土師器化」とよんでいる［阿部、一九九九］。墓制では保守的で伝統を守り続けた続縄文人も、生活文化では異文化をどんどん取り入れてみずからの生活を変革していったことがうかがわれて、興味深い。

東北北部の続縄文文化の主要遺跡を簡単にみてきたが、これらの遺跡を地図に落としてみるとちょうど〝南北両文化の境界ライン〟よりも北に限られることがわかる（図1-1）。つまり古墳が前期のうちにいっきに境界ラインに達しながら、それより北に広がらなかったのは、そこが続縄文系の土壙墓を造り続ける人びとの居住域だったからなのである。

古墳文化と続縄文文化の交流

古墳文化と続縄文文化は、基本的には南北両文化の境界線を境にして異なる文化圏として存在した。しかしながら、もう一方で続縄文文化圏では土師器を日常の食器としてどんどん受け入れたり、古墳文化圏の縁辺部で産出・加工された黒曜石の石器素材などが続縄文文化圏に広く流通するなど、相互の交流が盛んであった。さらに興味深いことに、続縄文文化圏奥深くに飛び地状に古墳文化系の集落が形成されたり、前方後円墳が築造されることさえあった（角塚古墳）。しかも続縄文文化圏に形成された集落には、一つの共通する特徴があった。それは、黒曜石製石器とそれを使った皮革加工と深くかかわっていることである。

　大崎地方の大崎市名生館遺跡・木戸脇裏遺跡、加美町壇（だん）の越（こし）遺跡などは、いずれも南北両文化の境界線付近の遺跡であるが、黒曜石製石器の加工や石器素材の生産、さらにはスクレイパーを使った皮革加工などの作業が盛んにおこなわれていた。それは十数キロメートル西方にある加美町湯の倉が黒曜石の原産地であることが大きいと考えられる。これらの遺跡で加工された湯の倉産黒曜石の石器素材が、古墳時代中期後半（五世紀後半）には北方の続縄文世界に大量に搬出され、広く流通していたことが確認されている［高橋、二〇一四］。

　最北の前方後円墳である奥州市角塚古墳（全長四三メートル）の北約二キロメートルに位置する同市中半入（なかはんにゅう）遺跡（図1-1）は古墳時代前期からの集落遺跡で、やはり中期後半（五世紀後半）に最大規模となり、地域の拠点集落となって、角塚古墳の築造にもかかわったとみられる。集落内からは、豪族居館の可能性もある濠で方形に区画された遺構や皮なめし・乾燥・燻蒸などの一連の作業をおこなった工房とみられる竪穴建物がみつかっていて、工房跡から出土した大量の黒曜石製石器の実に九六％が湯の倉産であることが判明した［高木、二〇一二］。

中半入遺跡は近年発見された宮城県栗原市入の沢遺跡（口絵p.1）から五〇キロメートルほど北に隔たっているが、周辺の胆沢地域を別にすれば、その間は古墳文化の集落や古墳の空白地帯といってよい。この集落では遺跡全体で五〇棟ほどにのぼると推定される方形の竪穴住居が営まれ、近傍の角塚古墳の築造にもかかわったとみられることなどから、胆沢地域にまで進出した古墳文化系の人びとが主体となって形成した集落と考えられる。その目的は、古墳文化圏から供給を受けた黒曜石を使った石器の製作と皮革加工、および鉄器などの続縄文文化圏との交易であったとみてよい。ただし、皮革加工や石器製作は本来、続縄文系の技術であり、それらの組織的な生産には、当然、続縄文系の人びととの協力が必要であったから、中半入遺跡では古墳文化系が主体となりながらも、続縄文系とも平和的共存の関係が築かれていたとみられる。もう一方で、古墳文化圏縁辺部の大崎地方とも、湯の倉産の黒曜石を大量に入手できるような太いパイプをもち続けていたのである。

今世紀の初頭、南北両文化の境界線から約二〇〇キロメートルも離れた青森県八戸市で最北の古墳文化の集落がみつかった。新井田川左岸の微高地に位置する田向冷水遺跡（図1-1）がそれである。一〇棟のカマド付きの竪穴住居のほかに、円墳が削平されたとみられる円形周溝や古墳文化の祭祀具である石製模造品などが発見された。時期は中半入遺跡などと同じ古墳時代中期後半であるが、やはり竪穴住居から五〇点ほどの黒曜石製のスクレイパーが出土しており、ここでもその大部分が湯の倉産であった。田向冷水遺跡と新井田川をはさんで一・五キロメートル離れた市子林遺跡では同じ時期の続縄文系の土壙墓が四基みつかっているので、ここでも付近の続縄文系の人びとと共存しながら皮革加工にあたっていたことがうかがわれる。

このように、古墳時代には東北北部を舞台に古墳文化と続縄文文化は、きわめて密接な関係を築いていた。古墳文化社会が必要としたのは、以上にみた遺跡のあり方から明らかなように、皮革製品であった。乗馬の習慣が広がった古墳時代中期には、にわかに皮革の需要が高まり、その入手のために黒曜石の原産地に近い古墳文化圏の縁辺部ばかりでなく、遠く離れた続縄文文化圏の交易の重要拠点にも生産拠点の集落を形成し、岩手県内にも複数の黒曜石の原産地があるにもかかわらず、わざわざ古墳文化圏縁辺部の湯の倉から黒曜石を運び、続縄文系の人びとの協力を得ながら石器製作・皮革加工を組織的におこない、皮革製品を古墳文化社会に向けて送り出したとみられる。それに対する主要な対価となったのが、この時期に続縄文文化圏で急速に普及しだす鉄器であろう。

なお続縄文文化圏の遺跡でも、黒曜石の出土地は限定的である。以上の地域以外では岩手県滝沢市の北上川以西、北上市の和賀川南岸などに限られるという。その点から、皮革加工は地域首長が関与して専業的におこなわれていたのではないかとされる［八木、二〇一五］。また続縄文文化圏奥深くに築かれた中半入遺跡や田向冷水遺跡などで皮革加工に使われた黒曜石製石器の大部分が遠く離れた宮城県大崎地方周辺の湯の倉産の黒曜石であることは、これらの集落の成り立ちを考えるうえで示唆深い。それはこれらの遺跡が古墳文化圏でも大崎地方の勢力とくに密接な関係にあったことを示すものであり、これらの集落の形成にも大崎地方の勢力が深くかかわっていたことを推測させよう。

古墳文化と続縄文文化は、藤沢敦氏が強調するように、お互いに対立的ではなく、共存、あるいは長期的にみれば融合という現象を生み出していった［藤沢、二〇一四］。しかしながらも一方で、両文化は、古墳時代を通して基本的には異なる文化圏を形成していたことも明らかな事実である。それは、墓制や住居に明確に表れているように、互いに比較的長期にわたって独自性を保ち続けた文化要素があったからである。すなわち文化は、可変的、流動的な要素と、不変的、固定的な要素があり、それによって相互に影響を受けながらも独自性を保ち続けるのである。東北地方の古代の歴史を大きく規定した南北両文化の境界線が長期にわたって存続したのは、まさに文化のこのような特性によると考えられる。

七世紀の画期の意義――土師器と竪穴住居の北上――

さきにみたように、古墳時代の東北北部には北海道の続縄文文化が南下してきていて、東北南部以南とは異質の文化が広がっていた。ところが七世紀初頭前後になると続縄文土器や土壙墓は姿を消して、土器は須恵器（すえき）・土師器だけとなり、カマド付きの方形竪穴住居が北上川上・中流域や馬淵川（まべちがわ）流域を中心に、東北北部に急速に拡大していく。

この土師器とカマド付きの方形竪穴住居は古墳文化に普遍的な要素なので、多くの考古学者は七世紀以降は東北北部も東北南部以南と文化的に一体化すると考えるのである。確かに、六世紀までの東北北部は北方系の続縄文文化が広がっていたので、七世紀の変化が大きいことは否定できない。稲作農耕がふたたび東北北部にまで広がっていくことも事実であろう。問題は、それによって南北両文化の境界線が消滅してしまうほど、東北南北両地域が文化的に等質になるのかということである。というのは、本稿でも簡単にふれたように文献史料からみるかぎり、蝦夷には明らかに倭人とは異なる文化をもつ人びとが一定数いるし、これ以前の東北北部の文化的独自性や東北北部の冷涼な気候からいっても、考えにくいように思われる。

実は、土師器とカマド付きの方形竪穴住居は、半世紀から一世紀遅れて津軽海峡をわたり、北海道でも急速に広がっていった。それが続縄文文化から擦文文化への転換である。藤本強氏は、この変化によって本州の生活様式そのものが北海道に定着したわけではなく、若干の変化はあっても基本的には伝統的な生活が続いていたのではないかとしている。その理由として、これによって北海道で農耕文化が定着して生活の基盤となったとは考えがたいことをあげている。また同じカマドであっても、北海道では焼け方がずっと少ないので、使い方が異なっていたのではないかという興味深い指摘もしている〔藤本、一九八二〕。また榊田朋広氏は、土師器・擦文土器*について、同じ甕（かめ）や坏（つき）であっても、北海道と東北では、製作者や使用者にとって同じ意味付けをされていたとは限らないとして、北大式に伴出する坏や擦文土器の坏（坏は本来食器）に煮炊き具である甕と同様のスス・コゲ痕（あと）が付着している例が少なくないことをあげている［榊田、二〇一六］。面白いことに類似の例が東北北部にもあることを宇部則保氏が指摘している［宇部、二〇二〇］。

このように異なる文化においては、同じモノでも使い方や意味付けが異なってくることがあるのである。東北南部では稲作農耕の指標であった土師器と方形竪穴住居が、北海道ではその指標とならないことがそのことを端的に示している。直前まで東北南部とは異文化で、北海道と同じ文化圏に属していた東北北部での土師器と竪穴住居の広がりがどのような意味をもったのかは、別に検証してみる必要があるのではないかというのが筆者の考えである。

古墳時代前後に東北北部まで狩猟・漁労・採集を中心とする続縄文文化が南下してきた原因としては気候の冷涼化がいわれているが、その根底には南北に長大な東北地方の地勢があると考えられる。地図を見れば明らかなように、東北地方は南北に長大で、距離にして約五〇〇キロメートル、緯度にして約四・五度にもなる。これは稚内（わっかない）から鹿児島までの緯度差の約三〇％に相当するという。そのため南北の気温差が大きく、北部と南部では植生も異なるのである。

吉良竜夫氏が提唱した「暖かさの指数」（平均気温が五℃以上の月について、月ごとの平均気温から五℃を引いた数値を一年間積算したもの）［吉良、一九七一］によれば、指数四五から八五までが冷温帯、八五から一八〇までが暖温帯とされていて、その植生には、それぞれ落葉広葉樹（ブナ・ミズナラなど）と常緑広葉樹（照葉樹林）という違いが生まれる。この指数からみると、東北南部は列島の大半の地域と同じく暖温帯に属するが、東北北部は北海道と同じ冷温帯に属する（図1-11）。古代の東北地方が列島の南北両文化の境界領域であることとこのような東北

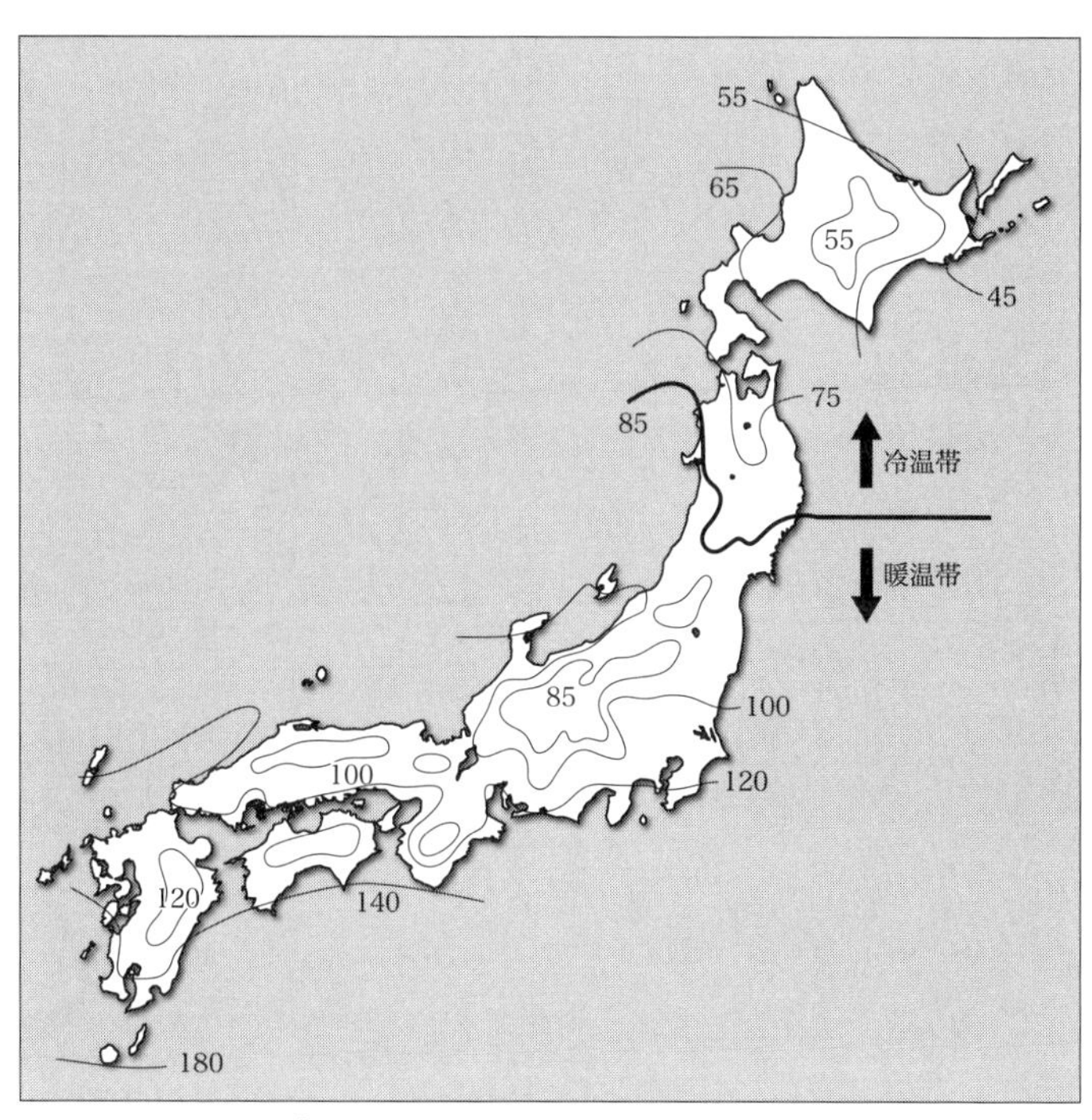

図1-11　「暖かさの指数」分布図（吉良竜夫氏作図を改変）

地方の自然環境は、決して無関係ではなかろう。指数八五のラインは、奈良・平安前期の律令国家の北縁ラインに近いし、太平洋側に限れば〝古墳の北限ライン〟ともほぼ一致する。一方、蝦夷の居住地については、時期によって変動があるが、奈良末期・平安前期にはほぼこのラインの北側に限られるとみてよい。

末期古墳と南北文化の融合

以上のような点をふまえながら、七世紀以降、はたして東北地方の南北文化は等質化したとみてよいかを検証するために、その時期に築かれた「末期古墳」を取り上げて、その性格を検討してみよう。末期古墳とは、南北両文化の境界線以北で続縄文系の土壙墓が造られなくなる七世紀初頭ごろに出現する小円墳で、古墳文化の終末期古墳と区別してこうよんでいる。その後、九世紀後葉まで継続して造られ、地域によっては一〇世紀に入っても築造されるのである。さらに北海道の石狩低地帯でも、末期古墳に類似する「北海道式古墳」が築造されている。

末期古墳の多くは群集墳を形成している。現在、ある程度まとまって保存されている末期古墳としては、青森県おいらせ町阿光坊（あこうぼう）古墳群（口絵p.2）、八戸市丹後平（たんごたい）古墳群、岩手県花巻市熊堂古墳群、北上市猫谷地（ねこやち）・五条丸古墳群、宮城県栗原市鳥矢ケ崎（とやがさき）古墳群などがある。以下、主として藤沢敦氏の研究［藤沢、二〇一五b］を参考にしながら末期古墳の概要を紹介したい。

末期古墳の墳丘は円形で、周溝をめぐらすのが基本である。直径四〜十数メートル程度、高さはもともと低く一メートル前後とみられるので、ほとんどの場合、削平を受けている。埋葬施設は一基のみで、墓穴に「木棺」を直接埋める「木棺直葬」タイプと横穴式石室をモデルにした石積みタイプに二分される。石積みタイプは七世紀末ごろに出現し、北上川流域に限られるが、「木棺直葬」タイプは当初から分布域の全域でみられる。

「木棺直葬」は、まず墓穴を掘り込んで周りに側板をはめ込んだあと、遺体を伸展葬で埋葬したもので（図1-12右）、「棺」とはいっても墓穴にすえられ、底板もないので、もち運ぶことができない。そこで「木槨」とよぶ研究者もいる。しかしながら、「槨」とはもともと「棺」

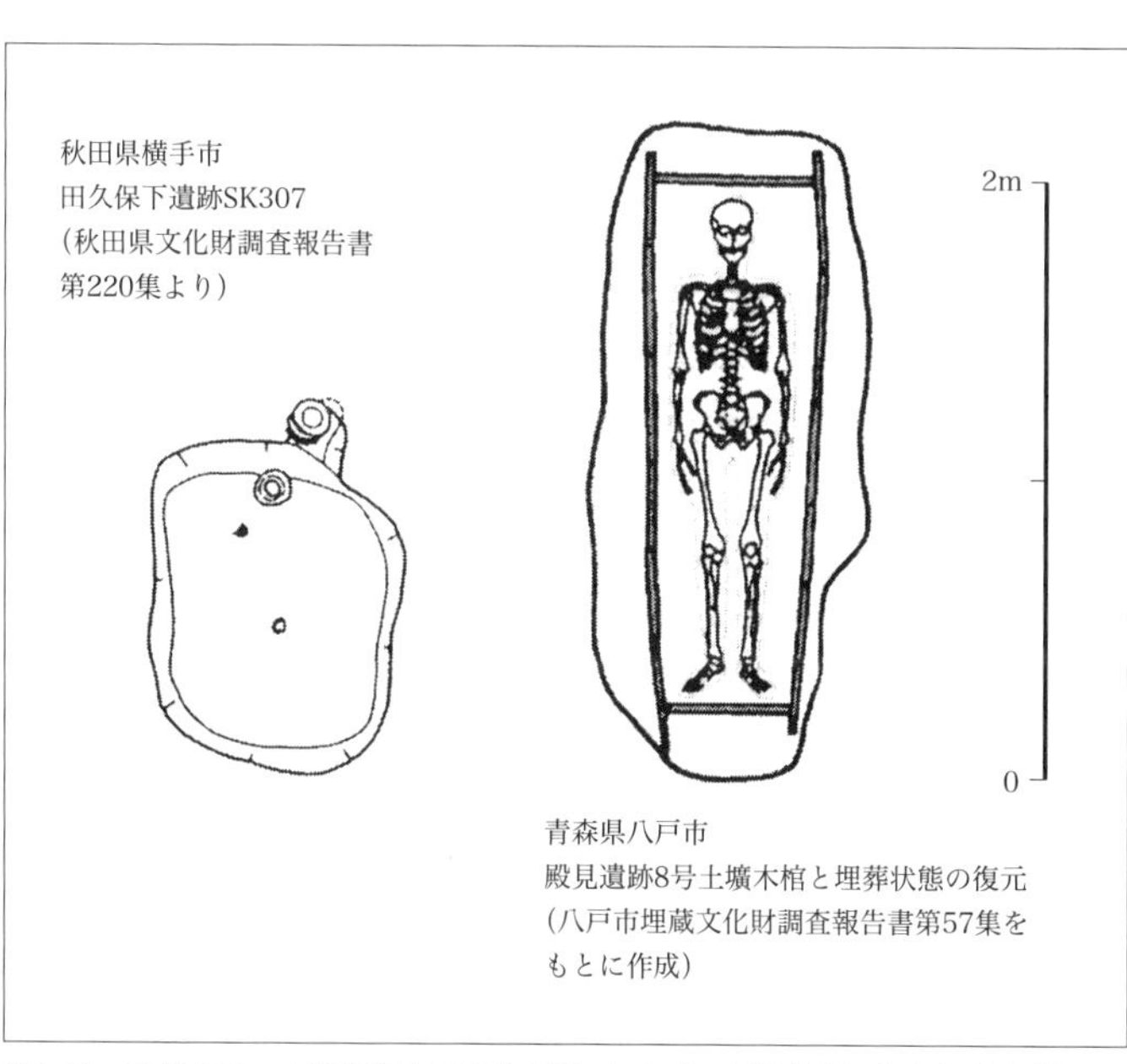

図1-12　続縄文系の土壙墓（左）と「木棺直葬」タイプの末期古墳埋葬主体（右）（藤沢敦編『倭国の形成と東北』）

の入れ物であるから、それでも齟齬がある。むしろ地面を掘り下げて墓穴を作る点に着目すれば、土壙タイプとよぶ方がわかりやすいのではなかろうか。いずれにしても藤沢氏によれば、このような構造の埋葬施設は古墳文化圏に類例を見いだすことは困難で、末期古墳に独特のものであるという。

　また石積みタイプの埋葬施設も、横穴式石室をモデルとしたものではあるが、造りが小ぶりなので天井をふさぐまえに上から埋葬したと考えられ、本来の横穴式石室のように追葬はできない構造である。

　続縄文系の土壙墓が屈葬で、

墳丘もなく、墓の区画施設もないことにくらべると、末期古墳は伸展葬で、墳丘、周溝を備えている点で、藤沢氏が強調するように、土壙墓との形態上の差異は大きく、古墳文化の古墳の影響をつよく受けていることは否定できない。近年、考古学者の多くが末期古墳を古墳文化の古墳の範疇（はんちゅう）で理解しようとするゆえんである。

しかしながら、末期古墳を古墳文化の古墳に含めてしまうと、かえって末期古墳の重要な特徴をみすみすみのがすことにならないだろうか。その一例として埋葬施設の構築方法をみてみよう。通常の古墳は墳丘を築いてからそのなかに石室などの埋葬施設を構築するのであるが、末期古墳はそれが真逆で、さきに地面を掘り下げて墓穴を造ることが多い。これなどは、素人目には土壙墓の造り方を想起させるもので、すこぶる興味深いのであるが、考古学者に言わせるとそのような類例は古墳文化の古墳にもあるし、末期古墳でも墳丘のなかに埋葬施設を築く例があるとのこと。こうやってこまかく探索していくと、末期古墳に固有の特徴と思われていたものが、たいていは古墳文化の古墳にもみつかり、結局、末期古墳も古墳文化の古墳の一種にすぎないという評価になってしまうのである。しかし、末期古墳でもとくに古手のものは地下に埋葬施設を構築する土壙タイプが大多数とされているので、それはやはり古墳文化の古墳とは異なる特徴とみることができるように思われ、後述のように末期古墳が続縄文系の土壙墓の系譜を引く墓制だとすれば、土壙墓との関係を示す重要な特徴ということにもなってこよう。

筆者は、末期古墳は古墳文化の影響をつよく受けながらも、全体としては続縄文系の土壙墓の埋葬観念の系譜を引く北方系の墳墓とみるべきではないかと考える。その理由は大きく三つある。一つ目は、末期古墳には形態的にも、古墳文化の古墳とは異なる特色が認められるからである。それは土壙タイプや石積みタイプの埋葬主体が、いずれも古墳時代後期や終末期に盛行した横穴式石室とは本質的に異なり、追葬が困難な構造になっていることである。これは末期古墳の築造者、すなわち蝦夷が主体的に選び取った埋葬施設とみるほかないであろう。宇部則保氏が「倭国域の横穴式石室への埋葬とは異なった観念においてうみ出されたもの」と述べている［宇部、二〇一五］ことに賛同したい。

第二の理由は、築造された時期と地域である。末期古墳が築造されはじめるのはちょうど続縄文系の土壙墓が消滅する七世紀初頭ごろで、古墳時代後期にあたる。しかもその分布域は南北両文化の境界線より北に限られ、土壙墓の分布域と重なる。要するに末期古墳は、成立時期、築造範囲のいずれをとっても、続縄文系の土壙墓を引き継ぐ形をとっているのである。

しかも興味深いことに、実際に末期古墳が土壙墓の系譜を引く墳墓であることを、目にみえる形で示してくれる遺跡が存在するのである。岩手県北上市の岩崎台地遺跡群がそれで、ここでは土壙タイプの初期の末期古墳七基とともに同時期の土壙墓一三基が発見されている。そのなかで注目されるのは、末期古墳の周辺から続縄文文化特有の黒曜石製の石器が四〇〇点ほども発見されたことである。その中にはスクレイパーもみられるが、原石や剝片など道具として使えないものが多く含まれることから、墓前祭祀に撒布（さっぷ）されたとみられる。古墳文化ではありえない祭祀である。そのうえこの遺跡の古墳には墓穴の短辺壁際中央に柱穴状の小穴がみられるなど、続縄文系の土壙墓に類似した特徴があり、高橋與右衛門氏がいうように両者には系譜関係があるとみるべきであろう［岩手日報社出版部編、二〇〇〇］。

第三の理由として、末期古墳は、七世紀末に列島の古墳時代が終わったあとも二〇〇年以上にわたって営まれつづけたことがあげられる。藤沢氏は、東北北部の末期古墳だけが倭国域の古墳の造営と連動していないことを指摘しているが、それは、このような特殊な小円墳を築造しつづけたのがこの地域の人びとだけだったということにほかならない。そうであれば、この事実は改めて築造者の主体性を示すものとして積極的に評価されなおすべきであろうと考える。すなわち南北両文化の境界線より北の地域に住む蝦夷たちは、それより南に住む同時代の倭人とは異なる埋葬観念を長期にわたって保持し、独自の墓制を維持し続けたのであり、少なくともその間は文化的独自性を保持していたとみるべきであろう。

以上の三点を総合すれば、末期古墳の成立には、古墳文化のつよい影響があったことは確かであるが、埋葬観念では土壙墓の系譜を引き継ぎ、追葬が行えない埋葬施設が採用され、しかもそのような墓制を列島の古墳時代が終わったあとも数百年にわたって維持したのは、南北両文化の境界線より北の地域の蝦夷たちの主体性によるものであり、彼らが同時代の倭人とは異なる文化を有していた証拠の一つとなろう。

文献史料によれば、南北両文化の境界線以北の蝦夷は平安初期においても倭人より肉食を好み、「夷語」を使っていたことが知られる。そのうえ列島の古墳時代が終わったあとも、数百年にわたって営まれ続けた末期古墳は、古墳文化から蝦夷たちが主体的に選び取った墓制であり、同時代の倭人からみれば蝦夷に独特な墓制と映ったであろう。その点で末期古墳はまさしく〝蝦夷の墓〟とよぶにふさわしい墳墓であったのである。これらの点を総合すれば、七世紀以降も南北両文化の境界線は生きており、それより北にすむ蝦夷たちは、倭人からみれば自分たちと異なる文化をもつ「化外の民」として認識されていたと考えられる。

おわりに

本章では、東北地方の中央部を東西に走る南北両文化の境界線に焦点をあて、東北地方の歴史環境について考えてみた。本州最北端に位置する東北地方は、時期によってちがいはあるが、基本的に関東地方以南と北海道の双方からさまざまな影響を受けながら、歴史を歩んできた。また南北に長大な東北地方は、北部と南部で自然環境の差も大きく、そのため長期にわたって異なる文化が展開した。とくに古墳時代を中心とする四〇〇年ほどは、東北地方の北半部が北方世界に包摂されるといってよい状況が生まれた。七世紀以降は、南方の倭人系の文化が東北北部にもいっそう浸透し、東北南部以南との文化的差異は前代とくらべて相対的に縮まったとみられるが、それでも生業、とくに狩猟のウエイト、言語、墓制など、重要な点で東北北部の独自性が残ったと考えられる。

蝦夷の居住域は、時期による変化が大きいが、いずれにしても南北両文化の境界線とのかかわりが深い。当初、古代国家の線引きによって国造の支配領域外の〝まつろわぬ人びと〟の政治的呼称とされた蝦夷は、南北両文化の境界線をまたぐ形で居住域が広がっていたので、南限に近い地域は古墳文化圏に含まれ、一般の倭人との文化的差異がほとんどなかった。ところが奈良時代から平安初期にかけて、律令国家の疆域は大きく北に拡大していき、南から蝦夷の同化が進んでいったので、平安初期には、結果的に、蝦夷の居住域はほとんど南北両文化の境界線の北側に限られるようになる。こうして、この時期になると蝦夷は、異文化集団としての性格がより明確になっていったのではないかというのが私見である。

参考文献

阿部義平　一九九九年『蝦夷と倭人』青木書店
伊東信雄　一九七六年「東北古代文化の研究―私の考古学研究―」『東北考古学の諸問題』東出版寧楽社
今泉隆雄　一九九九年「律令国家と蝦夷」『宮城県の歴史』山川出版社
岩手日報社出版部編　二〇〇〇年『いわて未来への遺産 遺跡は語る―旧石器～古墳時代―』岩手日報社
宇部則保　二〇一五年「北縁の蝦夷社会」『蝦夷と城柵の時代』吉川弘文館
宇部則保　二〇二〇年「東北北部型土師器について」『八戸市埋蔵文化財センター是川縄文館研究紀要』一〇
菊地芳朗　二〇一〇年『古墳時代史の展開と東北社会』大阪大学出版会
吉良竜夫　一九七一年『生態学からみた自然』河出書房新社
熊谷公男　二〇〇〇年「養老四年の蝦夷の反乱と多賀城の創建」『国立歴史民俗博物館研究報告』八四
熊谷公男　二〇〇四年a『蝦夷の地と古代国家』山川出版社
熊谷公男　二〇〇四年b『古代の蝦夷と城柵』吉川弘文館
熊谷公男　二〇一六年a「古代国家北縁の二つの境界―栗原市入の沢遺跡の発見によせて―」『日中韓周縁域の宗教文化』二

熊谷公男　二〇一六年b「古代蝦夷（エミシ）の実像に迫る」『上代文学』一一七
熊谷公男　二〇二一年『秋田城と元慶の乱―外からの視点でみる古代秋田の歴史―』高志書院
榊田朋広　二〇一六年『擦文土器の研究―古代日本列島北辺地域土器型式群の編年・系統・動態―』北海道出版企画センター
進藤秋輝　二〇一〇年『東北統治の拠点　多賀城』新泉社
高木　晃　二〇一一年「岩手県水沢市　中半入遺跡」『考古学研究』五八―二
高橋富雄　一九六三年『蝦夷』吉川弘文館
高橋誠明　二〇一四年「古墳築造周辺域の地域社会の動向―宮城県北部大崎地方を中心に―」『古墳と続縄文文化』高志書院
辻　秀人　一九九八年「列島における東北世界の成立―東北論への考古学的アプローチ―」『歴史のなかの東北―日本の東北・アジアの東北―』河出書房新社
辻　秀人編　二〇一七年『季刊考古学・別冊　古代倭国北縁の軋轢と交流』雄山閣
虎尾俊哉　一九七五年『律令国家と蝦夷』評論社
長島榮一　二〇〇九年『郡山遺跡』同成社
藤沢　敦　二〇一四年「古墳文化と続縄文文化の相互関係」『古墳と続縄文文化』高志書院
藤沢　敦　二〇一五年a「不安定な古墳の変遷」『倭国の形成と東北』（東北の古代史2）吉川弘文館
藤沢　敦　二〇一五年b「北東北の社会変容と末期古墳の成立」『倭国の形成と東北』吉川弘文館
藤本　強　一九八二年『擦文文化』教育社
村田晃一　二〇一五年「版図の拡大と城柵」『蝦夷と城柵の時代』吉川弘文館
八木光則　二〇一五年「古墳時代併行期の北日本」『倭国の形成と東北』吉川弘文館
山田秀三　一九九三年『東北・アイヌ語地名の研究』草風館

2章　続縄文文化の発達

高瀬克範

はじめに

「続縄文」の名付け親は、日本先史考古学の泰斗、山内清男氏である。彼は、弥生文化期が農業の時代であるだけでなく、当時の稲作が少なくとも宮城県域まで広がっていたことを早くも一九二〇年代には見抜いていた［山内、一九二五］。くわえて、その時期の北海道には縄文文化の終焉後も農業が波及していないことも看破しており、そこで使われていた土器を「続縄文式」とよんだのである［山内、一九三九］。もともとは土器の名称であった続縄文の語は、現在、「続縄文文化」や「続縄文時代」など、文化や時代の名称としても定着している。ここでは、続縄文文化の展開が北海道の歴史にとってどのような意義を有しているのかを考える。

1　続縄文文化研究の論点

続縄文文化の年代は、紀元前四世紀から紀元後六世紀もしくは七世紀前半までである（図2-1）。その後は、考古学的アイヌ文化*の直接の母胎とされる擦文文化がつづく。続縄文文化は、大きく前期と後期に二分される。前期はほぼ弥生文化に並行する紀元後二世紀までの時期で、後期はおおむね古墳文化に並行する紀元後三世紀以後である。どちらの時期も分布の中心は北海道にあるが、前期は千島列島の広い範囲にも［手塚、二〇〇七／Fitzhugh *et al.*, 2016／高瀬、二〇一七a／Gjesfjeld *et al.*, 2020など］、後期は東北地方北部にも濃密に分布する［木村・鈴木、二〇一一など］。この広がりの違いは、後述する続縄文文化の発達過程と密接に関係している。

続縄文文化研究の最大の論点は、縄文文化との関係である。続縄文の社会・経済は、その名のとおり縄文からの継続であり、両者のあいだに本質的な違いはないとする見解が一方にある

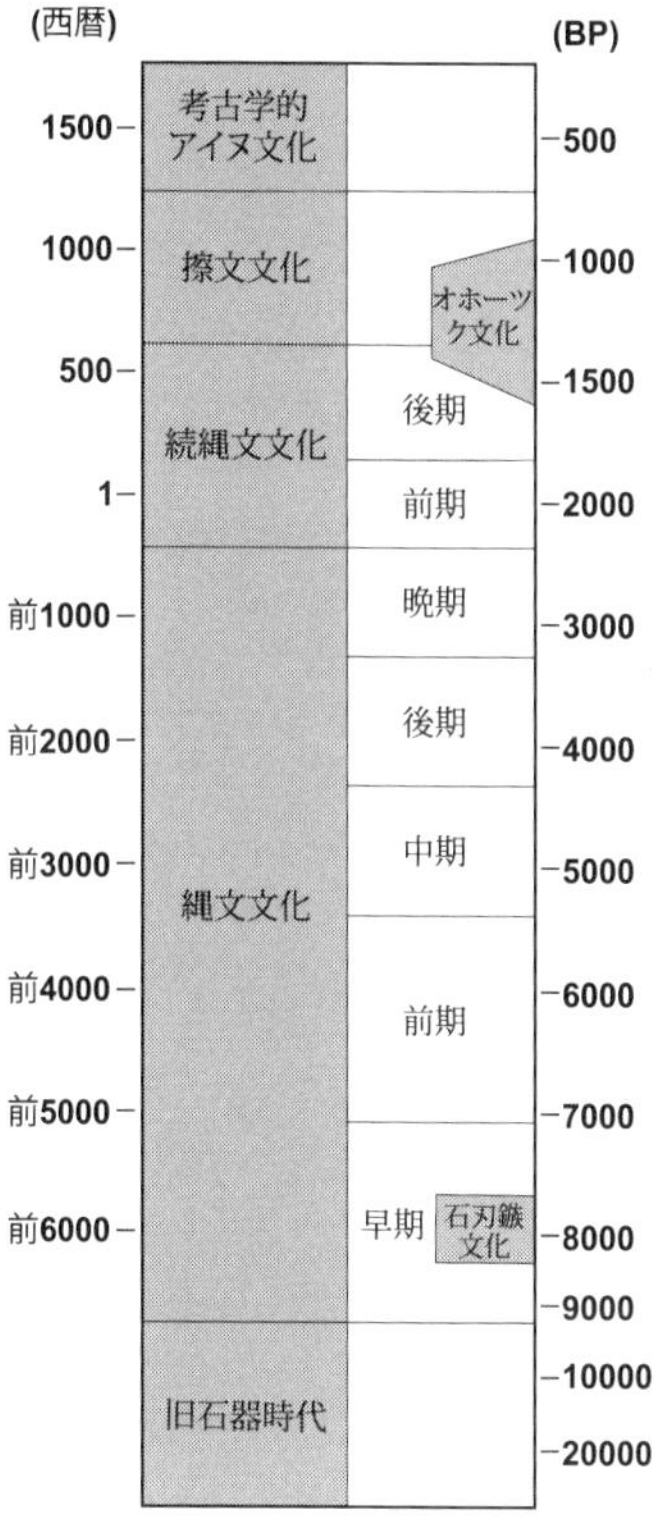

図2-1　北海道における考古学的文化の変遷

［工藤、一九八九／吉崎、一九八六／岡本、一九九〇］。狩猟採集経済が継続し、土器のデザインや石器のかたちなどにも大きな断絶はないことから、縄文と続縄文は連続的であるとする説にも一理ある。縄文土器には草創期から晩期にいたる六つの大別型式が認められており、本州以西ではその後に弥生土器がつづく。しかし、北海道では晩期のあとに「続縄文期」という縄文土器の七つ目の大別型式がつづくと理解するのがこの立場である［小杉、二〇一一］。論理的、方法論的に一貫性のある整理の仕方といえよう。

　これに対して、縄文と続縄文のあいだの違いを重視する立場もある。藤本強（ふじもとつよし）氏［一九八二・一九八八］は、続縄文文化では遺跡の立地が海産資源、とりわけ魚類の利用に適したものに変化していることを指摘した。海産資源のよりよい利用法や新たな漁場の開発を積極的に推し進めたところに、縄文とは異なる続縄文の特色を見出（みいだ）そうとしたのである。経済が漁労へと傾斜する「生業の特化」［鈴木、二〇〇九ａ・二〇〇九ｂ・二〇一〇］や、それまで利用されていなかった魚類資源が利用されはじめるようになる「拡張的開発」［高瀬、二〇一四ａ］が続縄文でみられるようになることは、その後の研究でも確認されている。

　こうした研究動向をふまえると、続縄文文化の性格を考えるためには経済の理解が重要な鍵となりそうである。ここでは、食料資源利用や交易を手がかりとして、続縄文文化の特徴にせまってみたい。

2　経済構造の変化

縄文文化の食料獲得

一万一七〇〇年前に氷河期がおわると、人類は地球上のさまざまな地域で、多様な方法によって間氷期の環境に適応しはじめた。その日本列島版が縄文文化である。海に囲まれ、森林が卓越する条件のもと、貝類・魚類・海生哺乳類（ほにゅうるい）などの海産物、シカ・イノシシなどの陸生哺乳類に、多様な堅果類・マメ科や香辛料となる植物を組み合わせた経済構造によって、イネ科の栽培植物（イネ、雑穀、ムギ類など）に大きく依存することなく持続可能な社会が確立された。

ところが、同じ縄文文化に含められるとはいえ、北海道の事情は特殊であった。日本列島の他地域とくらべて、海産物への依存度がとりわけ高かったのである。人骨や調理用の土器に付着したお焦げの理化学的な分析（窒素と炭素の同位体比の分析）は、過去にどのような食料が用いられていたのかを知るための有力な手段となっている。それによると、北海道では縄文文化の草創期に並行する時期から続縄文・擦文・アイヌ文化にいたるまで一貫して海産物が多用されており、タンパク質のかなりの部分が海産物から摂取されていたとみられる［米田、二〇〇二・二〇〇七・二〇一〇／Yoneda *et al.*, 2002／Naito *et al.*, 2010／Craig *et al.*, 2013／Kunikita *et al.*, 2016／Tsutaya *et al.*, 2013／國木田、二〇一八／國木田ほか、二〇一八］。北海道では、動物食に高く依存していたことは虫歯の少なさから予測されていたが［大島、一九九六］、多くの地域でその中心は陸獣ではなく海産物であったことが近年の研究によって明確になってきている。

一口に海産物といっても、さまざまなものがある。本州の縄文貝塚では、シジミ属、アサリ属、ハマグリ属などの貝類と、クロダイ属、スズキ属、ニシン目、カレイ目、フグ目、アジ科、マグロ属などの魚類が多用されており、これは人骨の同位体分析からも追認される。人骨の窒素安定同位体比は、食された植物や動物の食物連鎖中の位置を鋭敏に反映し、たとえば海洋生態系の頂点に位置する鰭脚類（ききゃくるい）（アシカ科やアザラシ科など）が多用されていればその値が高くなる。逆に、栄養段階が低い植物・動物プランクトンや貝類、小型の魚類が多用されていれば、値が低くなる。本州では、その値がそれほど高くはないため、海産物が比較的多く利用されていた沿岸部であっても、貝類や魚類が中心的に用いられていたと推定される。

これに対して北海道では、鰭脚類や大型の魚類が非常に重要な食料であった。人骨の窒素安定同位体比は非常に高い値を示すものが多く、実際、遺跡からも鰭脚類の骨が多く出土する。なかでもキタオットセイは、縄文から続縄文にかけてもっとも重要な捕獲対象となっていた［金子・西本、一九八五］（図2-2）。キタオットセイは夏期にサハリン、千島列島やカムチャツカなどで繁殖し、冬期に日本列島近海で越冬する。越冬中には上陸しないが［Gentry, 1998］、体力のない幼獣は荒天時などにしばしば上陸する。そうした幼獣の越冬地となっているのが、北海道南部の噴火湾である。

こうした理由から、噴火湾沿岸の遺跡からはキタオットセイの幼獣骨が大量に出土する。特別な道具がなくとも簡単に捕獲できる幼獣は、少なくとも縄文前期前葉（約七〇〇〇年前）に

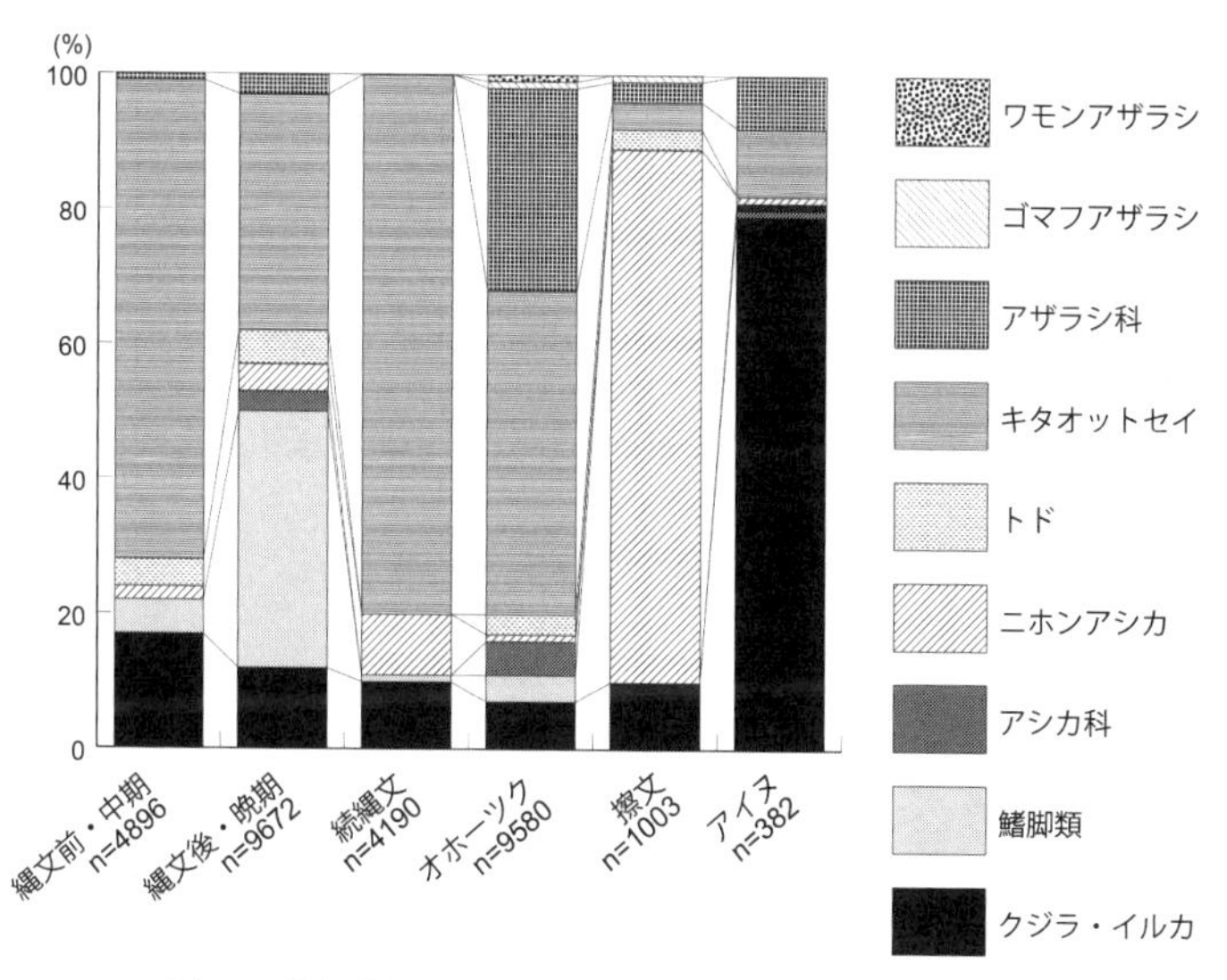

図2-2　北海道出土の海獣類（［Takase 2020］より改変）

はその利用が始まっていた。これに対して、成獣は銛（もり）を用いて外洋で捕獲する必要があるが、その高度な狩猟技術はやや遅れて縄文前期後葉（約五八〇〇年前）に太平洋側で確立された［Takase, 2020］。成獣の狩猟技術は、縄文中期末～後期はじめに北海道の日本海側にも波及する［新美、一九九〇］。この地域には、トドや絶滅種のニホンアシカも多数生息していたため、北海道の沿岸では多様な鰭脚類が利用されるようになった。それでもなお、キタオットセイは縄文文化だけではなく続縄文文化の担い手にとっても、もっとも重要な狩猟対象でありつづけた（図2-2）。

続縄文文化の食料獲得

しかし、食料資源の利用方法は、縄文

と続縄文でまったく同じというわけではなかったようである。続縄文になると、魚類に大きく依存しはじめた証拠が各地で見つかるようになるからだ。

まず、札幌とその周辺の石狩低地帯北部（以下、道央とよぶ）の状況を確認しよう。この地域には貝塚がないため、動物遺体を得ることが難しい。そのため、ウォーター・フローテーション法とよばれる手法が多用されている。これは、炉跡やカマド跡などから採取した土壌サンプルの水洗によって、内部に含まれる微細な遺物を回収する方法である。貝塚から出土する資料とは違って得られる動物骨が小さいため、道央では個数ではなく重量による集計結果が蓄積されている。この地域から出土した動物骨の重量を集計すると、縄文文化では全体の三％ほどにすぎなかった魚類が、続縄文では四〇％近くにまで急増し、さらに擦文文化では六〇％以上にまで上昇する（図2-3上段）。この地域で出土する骨のうち、魚類はほとんどがサケ科、哺乳類はほとんどがエゾシカである。サケ科の骨は、エゾシカの骨にくらべるとはるかに小さく、軽い。にもかかわらず、それが続縄文で急増しているのは、以前とは比較にならないほど多くのサケ科がこの時期から捕獲されはじめたことを示している。同じような傾向は、重量ではなく個数によって骨の出土量が報告されている遺跡でも確認できる（図2-3上段）。

サケ科資源の重要性の高まりは、遺跡の分布にも表れている。札幌市内では、縄文文化の遺跡の多くがその南側や西側の丘陵・台地上に分布する。しかし、続縄文文化の遺跡はより北側の扇状地の末端（扇端）や低地内の自然堤防上に分布するようになる［石井、二〇〇五］。シロザケの産卵床が数多く作られる場所でもあり、擦文文化でもこうした場所が好んで使われてい

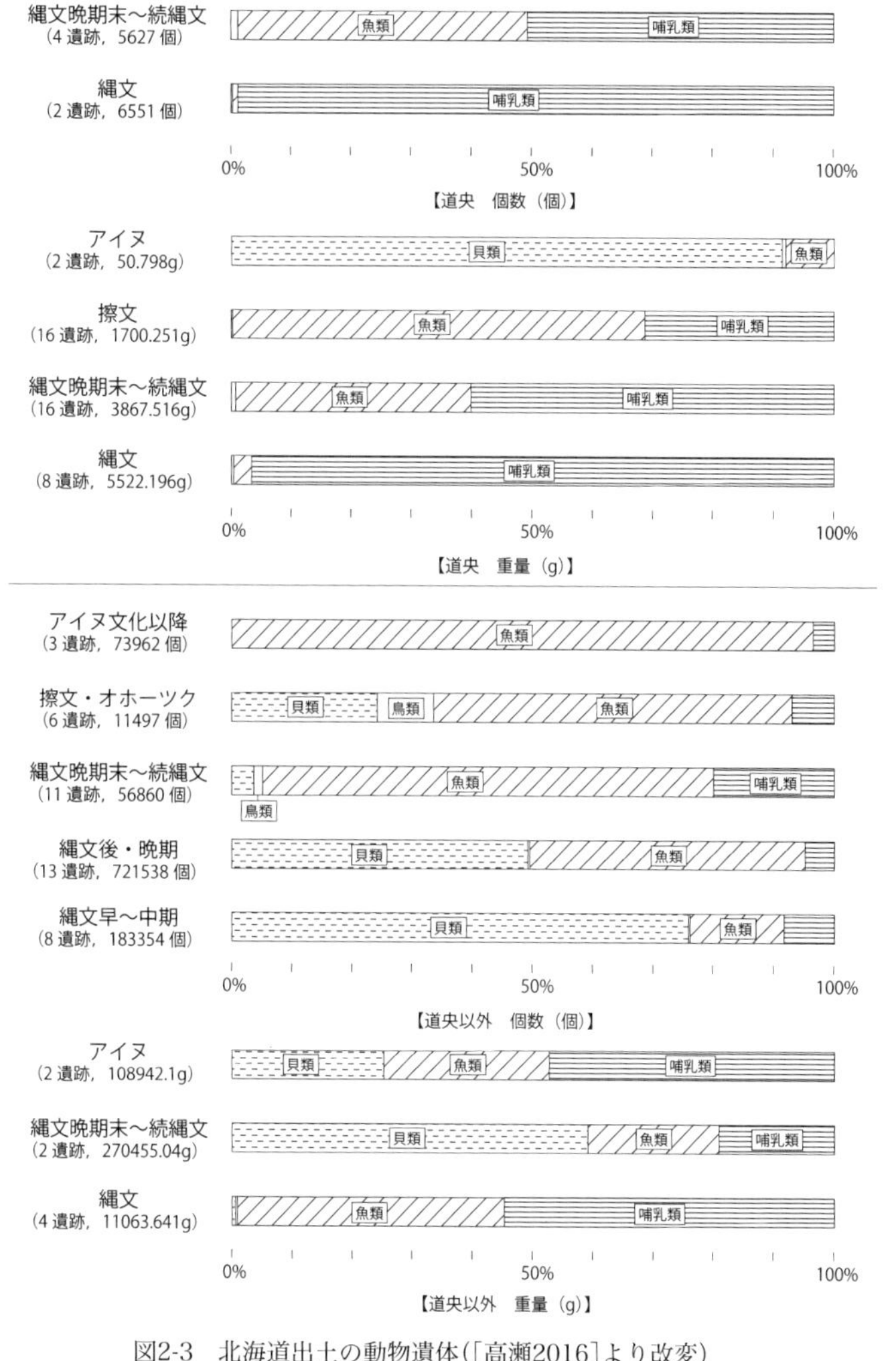

図2-3　北海道出土の動物遺体（［高瀬2016］より改変）

る。川の氾濫により被害を受ける危険性が高い地域であるにもかかわらず、続縄文文化の人々はそこへ移住してまでサケ科魚類を捕獲したかったことがわかる。

道央では、アイヌ文化の遺跡の発掘例は非常に少ない。これまで発掘調査された遺跡ではたまたま淡水性の貝が多く残存していたため、大きなバイアスがかかっている。したがって、動物遺体のほとんどが貝によって占められている図2-3上段の結果を額面どおりに受け取るわけにはいかず、今後の資料の増加を待ってから判断すべきである。

道央以外の北海道では、貝塚遺跡も多い。そのため、重量よりも個数によって骨の出土量が報告されたデータが充実している。個数による集計結果によると、縄文文化では貝類の割合が五〜七割以上ともっとも多い（図2-3下段）。魚類は全体の二〜四割強を占めているが、続縄文文化期になるとその割合は七割以上に急増する。したがって、魚類重視の傾向は道央だけでなく北海道の全域で確認され、かつそれは擦文文化やアイヌ文化にも引き継がれるのである。

道央以外のデータを重量でみたとき、魚類の割合があまり増えていないようにみえる（図2-3下段）。ただし、この結果には大きなバイアスがかかっている。たとえば、縄文の四遺跡のうち、魚類は三遺跡で一〇%未満にすぎないが、魚類のみが多量に報告された一遺跡（北海道知内町湯の里一）があることにより、全体でみると魚類の比率が比較的高くなってしまっている。縄文晩期末〜続縄文の二遺跡（北海道釧路市幣舞と釧路町天寧一）では、この時期としては珍しく幣舞で貝類が多く検出され、また重量のあるクジラ類の骨（狩猟対象ではなく死体からの回収骨と考えられる）が一定量出土したことにより、平均的な傾向からやや逸脱した結果になっている。貝類やクジラ類の骨を除くと、哺乳類が一〇〜二〇％、魚類は二〇〜八〇％で、やはりどちらの続縄文遺跡でも魚類のほうが多い。必ずしも資料数が不足しているわけではないのだが、遺跡数が少ないことによってグラフ上では遺跡の個性によるバイアスをつよく受ける結果となっている点に注意が必要である。この意味で、全体的な傾向を把握するためには、遺跡数・資料数ともに豊富である個数ベースの集計結果のほうが信頼性は高い。

ここまでの検討から、北海道において縄文と続縄文の経済は多くの地域で海産物に基礎をおいていた点では共通しているものの、魚類への依存度が相対的に低い縄文文化と、それが高くなる続縄文文化のあいだで経済構造が変化していたことがわかる。続縄文で確立された経済構造は、その後の擦文文化とアイヌ文化にまで受け継がれる点も見逃すことができない［高瀬、二〇一四a・二〇一六・二〇一七b］。

漁労の内容

縄文から続縄文にかけて、漁労の技術や捕獲対象に変化は生じたのか。それとも、たんに捕獲する魚の量が増えただけなのか。縄文でもっとも重要な魚種は、ニシン科（ニシン、イワシ）、フサカサゴ科、アイナメ科、カレイ目、サメ類などである。サケ科は、一部の地域（発寒川・千歳川・十勝川・天塩川流域や標津町域など）で積極的に利用されていたことはわかってきているが［Craig *et al.*, 2013／Lucquin *et al.*, 2018／Robson *et al.*, 2020］、沿岸部を含むその他の多くの地域では上記の多様な魚種のなかのひとつとして利用されていたにすぎない［高瀬、二〇一

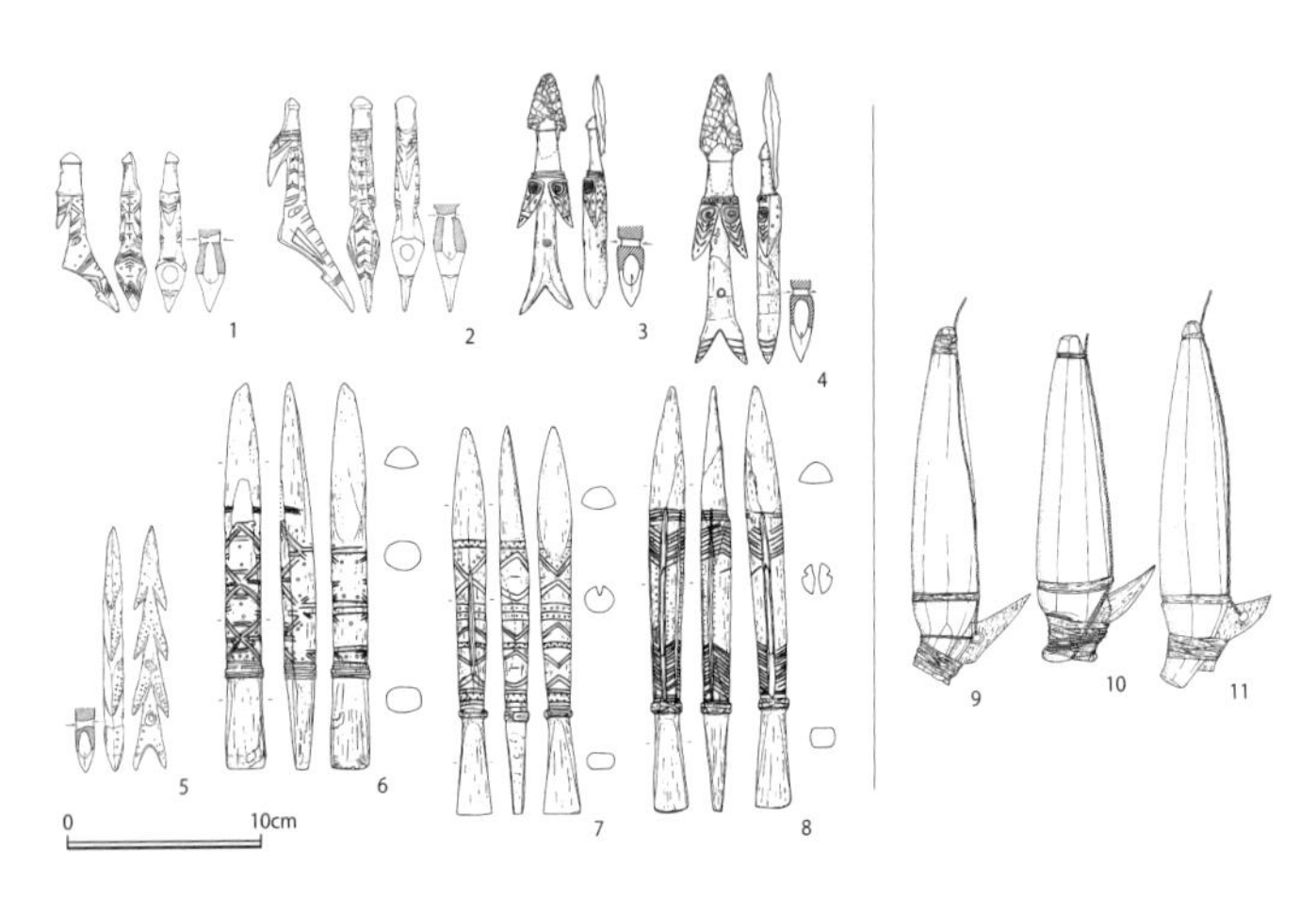

図2-4　続縄文前期の銛頭と魚形石器(推定使用法)([大島2003]、[高瀬1996]より改変)

四a]。

これに対して、魚類の重要性が高まる続縄文前期になると、上述のように道央ではサケ科の捕獲に多くの労力が投下されるようになる。これに対して、道南ではヒラメ、道東ではメカジキとヒラメが魚骨全体の三分の二以上を占めるようになり、地域ごとに異なる魚種が集中的に捕獲されるようになる[高瀬、二〇一四a]。しかも、道南・道東ではヒラメやメカジキの大きな個体へのこだわりがあったようである。道東で捕獲されているメカジキにはサイズが大きなものが多く含まれており[鈴木、二〇一二]、道南のヒラメも体長五〇センチから最大級となる一メートル程度の大物ばかりが遺跡内に持ち込まれている[高瀬、二〇一四a]。

特定種の大型個体をねらった奇妙な漁労活動には、銛や大型の釣針が用いられていた

(図2-4)。とくに興味深いのは、魚形石器(ぎょけいせっき)とよばれる道南の続縄文前期だけで発達する石器である。これは結合式の大型釣針の軸部、錘(おもり)、ルアーの機能を兼ね備えた道具であり［高瀬、一九九六］、大型のヒラメを捕ることを目的として発達した漁具と考えられる。素材、色、形態、付着物の多様性はこれを用いる漁師たちが目的達成のために試行錯誤していたことを示している。大きなヒラメのみが遺跡内に持ち込まれていること、漁具が墓にも副葬されていることも考慮すると、当時の漁師たちのあいだにはどれだけ大きなヒラメを捕ることができるのかをめぐってしのぎを削る競争的な関係があったことがわかる。

　道南ではこの時期、銛が大型化し、機能とは関係のない派手な装飾がつけられるようになる(図2-4)。このような狩猟具は、猟師たちの技能、すなわちキタオットセイやイルカ類などをどれだけ捕ることができるかという点にも社会内で大きな関心が寄せられていたことを示している。優麗な道具を所有することには、それを使いこなす高い技術とともに、すでに獲得された威信や名声を誇示する意味もあったのであろう。漁労と海獣狩猟の成功者になることが、その社会でステータスを確立する条件になっていたのである。

　しかし、このような偏った生業は持続性に乏しかったようで、短期間で廃れてしまう。続縄文後期になると、続縄文前期の道央ですでに展開していたサケ科に基礎をおく経済が北海道の広範囲に普及した。このようなサケ科重視の傾向は、続縄文後期の経済構造における交易の重要性の高まりと表裏一体である。続縄文後期は、ちょうど石器の器種が減少する時期に相当し、裏を返せば、鉄器が普及しはじめていたことを示している。続縄文前期までは石器が利器の中心であり、原料入手から製作までが北海道内で完結していた。しかし、続縄文後期の人々は、利器の多くを外部、とりわけ本州からの供給に依存する道を選んだのである。その入手のために、北海道から輸出する主要な物品のひとつとして選ばれたのがサケ科資源であった。海や河口ではなく、産卵床近くで捕獲されたサケ科は脂肪分が少なく、交易の交換物資となる干鮭(からざけ)に加工しやすい。自己消費量を大きく上回るサケ科資源が必要とされるようになった背景には、鉄の道具を恒常的に本州から輸入しないと生活が立ちゆかなくなるほど急速に進行した続縄文文化内の鉄器化があったのである。

3　交易への傾斜

続縄文前期の交易

続縄文前期の人々は千島列島の中部まではかなり濃密に分布域を拡大したが〔高瀬、二〇一五・二〇一七a〕、そこでカムチャツカ半島の人々と積極的に交流していた形跡は乏しい。続縄文前期の人々にとって、交易の主要なパートナーは明らかに本州とサハリンの集団であった。この時期のおもな輸入品は実用品や穀物ではなく、貝輪(かいわ)や管玉(くだたま)などの弥生文化の装飾品やサハリン産のコハク玉である。北海道からの輸出品として確実視できるのは岩石資源（黒曜石や緑泥石片岩）であるが、当然、魚や動物の毛皮も一定の量が輸出されていたはずである。

続縄文前期に本州から輸入された管玉の八割以上は、道央の墓から出土している。道央は外来物資の入手力がかなり高かったことがうかがえ、この地域で多量に捕られるようになったサケ科魚類が道央の優位性に関係している可能性が高い。道央と本州とのあいだの強固なネットワークがこの時期に構築されたのだとすれば、続縄文後期における道央の影響力の大きさも説明できる。というのは、続縄文後期にはサケ科を基盤とする経済だけでなく、土器をはじめとする物質文化も道央起源のものが北海道島全域にひろく普及していくからである［鈴木、二〇〇九ａ］。

本州側における交易拠点のひとつが、津軽半島である。この地域では、弥生文化の装飾品と北海道産の資源の双方が数多く出土する［高瀬、二〇一四ａ］。これにくわえて、土器も地元産のものだけでなく、津軽平野や北海道の影響を受けたものが多数出土する［葛西ほか、二〇〇三］。興味深いのは、北海道の続縄文集団は南海産の貝輪を保有しているが、東北北部の弥生社会にはその本物が行き渡っていなかった可能性がある点である。凝灰岩を利用して、本物よりも大きく作られた模倣品が、津軽平野の稲作農耕集落から出土している［高瀬、二〇一四ｃ］。南海産の貝輪は、おそらく日本海側を経由して九州から運ばれていたが、それが東北北部をとばして北海道へと渡っている事実は、裏を返せば弥生文化内部における北海道産の動物・岩石資源の価値の高さをも物語っている。

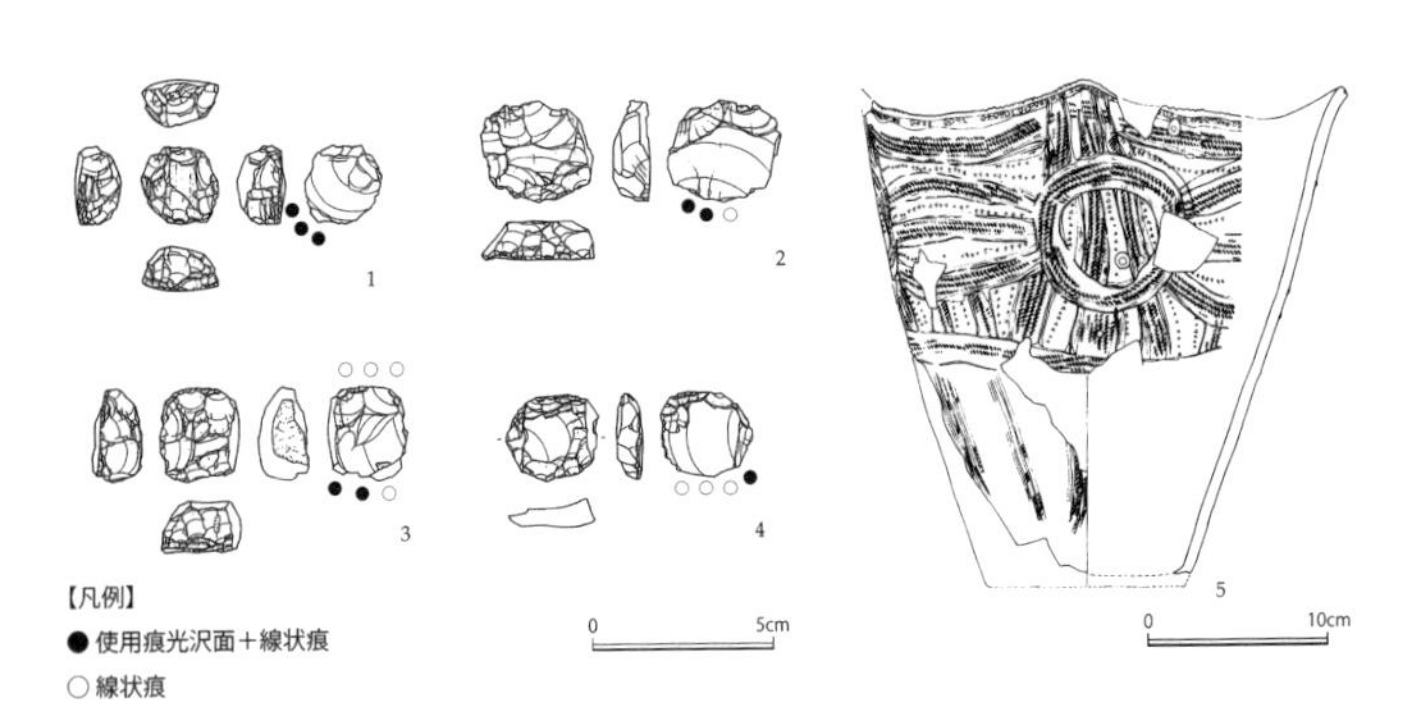

図2-5　続縄文後期の円形掻器と土器（1-4：札幌市K39遺跡［高瀬2011］、5：K135遺跡［上野編1987］）

続縄文後期の交易

紀元後三世紀以降の続縄文後期になると、東北北部でも続縄文文化の遺物が出土する遺跡が数多く分布するようになる。交易のために多くの続縄文文化の人々が北海道から訪れていたことは明らかであり、続縄文文化の担い手のなかには東北に住み着いていた集団すらいたと考えられる。東北北部にも続縄文の人々の墓地が多数あるからである。この時期、石器の利用率を低下させていた続縄文集団にとって、鉄器の確保は死活問題といっても過言ではないほど重要な課題となっていたことがわかる。

この時期、東北地方の弥生文化でもすでに石器はあまり利用されなくなっていたことから、北海道の岩石資源は輸出品としての役目を終えたと考えられる。考古学的な証拠が残ることはほとんどないが、やはり北海道産の動物質資源が積極的に輸出されていたとしか考えられず、とくに続縄文後期から北海道全域で捕獲量が増加したサケ科が最有力の候補となる。

このほか、ヒグマ、エゾシカや鰭脚類などの毛皮も輸出されていた可能性がある。続縄文後期では石器のうち多くの器種が急速に衰退するにもかかわらず、石鏃（せきぞく）と円形掻器（えんけいそうき）（ラウンド・スクレイパー）だけは積極的に使い続けられる（図2-5）。石鏃は狩猟のために多量に必要とされたが、貴重な鉄器に置き換えることが難しかったのであろう。円形掻器は皮革加工専用の道具であり［高橋、二〇〇五／高瀬、二〇一一］、毛皮の生産が活発に行われていたことを示している。東北地方でも地元の黒曜石でつくられた同様の石器が多量に出土することがある。やはり皮革加工に使われており［御堂島、一九九三／須藤・高橋、一九九七／高橋、一九九八／高瀬、二〇〇二／高瀬・丸山、二〇〇三］、北海道の人々が東北地方で皮革生産を行ったか、東北地方の人々が北海道の皮革加工技術を取り入れたかのどちらかである。いずれにしても、ここから北海道的な技術によって加工された皮革素材がある種のブランド品となっていたことが読み取れ、古墳文化内部においてその需要が高まっていたと予測される。

ちなみに、動物の皮は仕上げにあたる柔軟化の工程まで完了した状態で輸出されたわけではなかった。石器の顕微鏡観察結果によると、北海道でも東北でも円形掻器は皮なめしの作業全般のための道具ではなく、主として皮がまだ水分を含む初期工程で集中的に利用されている。したがって、東北地方あるいは古墳文化圏内へ輸出されていたのは、余計な筋肉や脂肪を除去したのち乾燥させただけで、仕上げの柔軟化に入るまえの皮であったと考えられる。この状態では皮はまだ硬いが、すぐに腐食することはない。武具、馬具、衣類、履物など多様な用途のためになめし革を使わなければならなかった古墳文化内の工人にとっては、目的にあわせて自分たちで最終的な仕上げを行うことができるほうが好都合だったのであろう［高瀬、二〇一四b］。

現時点では証明が難しいが、北海道からの輸出品目のなかに、矢羽根の原料となるウミワシ類（冬期に北海道に飛来するオオワシ、オジロワシなど）の羽根が入っていた可能性もある。将来、土壌中の環境ＤＮＡ（ｅＤＮＡ）の分析が可能になれば、本州でのウミワシ類の検出をとおしてこの仮説が検討できるかもしれない［高瀬、二〇二〇］。たとえ、続縄文文化ではウミワシ類の羽根が輸出されていなかったとしても、本州で需要が高まっていたことが確実視できる擦文文化以降の交易においては重要な輸出品になった可能性はなお考慮されるべきであろう［澤井、二〇〇八］。

物資運搬の手法と体制

北海道で生産された大量の交換物資は、津軽海峡を頻繁にこえて東北北部へと運搬されていたはずである。東北北部では太平洋側にも日本海側にも続縄文後期の遺跡が分布しているが、とくに青森県域の馬淵川（まべちがわ）流域や岩手県域の北上川上・中流域など太平洋側の内陸部に多い。東北北部に物資が到着したのちも、川をさかのぼったり、峠をこえたりする運搬はどうしても必要になる。だが、物資運搬の具体的な方法は、まだ解明されていない。筆者は、下草がなく、内陸部でもかんじきでかなり自由に移動することができる冬期に運搬されていた可能性もあると予測している。ただし、橇の痕跡は見つかっておらず、続縄文後期のイヌ遺体もきわめて少ない［高瀬、二〇一四a］。交易をさかんに行う北海道アイヌは犬橇を使わないが、続縄文でも橇は用いられていなかった可能性が高く、舟および荷縄、背負子などを使った徒歩での運搬が想定できる。

物資運搬には、河川用だけでなく渡海用の舟が必要となり、何度も往復するのを避けるために運搬を手伝う人は多くいたほうがよい。東北北部に渡ったあとの食料や居住施設のことを考えなくてもよいのであれば、津軽海峡を渡る際の荷物を減らし、運搬できる交換物資の量を増やすことができる。これらの理由から、東北北部には続縄文集団が常駐しており、北海道からやってくる仲間を現地でサポートすることで効率的な物流体制を組織的に構築していたと考えられる。

ただし、東北北部の続縄文集団は単独で集落や墓地をつくるのではなく、多くの場合、筆者が赤穴系・古墳北縁文化［高瀬、二〇一四a］とよぶ後期弥生文化や土師器をもつ考古学的文化の担い手と集落や墓地を共有していた［津嶋ほか、一九九七／阿部編、二〇〇八など］。異文化集団と連携したほうが、交易や物資運搬が円滑にすすんだからであろう。赤穴系・古墳北縁文化の担い手も、ときには北海道から運ばれてきた物資の運搬を手伝ったかもしれない。また、岩手県南部や宮城県域でも黒曜石製の円形掻器が出土することを考慮すると、赤穴系・古墳北縁文化とともに続縄文文化の集団も物資を前方後円墳分布圏内へと運搬し、訪問先で皮革加工を行うこともあったのかもしれない。

異文化の担い手どうしであっても、同じ集落内で一緒に生活していると、文化の融合が生じてくることも多い。両文化の集団が使用していた言語は異なっていた可能性があるが、その場合でも、集落内には幼いときから両言語にふれて育ったバイリンガルもいた可能性があり、コミュニケーションに大きな支障はなかったはずである。だとすればなおさら、続縄文文化と赤穴系・古墳北縁文化のあいだで文化の融合がすすみ、物質文化の折衷化や変容が進行してもおかしくはない。しかし、不思議なことに、そうした現象は数百年にわたってほとんど生じていない。両者が強固な文化的アイデンティティを保持していたことの表れであり、おのおのの集団としての輪郭は長期間にわたって明確に維持されていたことがわかる。この時期の東北北部を「北の文化」（続縄文文化）と「中の文化」（古墳文化）のあいだの「ボカシの地帯」［藤本、一九八八］と理解する案もあるが、文化の遷移帯や接触地帯とするだけでは本質を見誤る懸念がある。このため筆者は、この時期の東北北部をあえて異文化集団の「雑居地帯」とよんでいる［高瀬、二〇一四ａ］。

定住性の低下

交易の重要性の高まりや、頻繁な物資運搬に関連して注目しなければならないのが、定住性の低下である。続縄文前期までは竪穴(たてあな)住居が一般的な居住施設であったが、後期の竪穴住居は皆無である。これまで、後期の竪穴住居の疑いがある事例はいくつか報告されているが、それらは地面を掘ることによって壁をたてるという竪穴住居の要件をみたさない、ごく浅い凹(くぼ)みにすぎない。

また、当時の竪穴住居は浅かったために検出が難しい、主柱穴はなく垂木尻も竪穴周囲に盛りあげた周堤中に固定されていたため痕跡が残らないなどの説明もある［木村・鈴木、二〇一一など］。しかし、沖積地での発掘がいくら難しいとはいえ、竪穴住居があればたとえ浅くても検出できないということはない。また、垂木尻を収めるのに十分なほど周堤に高さがあるのであれば、掘削されている竪穴もそれなりに深いはずであるが、実際にはそうした事例は見つかっていないのである。焚き火の痕跡（焼土）は多数検出されている以上、当時の生活面が後世に削られてなくなってしまったとの説明も成り立たない。竪穴住居はこの時期に使われなくなったと、素直に考えるべきであろう。

これとほぼ同時に、土器や円形掻器などの物質文化が均質かつ広域に分布するようになる（図2-5）。続縄文前期までは、北海道内でも物質文化には大きな地域差があったが、後期ではそれが解消され、北海道のみならず東北北部でもかなり共通性の高い物質文化が一様に分布するようになる。交易の重要性が高まり、物資運搬のために人々が広い範囲を頻繁に移動するようになったのであれば、この現象も説明できる。この時期の人々が竪穴住居の利用を止めて、移動性の高い生活様式を採用するようになったとする仮説は蓋然性が高いだろう［石井、一九九七・一九九八］。

移動性の高まりは、ひとつの遺跡における滞在時間が短くなったことを意味する。これを証明することは簡単ではないが、遺構や遺物の量がその代替指標になりうる。図2-6は、墓以

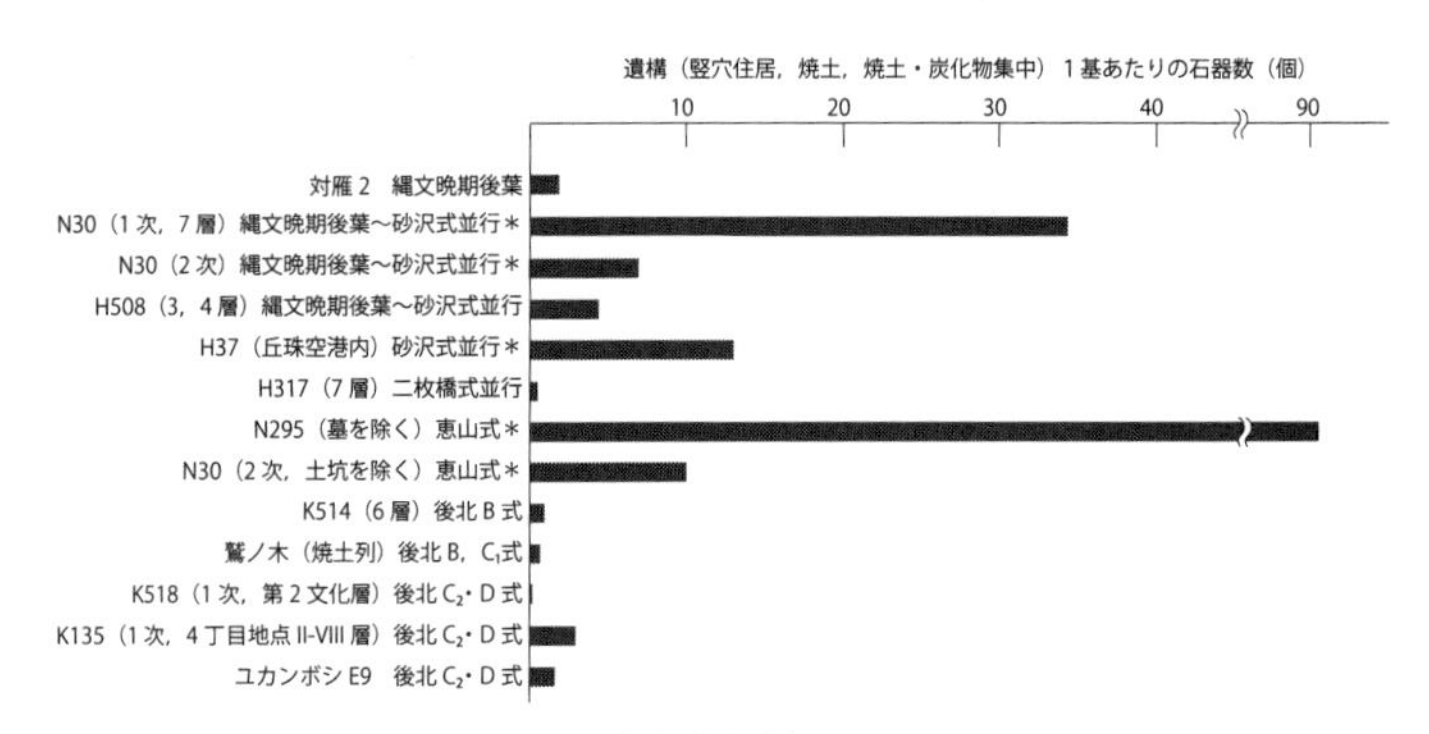

図2-6　遺構(竪穴住居、焼土、焼土・炭化物集中）1基あたりの出土石器数(剥片・砕片は含まないトゥールの数)[＊は竪穴住居が検出されている遺跡、対雁2:芝田・酒井2007;N30(1次):上野編1998;N30(2次):出穂ほか編2004:H508:石井編2016;H37(丘珠空港):羽賀編1996:H317:仙庭編1995:N295:羽賀編1987:K514:石井ほか編2004:鷲ノ木:高橋ほか2008:K518(1次):秋山編2007:K135(1次):上野編1987:ユカンボシE9:上屋編1993]

外の生活に関係する遺構（竪穴住居や焼土など）一基あたりの石器数を示している。縄文晩期から続縄文前期（恵山式）で出土石器数が少ない遺跡は、すべて一時的に利用された野営地である。しかし、竪穴住居が検出されている集落遺跡では、遺構一基あたり七個以上、遺跡によっては数十個のオーダーで石器が出土する。ところが、竪穴住居がほぼ、あるいは完全になくなる後北B式〜後北C_2・D式期においては、すべての遺跡で遺構一基あたりの石器数は四個未満である。この時期、石器の器種は減少するものの、石鏃や掻器は相当数出土する。だが、二〇〇基を超える焼土が確認され、皮革加工も盛んに行われていたと考えられる大規模かつ中心的な遺跡（北海道札幌市K135遺跡）ですら、石器の出土量はその前の時期にくらべて明らかに少ない。続縄文前期までにみられたような集落遺跡と野営地のあいだにおける出土量の差がなくなっている点も注目され、やはり続縄文後期では各遺跡の滞在期間は総じて短くなっていた可能性がある。

簡便な居住施設

これまでに多くが確認されてきている続縄文前期終末〜後期の焼土は、すべて屋外炉であると考えられてきた。炉の内部とその周辺からは、サケ科の骨やオニグルミの殻が多量に出土し、炉が食料の加工・調理に利用されていたことがわかる［上野編、一九八七など］。これとともに、石器の砕片（石器製作のときにでる石屑（いしくず））の出土も多く、北海道札幌市Ｋ５１４遺跡では微細な遺物の出土位置・量の詳細な記録をとおして、食料資源だけでなく、黒曜石や頁岩（けつがん）などさまざまな岩石の砕片が、炉のうえかその周辺から出土することがはじめて可視化された［石井ほか、二〇〇四］。人々が、焚き火を囲んで食事や石器のメンテナンスを行っていた姿を思い浮かべることができる。

しかし、安山岩製の砕片だけは、これとは異なる分布のパターンがみられる。すなわち、骨・クルミや他の岩石製の砕片が分布する範囲の外側に、あたかもそれを避けるように広がる傾向があるのである。この現象は、炉を囲うような遮蔽物があったことを想定しなければ説明がつかない。つまり、炉の周囲が天幕で覆われており、作業がその内部で行われたのか、外部で行われたのかによって、遺物の分布パターンに違いが生じたと推定されるのである。調理や石器のメンテナンスは天幕の内部で行われていたが、安山岩製の石器の製作やメンテナンスはその外で行われたのであろう〔高瀬、二〇一四a〕。簡便な天幕が当時の居住施設なのであり、だとすれば多数の焼土が見つかっている遺跡のなかにはたとえ滞在期間が短かったとしても当時の集落が含まれているに違いない。

このような視点で続縄文後期の遺跡を点検しなおすと、比較的規模の大きな集落はやはり道央に多いことがわかる。当時、もっとも重要な資源のひとつがシロザケであったことは確実であるため、多数のシロザケが捕獲できる秋に多くの人々が道央に集まり、共同で捕獲・加工作業を行っていた可能性が高い。しかし、それ以外の季節に、同じ場所にとどまっていても効率的に資源を利用することができない。より小規模な集団に分散し、移動しながら各地に散在している資源を利用するほうが効率的である〔高瀬、二〇一四a・二〇一六・二〇一七b〕。一部の集団は、東北北部へ物資を運び、北海道に鉄器を持ちかえる役割も担っていたのであろう。続縄文後期の人々は、こうした季節的な離合集散を、北海道全域と東北北部を含む広大な空間スケールのなかで展開していた。それゆえ、物質文化が広域で均質化したのであろう。

4　続縄文文化の意義

アイヌ経済の原形

アイヌの経済にとって、サケ科資源はその土台のひとつといっても過言ではないほどの重要性がある［Watanabe, 1973］。このような「アイヌ・エコシステム」が、擦文文化のなかで生じたとみる意見がある［瀬川、二〇〇五］。しかし、北海道全域を見渡すとサケ科の骨の出土は続縄文後期から優勢となり［福井、二〇一九］、遺跡立地、広域移動、鉄器の必要性からみても、この時期にサケ科資源が社会の存立にとって重要な意味をもちはじめたと考えられる。北海道の広い範囲でサケ科に基盤をおく経済が確立したという意味で、アイヌ経済の原形の一部が続縄文文化のなかで形作られたとみることができる。

　サケ科魚類は、縄文文化でももちろん利用されていた。しかし、沿岸部では鰭脚類やニシン科がもっとも重要な食料となる地域があることがすでに判明しているため、北海道の縄文文化がサケ科一色で塗りつぶされてしまうことはなく、サケ科魚類が日本列島東部における縄文文化の「繁栄」の礎になったとするサケ・マス論［山内、一九六四］が成り立つとも考えにくい。更新世末期（〜一一七〇〇年前まで）から初期完新世（一一七〇〇年前〜八二四〇年前まで）にかけて、サケ科は日本列島の広い範囲で利用されていたという意見があり［堤、一九九八・二〇一一］、このような資源利用の必要性から土器が生じてきた可能性がある［Craig *et al.*, 2013］。しかし、筆者はその利用は最温暖期が含まれる中期完新世（八二四〇年前〜四二五〇年前まで）のあいだに相対的に下火となり、後期完新世（四二五〇年前以降）も後半になってとりわけ北海道で活発化したというシナリオを想定している。完新世のなかでもサケ科魚類の溯上範囲や溯上量が長期にわたって安定していたという保証もないため、今後の人類史はサケが歩んだ歴史をも考慮したうえでいまいちど吟味されなければならない。そのためにも、遺跡から出土した動物骨の分析が必要なのである。

北太平洋というサケ科魚類のすみかを介して北海道とつながっている北米の北西海岸でも、示唆的な現象がみられる。サケ科によって特徴づけられているこの地域の先住民経済も、それほど古くならないことが考古学的研究によって明らかになってきている。アラスカ東南部では、出土魚類のなかでサケ科が主となるのは一一〇〇年前以降になってからであり、それ以前はマダラやニシンのほうが優勢であった［Ames and Maschner, 1999］。また、ニシン科やカレイ目など地域によっても主要な利用魚種はかなり異なっていたことも指摘されており［McKechnie and Moss, 2016］、北西海岸といえどもサケ科だけが重要な資源であるとは一概にはいえない。民族誌の内容は歴史的変遷過程の一断面を切り取ったものであり、その状況が無条件にどこまでも遡る（さかのぼる）わけではない。考古学だけがその長期的な変遷過程を具体的に明らかにできるのである。

リーダーの人物像

海産物に高く依存し、ときにはキタオットセイを、ときにはヒラメやメカジキに偏った資源利用を実践する。このような経済に立脚した北海道の先史社会は、どのようなリーダーによって率いられていたのだろうか。

一般に、ヒグマやメカジキといった大型の哺乳類・魚類の捕獲は威信的な意味あいをもつとされ［渡辺、一九九〇／鈴木、一九九四］、銛による海獣狩猟にも同じような社会的機能があると考えられている［高橋、二〇〇八］。しかし、銛によるキタオットセイの狩猟が発達した縄文文化前期に、猟師の社会的地位が変化したとは考えにくい。墓の副葬品からは、猟師の墓に威信財が多くなるといった変化は明確にはみられないからである。

これに対して、漁労や狩猟の競争が発達した続縄文前期では、漁労具・狩猟具が副葬されている墓には威信財（輸入された貝輪など）や儀器（クマの頭部を象った穿孔石製品、海獣・クマの装飾がつく骨製の大型匙、へアピンと考えられる装飾針など）も数多くみられる［大島、二〇〇三など］。副葬品の種類が被葬者の生前の社会的地位をある程度反映しているとするならば、漁労・狩猟の競争を勝ち抜いた続縄文前期の漁師・猟師は、交易をコントロールすることで遠隔地から輸入された威信財を独占できるだけでなく、儀礼の執行にあたっても重要な役割を果たしていたと考えることができる。

では、縄文文化で有力者と目される人物は、どのような性質を備えていたのか。その手がかりは、副葬品が豊富になる縄文後期や晩期の墓にある。当時の社会のなかで、もっとも貴重な物質文化であったと思われる儀器（石棒、石刀）や威信財（漆製品、石棒、玉類）が副葬されている墓の被葬者を有力者とみなすことができるが、そこに狩猟具や漁労具（石鏃や石銛）が伴うことはあまりない。一方で、儀器や威信財がない墓には、多くの狩猟具・漁労具が副葬されている。つまり、縄文の有力者は儀礼の執行にあたって重要な役割を果たした人物ではあったが、彼・彼女らは熟練した漁師・猟師ではなかったのである。

儀礼の執行者がいかに重要な立場にあったのかは、北海道恵庭市カリンバ遺跡の墓地（縄文後期末〜晩期はじめ頃）から理解できる。この遺跡では人骨はほとんど残っていないが、推定二〜七名が同じ墓坑に埋葬されたと考えられている合葬墓四基が見つかっている。大量の漆製品が出土し、埋土からは石棒も見つかっているが、やはり狩猟具や漁労具はない。被葬者は明らかに、儀礼の執行にあたって重要な役割を果たしていた人物たちである。

これら合葬墓の形成過程については、ふたつの理解がある。ひとつは、複数の遺体がほぼ同時に墓坑に運び込まれたのち、すぐに埋め戻されたとする理解である［上屋・木村、二〇一四・二〇一六］。いまひとつは、最初の遺体が安置されたあと、墓坑が数年間にわたって埋め戻されることなく、その後、遺体が発生するたびに追葬され、最終的に一気に埋め戻されたとする解釈である［青野、二〇一一・二〇一三］。漆製品を含む副葬・着装品の保存状態は良好で、多くが原位置を保っていると考えられるが、青野が注意するように乱れていると思われるものもたしかにある。しかし、一部の副葬・着装品の乱れや坑肩部の土の崩れなどは数年間放置されないと生じないわけでは必ずしもなく、筆者は数日〜数ヶ月というこれまでの解釈ではあまり注意されていない期間内でも生じうると予測する。逆に、数年のあいだ墓が埋め戻されなかった場合、いくら厳重に墓坑に蓋をしても、凍結・融解、水の流入、ネズミや昆虫などによる攪乱が、副葬・着装品の位置関係だけでなくそれら表面の保存状態にもより大きな影響を与えると考える。したがって、具体的な時間幅はともかく、数ヶ月以内の期間で重要人物が立て続けに死亡し、複数の遺体が同時に埋葬された可能性も考慮すべきであると考えている。

その場合、偶然の事故などによって同時に死亡した二〜七名の有力者が、一度に埋葬されたと考えることも可能ではある。だが、そうした出来事が、縄文後期末〜縄文晩期はじめに少なくとも四回も立て続けに起こったと想定することには、やはりかなりの無理がある。危険を伴う猟師・漁師ではなく儀礼の執行者の墓だけが合葬されていることや、この時期に戦争や疫病によって多数の死者が出たことをしめす証拠が現段階ではないことを考慮しても、そこに埋葬されているのは有力な儀礼の指導者とその殉死者であるとする解釈もあながちありえなくはないであろう［上屋・木村、二〇一六］。当時の社会にとって、儀礼の執行者はそれほどまでに重要かつ特別な存在だったのである。

では、続縄文後期〜擦文文化はどうか。この時期の有力者の墓には鉄製の直刀が副葬されるが、狩猟具などが一緒に副葬されることはほとんどない。続縄文後期にも戦いが活発になった証拠はないため、副葬された直刀はあくまでも権威の象徴であったと考えられ、副葬品の組合せから被葬者の人物像を推定するのは簡単ではない。その後のアイヌ文化でも、性別による副葬品の組合せの違いは顕在化するものの［平川、一九八四／関根、二〇〇三］、副葬品の内容の個人差は大きくないために被葬者の属性を推定することはやはり難しい。ただし、アイヌ社会では、儀礼における役割、漁労・狩猟技術のほか、紛争解決、共同財産の管理、交易、交渉、戦闘の指揮、口碑・伝承への精通、討論や議事進行の上手さなど、多様な指標によって男性が評価され［高倉、一九七二］、そのなかでも多くの能力を備え、さらに財力のある者がリーダーとなることが知られている。儀礼や狩猟・漁労といった特定の能力ではなく、より多くの基準によって人々が評価され尊敬を集めるようになる状況は、副葬品から被葬者の人物像を推定しにくくなった続縄文後期に成立していてもおかしくない。多様な指標によって威信を獲得した人には直刀が副葬され、そのなかでも多くの領域に秀で、財力があったものが政治的な指導者になっていた可能性はあるだろう。同じ漁労でも、個人の技能や道具の善し悪しが問われるヒラメやメカジキ漁と、多くの人々の協力と統制が問われるサケ漁の性質の違いが、続縄文前期とそれ以降における有力者の性格にも影響を与えたのかもしれない。いずれにしても、リーダーの性質という意味においても、アイヌ社会につながる端緒を続縄文後期に見出すことはできると思われる。

おわりに

続縄文文化は、縄文との連続性をもちながらも、それとは質的にかなり異なる方向へと発達した。経済面では、漁労への傾斜、特定種に偏った漁労、そして最終的にはサケ科を中心とした生業にたどりつくことで、その後の経済の原形ができあがった。続縄文で顕在化した鉄器の普及、利器の外部依存、交易の高まり、動物質資源の組織的確保と輸出もまた、擦文文化やアイヌ文化へと受け継がれる重要な経済的特徴である。集団統合の面では、有力者の人物像が、縄文文化では儀礼の指導者、続縄文前期では漁労や狩猟の成功者と変遷したのち、続縄文後期で評価基準がより多様化することで、擦文文化やアイヌ文化期へとつながった可能性が指摘できる。続縄文以後も擦文文化の歴史的展開やオホーツク文化*との接触などの経過があるため、続縄文文化とアイヌ文化を直接的に結びつけることはできない。しかし続縄文文化は、縄文の社会・経済が大きく変容を遂げ、その後につながる特徴が表れてくる重要な歴史の変化点になっていること、これもまた確かである。

参考文献

青野友哉　二〇一二年「縄文後期における多数合葬墓の埋葬過程―北海道カリンバ遺跡を中心に―」『考古学研究』59-3
青野友哉　二〇一三年『墓の社会的機能の考古学』同成社
秋山洋司編　二〇〇七年『Ｋ５１８遺跡』札幌市教育委員会
阿部義平編　二〇〇八年『国立歴史民俗博物館研究報告　第143集　特定研究　北部日本における文化交流―続縄文期／寒川遺跡・木戸脇裏遺跡・森ヶ沢遺跡発掘調査報告　上』国立歴史民俗博物館
石井　淳　一九九七年「北日本における後北C_2-Ｄ式期の集団様相」『物質文化』63
石井　淳　一九九八年「後北式期における生業の転換」『考古学ジャーナル』439
石井　淳　二〇〇五年「札幌市内の遺跡分布からみた続縄文時代の土地利用方法―道央部に於ける続縄文時代の行動様式の復原にむけて―」『海と考古学』六一書房
石井　淳編　二〇一六年『Ｈ５０８遺跡』札幌市教育委員会
石井　淳・出穂雅実・上野秀一編　二〇〇四年『Ｋ５１４遺跡』札幌市教育委員会
出穂雅実・上野秀一・仙庭伸久・羽賀憲二　二〇〇四年『Ｎ30遺跡（第二次調査）』札幌市教育委員会
上野秀一編　一九八七年『Ｋ１３５遺跡』札幌市教育委員会
上野秀一編　一九九八年『Ｎ30遺跡』札幌市教育委員会
上屋眞一編　一九九三年『ユカンボシＥ９遺跡　ユカンボシＥ３遺跡』恵庭市教育委員会

上屋眞一・木村英明　二〇一四年「北海道恵庭市カリンバ遺跡の大型合葬墓と埋葬様式—「多数合葬墓」をめぐる青野論文への回答—」『考古学研究』60-4

上屋眞一・木村英明　二〇一六年『国指定史跡カリンバ遺跡と柏木B遺跡—縄文時代の後期　石棒集団から赤い漆塗り帯集団へ—』同成社

大島直行　一九九六年「北海道の古人骨における齲歯頻度の時代的推移」『Anthropological Science』104-5

大島直行　二〇〇三年『図説有珠モシリ遺跡』伊達市教育委員会

岡本孝之　一九九〇年「縄文土器の範囲」『古代文化』42-5

葛西　勵・相馬俊也・山口義伸・高橋　潤・児玉大成・齋藤　淳　二〇〇三年『坊主沢遺跡発掘調査報告書』小泊村教育委員会

金子浩昌・西本豊弘　一九八五年「北海道・本州東北におけるオットセイ猟の系譜」『季刊考古学』11

木村　高・鈴木　信　二〇一一年「古墳時代並行期の北方文化」『古墳時代（上）』青木書店

工藤雅樹　一九八九年『城柵と蝦夷』ニュー・サイエンス社

國木田大　二〇一八年「土器付着物を用いた続縄文・擦文・オホーツク文化の食性復元」『SEEDS CONTACT（東京大学設楽科研事務局）』5

國木田大・高瀬克範・熊木俊朗・松崎浩之　二〇一八年「土器付着物を用いた続縄文〜擦文文化の食性分析」『東日本における農耕文化の展開』弘前大学人文社会科学部北日本考古学研究センター・東京大学文学部設楽研究室

小杉　康　二〇一一年「列島北東部の考古学」『はじめて学ぶ考古学』有斐閣

澤井　玄　二〇〇八年「一一〜一二世紀の擦文人は何をめざしたか」『エミシ・エゾ・アイヌ　アイヌ文化の成立と変容—交易と交流を中心として　上—』岩田書院

芝田直人・酒井秀治　二〇〇七年『江別市対雁2遺跡（9）』財団法人北海道埋蔵文化財センター

鈴木　信　一九九四年「威信経済としてのメカジキ漁—階層化社会のモデルについての再検討—」『考古学と信仰』同志社大学

鈴木　信　二〇〇九年a「続縄文文化における物質文化転移の構造」『国立歴史民俗博物館研究報告』152

鈴木　信　二〇〇九年ｂ「続縄文文化と弥生文化」『弥生時代の考古学1　弥生文化の輪郭』同成社
鈴木　信　二〇一〇年「続縄文期における階層差とは―墓制・交易からの検討―」『北海道考古学』46
鈴木　信　二〇一一年「動物遺存体」『釧路町天寧1遺跡（二）』北海道埋蔵文化財センター
須藤　隆・高橋　哲　一九九七年「山王遺跡出土石器の使用痕分析」『山王遺跡Ⅰ』多賀城市教育委員会・建設省東北地方建設局
瀬川拓郎　二〇〇五年『アイヌ・エコシステムの考古学』北海道出版企画センター
関根達人　二〇〇三年「アイヌ墓の副葬品」『物質文化』76
仙庭伸久編　一九九五年『Ｈ３１７遺跡』札幌市教育委員会
高倉新一郎　一九七二年『新版アイヌ政策史』三一書房
高瀬克範　一九九六年「恵山文化における魚形石器の機能・用途」『物質文化』60
高瀬克範　二〇〇二年「黒曜石製石器の使用痕分析」『中半入遺跡・蝦夷塚古墳発掘調査報告書』岩手県文化振興事業団埋蔵文化財センター
高瀬克範　二〇一一年「Ｋ39遺跡北海道大学工学部共用実験研究棟地点出土黒曜石製石器の使用痕分析」『Ｋ39遺跡北海道大学工学部共用実験研究棟地点発掘調査報告書』北海道大学
高瀬克範　二〇一四年ａ「続縄文文化の資源・土地利用―隣接諸文化との比較にもとづく展望―」『国立歴史民俗博物館研究報告』185
高瀬克範　二〇一四年ｂ「北上川流域における続縄文系石器の使用痕分析」『古墳と続縄文文化』高志書院
高瀬克範　二〇一四年ｃ「東北北部の初期弥生文化」『縄文！　岩手１０００年のたび』大阪府立弥生文化博物館
高瀬克範　二〇一五年「オホーツク海北岸・カムチャツカ半島からみた「サハリン・千島ルート」「サハリン・千島ルート」再考」北海道考古学会
高瀬克範　二〇一六年「資源利用から見た縄文文化と続縄文文化」『縄文時代の食と住まい』同成社
高瀬克範　二〇一七年ａ「千島列島進出集団における居住範囲の変異とその背景」『理論考古学の実践　Ⅰ理論篇』同成社

高瀬克範　二〇一七年b「弥生文化の北の隣人—続縄文文化—」『弥生時代って、どんな時代だったのか?』朝倉書店
高瀬克範　二〇二〇年「交易品としての動物質資源への考古学的接近」『弥生時代の東西交流—広域的な連動性を考える—』六一書房
高瀬克範・丸山浩治　二〇〇三年「中半入遺跡における古墳時代の黒曜石製石器」『古代』113
高橋　哲　一九九八年「木戸脇裏遺跡出土の北海道系石器の研究」『考古学の方法』2
高橋　哲　二〇〇五年「続縄文文化後半期の石器研究」『北海道考古学』41
高橋　健　二〇〇八年『日本列島における銛猟の考古学的研究』北海道出版企画センター
高橋　均・八重柏誠・神　早苗・本山志郎・高橋　理　二〇〇八年『鷺ノ木遺跡』森町教育委員会
津嶋知弘・神原雄一郎・黒須靖之・武田良夫　一九九七年『永福寺山遺跡—昭和40・41年発掘調査報告書—』盛岡市教育委員会
堤　隆　一九九八年「氷期の終末と細石刃文化の出現—小型石器にみる環境変動への適応—」『科学』68-4
堤　隆　二〇一一年『列島の考古学　旧石器時代』河出書房新社
手塚　薫　二〇〇七年「先史時代から接触期までの千島列島への人の移住」『アイヌ文化の成立と変容—交易と交流を中心として—』法政大学国際日本学研究所
新美倫子　一九九〇年「縄文時代の北海道における海獣狩猟」『東京大学文学部考古学研究室研究紀要』9
羽賀憲二編　一九八七年『N295遺跡』札幌市教育委員会
羽賀憲二編　一九九六年『H37遺跡（丘珠空港内）』札幌市教育委員会
平川善祥　一九八四年「近世アイヌ墳墓の考古学的研究」『北海道の研究　考古篇Ⅱ』清文堂出版
藤本　強　一九八二年「続縄文文化概論」『縄文文化の研究6　続縄文・南島文化』雄山閣
藤本　強　一九八八年『もう二つの日本文化』東京大学出版会
福井淳一　二〇一九年「北海道のサケ利用」『海洋考古学会第10回研究会資料集　カムバック・サーモン—北のサケ・マス、南のアユ・ウグイ—』
御堂島正　一九九三年「岩手県滝沢村仏沢Ⅲ遺跡出土石器の使用痕分析」『大石渡遺跡』滝沢村教育委員会

山内清男　一九二五年「石器時代にも稲あり」『人類学雑誌』40-5
山内清男　一九三九年『日本遠古之文化 補註付・新版（先史考古学論文集第1冊）』
山内清男　一九六四年『日本原始美術1』講談社
吉崎昌一　一九八六年「北海道における地域性」『岩波講座日本考古学5　文化と地域性』岩波書店
米田　穣　二〇〇二年「骨が語る食生活」『北の異界―古代オホーツクと氷民文化』東京大学総合研究博物館
米田　穣　二〇〇七年「北海道に暮らした人びとの食生活―北海道の続縄文文化と本州の弥生文化―」『生物の科学／遺伝』61-2
米田　穣　二〇一〇年「食生態にみる縄文文化の多様性―北海道と琉球諸島から考える」『科学』80-4
渡辺　仁　一九九〇年『縄文式階層化社会』六興出版
Ames, K. M. and H. D. G. Maschner, *Peoples of the Northwest Coast: Their Archaeology and Prehistory*, Thames & Hudson, 1999.［ケネス・エイムス、ハーバート・マシュナー（佐々木憲一監訳、設楽博己訳、二〇一六）『複雑狩猟採集民とはなにか―アメリカ北西海岸の先史考古学―』雄山閣］
Craig, O. E., H. Saul, A. Lucquin, Y. Nishida, K. Tache, L. Clarke, A. Thompson, D. T. Altoft, J. Uchiyama, M. Ajimoto, K. Gibbs, S. Isaksson, C. P. Heron, and P. Jordan, Earliest evidence for the use of pottery, *Nature* 496, 2013.
Fitzhugh, B., E. W. Gjesfjeld, W. A. Brown, M. J. Hudson, and J. D. Shaw, Resilience and the population history of the Kuril Islands, Northwest Pacific: A study in complex human ecodynamics, *Quaternary International* 419, 2016.
Gentry, R. L., *Behavior and Ecology of the Northern Fur Seal*, Princeton University Press, 1998.
Gjesfjeld, E., M. A. Etnier, K. Takase, W. A. Brown, and B. Fitzhugh, Biogeography and adaptation in the Kuril Islands, Northeast Asia, *World Archaeology* 51 (3), 2020.
Kunikita, D., I. Shevkomud, K. Yoshida, S. Onuki, T. Yamahara, and H. Matsuzaki, Dating charred remains on pottery and analyzing food habits in the Early Neolithic period in Northeast Asia, *Radiocarbon* 55 (2-3), 2016.

Lucquin, A., H. K. Robson, Y. Eley, S. Shoda, D. Veltcheva, K. Gibbs, C. Heron, S. Isaksson, Y. Nishida, Y. Taniguchi, S. Nakajima, K. Kobayashi, P. Jordan, S. Kaner, and O. E. Craig, The impact of environmental change on the use of early pottery by East Asian hunter-gatherers, *Proceeding of the National Academy of Sciences of the United States of America* 115 (31), 2018.

McKechnie, I., and M. Moss, Meta-analysis in zooarchaeology expands perspectives on indigenous fisheries of the Northwest Coast of North America, *Journal of Archaeological Science Reports* 8, 2016.

Naito, I. Y., N. V. Honch, Y. Chikaraishi, N. Ohkouchi, and M. Yoneda, Quantitative evaluation of marine protein contribution in ancient diets based on nitrogen isotope ratios of individual amino acids in bone collagen: An investigation at the Kitakogane Jomon site, *American Journal of Physical Anthropology* 143, 2010.

Robson, H. K., A. Lucquin, K. Gibbs, H. Saul, T. Tomoda, Y. Hirasawa, T. Yamahara, H. Kato, S. Isaksson, O. E. Craig, and P. D. Jordan, Walnuts, salmon and sika deer: Exploring the evolution and diversification of Jōmon "culinary" traditions in prehistoric Hokkaido, *Journal of Anthropological Archaeology* 60, 2020.

Takase, K., Long-term marine resource use in Hokkaido, Northern Japan: new insights into sea mammal hunting and fishing, *World Archaeology* 51, 2020.

Tsutaya, T., J. Sawada, Y. Dodo, H. Mukai, and M. Yoneda, Isotopic evidence of dietary variability in subadults at the Usu-moshiri site of the Epi-Jomon culture, Japan, *Journal of Archaeological Science* 40 (11), 2013.

Watanabe, H., *The Ainu Ecosystem: Environment and Group Structure*, University of Washington Press, 1973.

Yoneda, M, A. Tanaka, Y. Shibata, M. Morita, K. Uzawa, M. Hirota, and M. Uchida, Radiocarbon marine reservoir effect in human remains from the Kitakogane site, Hokkaido, Japan, *Journal of Archaeological Science* 29 (5), 2002.

3章　前方後円墳の北限と「蝦夷」の墳墓

菊地芳朗

はじめに

本章の目的は、日本列島北部における古墳と墳墓の動向を示し、それらがつくられた意味や背景に迫ることである。

古墳は日本列島の広い範囲に認められるが、その面的な分布の北限は宮城県・山形県付近の東北南部にある。そして、東北北部と北海道島では典型的な古墳が極めて少ないか皆無である一方、年代が新しい小規模な墳墓群が展開した。日本列島北部にみられるこのような墳墓は、「末期古墳」や「北海道式古墳」などと呼ばれ、早い時期から注目を集めてきたが、前方後円墳に代表される東北南部以南の古墳とは区別されることが一般的である。また、その被葬者についても、古墳に葬られた「倭人（わじん）」とは異なる社会や政治的状況のもとにある人々と理解されることが多い。しかし、古墳とこれら日本列島北部の墳墓を真正面から比較検討した研究は必ずしも多くなく、現状においても両者の本質的な違いが明らかにされているとはいいがたい。

そこで本章では、古墳がつくられた地域とつくられない地域との関係や、それぞれの社会の実態に迫ることを目指して、最初に東北南部における古墳の動向、つづいて東北北部と北海道島（以後これらの地域を「列島北部」と総称する）における墳墓の動向を示し、両者の異同を追究する。このような比較をつうじ、冒頭に掲げた本章の目的に迫ることとしたい。なお、列島北部の小規模墳墓群に対しては、右に示したように様々な呼び方があるが、本章ではこれを「末期古墳」に統一し記述してゆく。

1　北限の古墳とその動向

分布（図3-1）

日本列島において古墳が面的に認められる北限の地域は、太平洋側では宮城県北部の大崎平野、日本海側では山形県中部の山形盆地である。これ以南の地域で古墳とその時代の文化が広く認められることになるが、地域や時期により分布には粗密が認められ、必ずしも普遍的かつ継続的に古墳が築かれたのではない。

一方、大崎平野・山形盆地以北でも、古墳とみてよい内容をもつ墳墓が一時的に築かれた地域がある。大崎平野から北に約六〇キロメートル離れた岩手県奥州市胆沢（いさわ）区には最北の前方後円墳として知られる角塚古墳があり、日本海側でも山形県庄内平野で鶴岡市鷺畑山（さぎはたやま）古墳群や同菱津（ひしづ）古墳などが知られている。さらに、古墳文化に属する遺跡や遺物は東北北部でも確認され

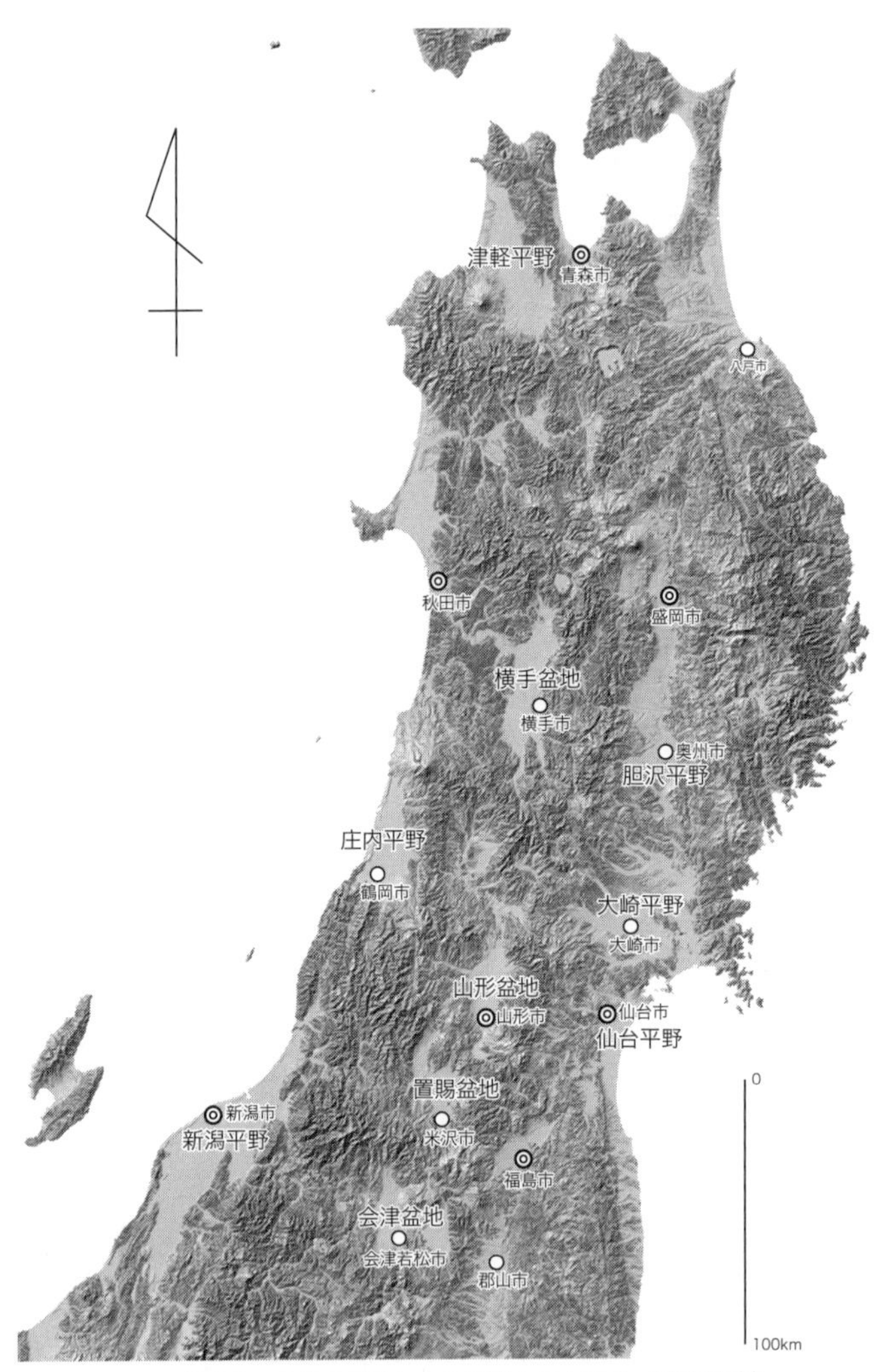

図3-1　本章で対象とする地域と主な地名（筆者作成）

ており、青森県八戸市田向冷水遺跡や秋田県横手市一本杉遺跡などで古墳文化に属する平面方形の竪穴建物（住居）群が検出されている。また、北海道島では、古墳や集落は確認されていないものの、須恵器や大刀などの古墳文化に由来する遺物の出土例は決して少なくない。

このように、古墳とその時代の文化は、おおよそ東北南部と東北北部の境を北限とするものの、より詳細にみると時期や地域によって古墳文化と列島北部の文化が互いの地域に深く入り込むあり方をみせ、必ずしも大崎平野と山形盆地を境に截然と切り替わるのではない。このことは、のちに触れるように、南と北の文化を担った人々との間に相当な交流が行われていたことを示している。なお、大崎平野・山形盆地とその北の地域との間には、大河や急峻な山脈といった厳しい地理的な障壁は存在せず、太平洋側と日本海側でほぼ同緯度にある両地域が、なぜ古墳文化の北限の位置を占めることになったのかは、十分に解明されていない。

前期の古墳

以後、古墳時代前期、中期、後・終末期にわけ、北限地域を中心に古墳の動きをみてゆく。その年代は、前期のはじまりを三世紀中ごろ、前期と中期の境を四世紀後～末葉、中期と後期の境を六世紀初頭と理解している。また、ここでは同時期の列島北部で確認されている古墳文化由来の遺跡や遺物も取り上げる。

前期には、宮城県大崎市青塚古墳、山形県東根市大塚古墳など、早くも大崎平野と山形盆地で古墳が現れる。青塚古墳は墳長一〇〇メートルほどの前方後円墳と推定されており、東根大塚古墳は墳形や規模は明確でないものの山形盆地有数の規模をもつ古墳と考えられる。つまり、東北の古墳は、南から北に徐々に分布が広がるのでも、当初は小規模であったものがしだいに大型化していったのでもなく、前期にすでに北限に達するとともに、出現当初から他地域に勝るとも劣らない規模をもつという大きな特徴をみせている。ただし、現在確認されている大崎平野と山形盆地の前期古墳はそれぞれ五基程度で、南の地域にくらべ決して多いとはいえない。

大崎平野と山形盆地の南に位置する仙台平野と置賜盆地には、宮城県名取市雷神山古墳（前方後円墳：一六八メートル）、山形県南陽市稲荷森古墳（前方後円墳：九六メートル）など、太平洋側と日本海側それぞれで最大級の前期古墳があり、さらに、数においても多くの前期古墳が分布する。このように、前期には古墳分布の北限からやや南の地域に規模や数において優れた古墳が存在し、太平洋側と日本海側で共通する現象が認められる。このことは、前期古墳が築かれるにいたる動きが東日本全体のなかで連動し、そのなかで北限の古墳が現れたことをうかがわせる。

また、東北では雷神山古墳を筆頭に墳長一〇〇メートル級の古墳が一三基確認されているが［菊地、二〇一〇］、このうち宮城県名取市大塚山古墳（前方後円墳：九〇メートル）が中期古墳である以外、すべて前期古墳である。つまり、東北で規模の大きな古墳は前期に集中して築かれ、他の時期の古墳は前期古墳の規模に大きくおよばない。さらに、東日本の最大級の前期古墳は、群馬県高崎市浅間山（せんげんやま）古墳（前方後円墳：一七二メートル）、山梨県甲府市甲斐（かい）銚子塚古墳（前方後円墳：一六九メートル）などが雷神山古墳と同規模で、東北の前期古墳の規模は東日本

図3-2　福島県郡山市大安場古墳の出土遺物（写真提供：郡山市教育委員会）

でトップクラスであることがわかる。なお、前期の東日本には前方後方墳が多数つくられているが、東北最大の前方後方墳は、確実なものとしては福島県郡山市大安場古墳の墳長八三メートルで、前方後円墳がより上位を占めている。

このように、東北の前期古墳は、古墳分布の北限にありながら東日本有数の規模をもつが、副葬品など規模以外の特徴については全容が判明している古墳が少ないため、よくわからない点が多い。福島県には三角縁神獣鏡が副葬された会津若松市大塚山古墳や、腕輪形石製品の一つである車輪石をもつ大安場古墳のような大型古墳がある一方（図3-2）、宮城県と山形県にはそのような優れた内容をもつ前期古墳は確認されていない。宮城県加美町大塚森古墳（円墳：五二メートル）や同仙台市遠見塚古墳（前方後円墳：一一〇メートル）のように、埋葬施設が発掘されながら副葬品がほとんど出土しなかった大型古墳があることから、北限付近の古墳は規模に相応する副葬品をもたなかった可能性も考えられるが、そのように断定できるだけの根拠は現時点で十分とはいえない。

この時期の列島北部には、縄文文化の影響が色濃く残る続縄文文化が広がる。東北北部の前期併行期に古墳は確認されていないが、岩手県奥州市高山遺跡などで古墳文化由来の竪穴建物跡が少数確認されており、岩手県盛岡市永福寺山遺跡や秋田県能代市寒川遺跡などで墳丘をもたない土壙墓から古墳文化の鎌や斧などの鉄製品が出土している。一方、東北南部でも宮城県名取市清水遺跡や福島県会津若松市南原遺跡などで続縄文文化の土器が出土している。このように、前期併行期には古墳文化と続縄文文化に由来する遺構や遺物が他方の地域で認められるが、この時期における双方の交流を示す考古学的痕跡は、決して顕著ではない。

中期の古墳

中期には、規模は縮小するものの東北南部の広い地域で古墳がつくられ、また、小規模古墳が密集して築かれる群小墳（群集墳）が現れる［菊地、二〇〇五］。ただし、このような状況は中期中ごろ（五世紀中ごろ）以降に認められるもので、中期前半の古墳は東北全体で非常に少なく、多くの地域で古墳の築造が一時途絶えている。同様の状況は東北だけでなく栃木県那須や山梨県など東日本の多くの地域で認められることから、中期にこのような古墳の断絶が起きた理由は東北固有の事情によるのではなく、日本列島の広範囲におよぶ政治的・社会的な変動を反映したものと考えられる。

大崎平野と山形盆地でも中期前半の古墳は明確でなく、中期中ごろから多数の古墳が築かれる。この時期の代表的な古墳に、宮城県色麻町念南寺古墳（前方後円墳：五二メートル）と山形市菅沢二号墳（円墳：五〇メートル）がある。念南寺古墳では後円部で刳抜式の重厚な家形石棺が確認され、棺外から小型の石製祭祀具（石製模造品）などが出土している。菅沢二号墳では、埋葬施設は不明だが墳丘各所に立てられた多数の埴輪が出土し、特に優れた造形の形象埴輪群をもつことで知られる。また、山形市大之越古墳（円墳：一八メートル）では、二つの石棺から全国的にも珍しい象嵌をもつ環頭大刀や馬具などの副葬品が出土している。このように、中期においては北限地域に優れた内容をもつ古墳が分布し、前期からの変化が認められる。

最北の前方後円墳である岩手県奥州市角塚古墳が築かれたのも中期後半である。角塚古墳は墳長四三メートルで、埋葬施設は失われていたものの墳丘上に円筒埴輪や形象埴輪が立て並べられていた（図3-3）。墳丘構造や埴輪に仙台平野の古墳との共通点が指摘されており、南方との強い関係のもとで成立したと考えられる。そのため、被葬者としてこの時期に北に進出した仙台平野出身の人物とする見方もありえるが、角塚古墳がつくられた胆沢平野では前期から古墳文化の集落が営まれていたことや、つぎに紹介する胆沢平野の遺跡動向から、地元出身のリーダーが葬られたと筆者は推定している。

角塚古墳は孤立的な存在と長く考えられてきたが、近年、近隣の沢田遺跡で円墳四基が見つかり、また、同時期の集落跡である中半入遺跡や石田遺跡なども確認され、この付近一帯に中期の集落や古墳が大規模に展開していることが判明した。中半入遺跡では、周囲に壕が巡る建物跡や鍛冶が行われた建物跡などが見つかるとともに、当時最先端の器である大阪府陶邑窯産の須恵器や、動物の毛皮をなめすために使われた黒曜石製石器などが多数出土し、ここに南方から鉄製利器や須恵器、北方から毛皮や琥珀などがもたらされ、他方に運ばれたと推定できる。つまり、中半入遺跡をはじめとする胆沢平野や、同様の古墳と集落が確認されている大崎平野は、南方と北方を結ぶ政治や交易の拠点としての役割を果たしていたと考えられる。

中半入遺跡などと同様の性格をもったと考えられる集落は、他に八戸市田向冷水遺跡や横手市一本杉遺跡など、東北北部の複数の遺跡で確認されており、中期後半に古墳文化が北方に深く浸透していた様子がうかがえる。現在のところ確実な古墳は胆沢平野をのぞいて確認されていないが、この時期の古墳文化の遺構と遺物が濃密にみられる秋田県横手盆地や青森県東部などで今後確認される可能性は皆無ではない。また、土壙墓に鉄製利器や土師器・須恵器が副葬された例は、青森県八戸市市子林遺跡や同七戸町森ヶ沢遺跡などで確認されており、さらに北海道島においても、余市町大川遺跡や恵庭市柏木B遺跡などの例がある。

以上のように、中期においては、古墳文化と続縄文文化との交流が活発に行われ、その拠点の一つとなった岩手県胆沢平野に、それまでの古墳の北限を大きく越え角塚古墳がつくられた。

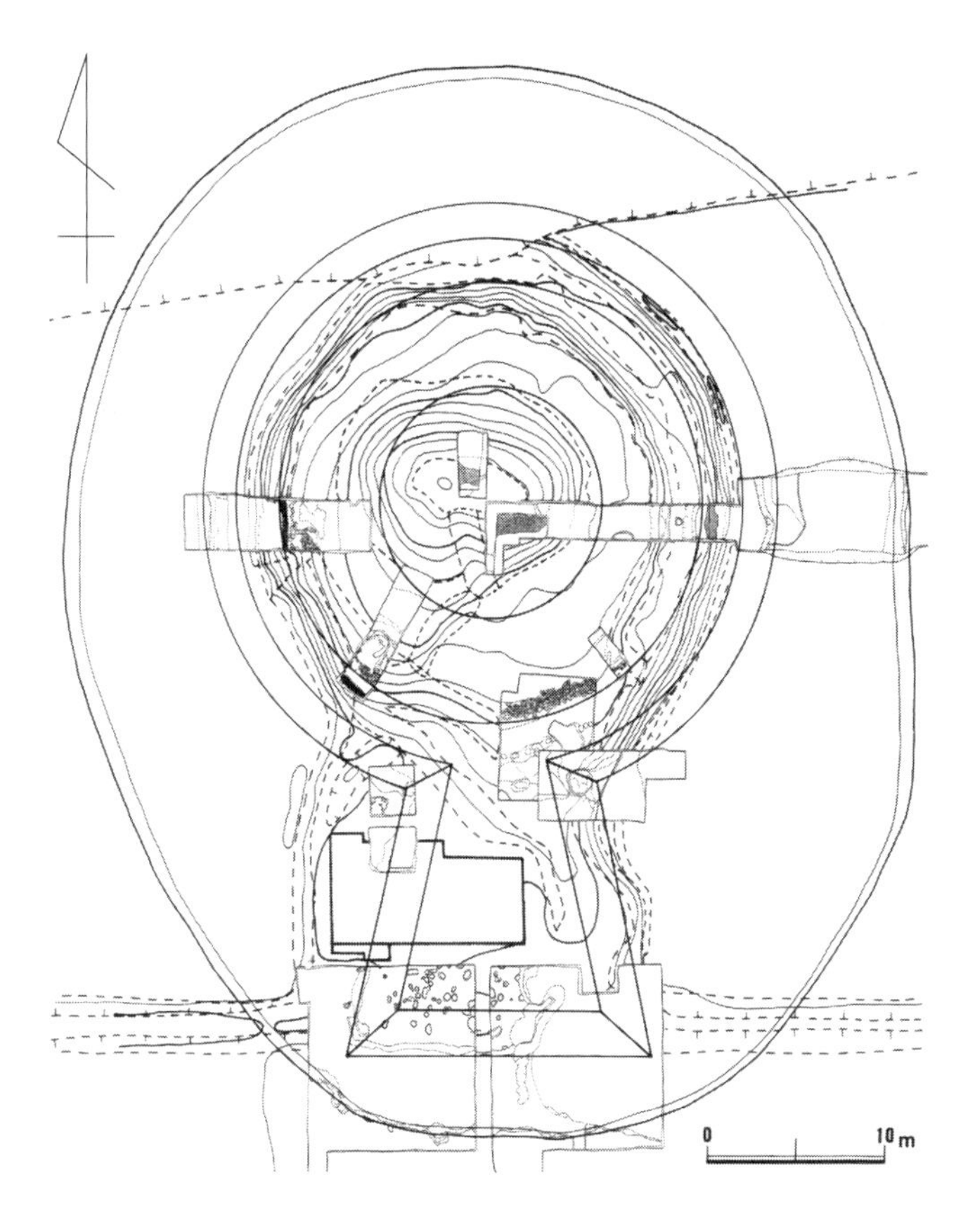

図3-3　岩手県奥州市角塚古墳（朴沢編2002より）

古墳文化のこのような北方への強い指向は中期後半に特に顕著だが、続縄文文化に起源をもつ遺構や遺物が南方や西方の地域で広く確認されることはなく、ややアンバランスにみえる。

後・終末期の古墳

　ところが、後期に入ると、胆沢平野はおろか大崎平野・山形盆地・仙台平野でも古墳がつくられなくなり、後期前半の確実な古墳は太平洋側では福島県以南に少数みられるのみとなる。宮城県では後期前半の集落も非常に少なく、この時期には人の居住の痕跡さえ乏しい状況となる。日本海側の様相はあまり明確でないが、山形県と新潟県でもこの時期の古墳や集落が少ないことは確かである。つまり、北限の古墳の位置が大幅に南下するとともに、その数自体が少なく、古墳文化が大きく南に後退したような状態となるのである。ただし、後期前半の宮城県や山形県で続縄文文化の遺構や遺物が増加することはなく、続縄文文化の南下と結びついていないことは注意が必要である。

　後期にこのような変化が起きた理由は明確ではない。しかし、東北ほど極端でないものの、後期にそれまでの古墳群が断絶する状況は日本列島内で広く認められることから、ひとり東北だけの事情でなかったこと、つまり汎(はん)列島的な政治・社会変動の一環であった可能性が高い。また、近年、後期前半にあたる六世紀前半に「AD536イベント」と呼ばれる世界的な寒冷化が起きたことが注目されており［新納、二〇一四］、このような地球規模の気候変動が日本列島や東北の社会や政治的関係に重大な影響をおよぼし、古墳の激減につながった可能性は小さ

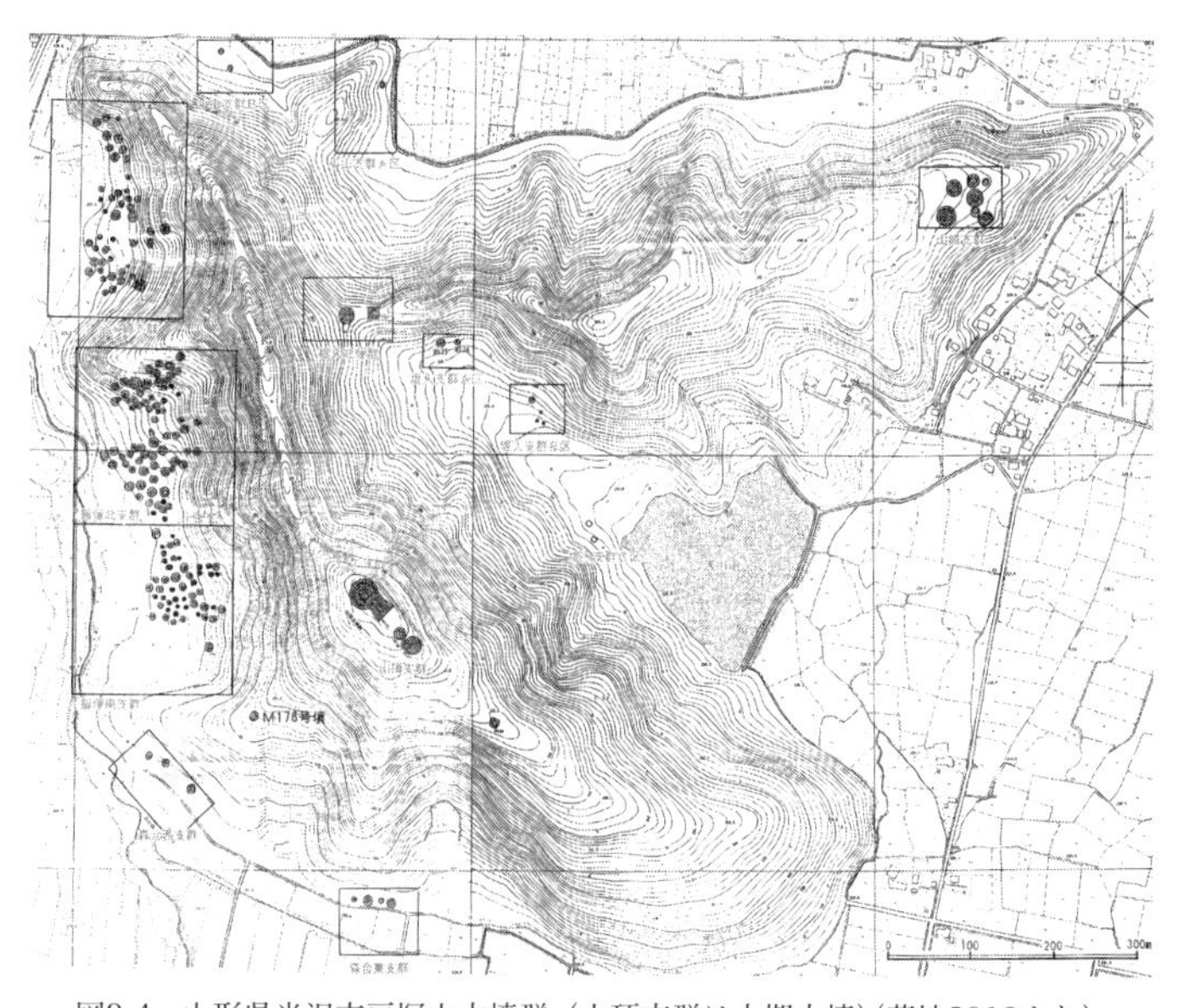

図3-4　山形県米沢市戸塚山古墳群（山頂支群は中期古墳）（菊地2013より）

くないだろう。

　後期後半になると、太平洋側では仙台平野・大崎平野で再び古墳がつくられるようになる。日本海側では山形盆地での再登場はなかったものの、置賜盆地では後期末ごろから古墳築造が復活する。ただし、宮城県・山形県とも、前方後円墳をはじめとする大型古墳は皆無に近く、横穴式石室という新たな形式の埋葬部をもつ小型の円墳や、崖面(がけめん)に墓室を掘る横穴(よこあな)が大半を占め、それらが密集する群小墳が中心となる。この点において、群小墳とともに前方後円墳や中型円墳がつくられる福島県との間に大きな違いがみられる。

　このような動きをみると、北限地域の後・終末期古墳は、中期までの古墳が発展を遂げたものではなく、後期以降の地域社会の変化のなかで、それまでの古墳やその社会とは直接のつながりをもたず新たに導入されたものであることをうかがわせる。その後の北限地域の社会の動きをみれば、七世紀後半に近畿中央部で成立した律令(りつりょう)国家につながる動きの、墳墓における先駆け的な変化であったということができるだろう。

終末期の七世紀には、東北ではなお古墳といって差し支えない墳墓がつくり続けられ、終息に向かうようすは認められない。この間の北限地域の顕著な動きとして、極めて多数の小型古墳が密集して築かれた群小墳の出現がある。その代表例に宮城県色麻町色麻古墳群(約五〇〇基)、山形県米沢市戸塚山古墳群(約二〇〇基)などがあり(図3-4)、それまで顕著な古墳が存在しなかった場所に突如現れる点で共通する。文献史料の記述をもとに、これらを律令国家によって関東を中心とする他地域から東北の支配強化のため移住させられた人々(柵戸(さくこ))の墓とする見解もある。これら古墳群の出土遺物のなかに「関東系土器」と呼ばれる関東に由来する特徴をもつ土器があることから、被葬者に柵戸が含まれる可能性は小さくないが、一方で、在来の土器などの出土も少なくないことから、被葬者すべてを柵戸とみることは難しい。いずれにしても、七世紀の北限地域で社会再編や大規模な人々の動きがうかがえることが注目される。

終末期古墳は、奈良時代がはじまる八世紀初めごろまで北限地域をはじめ各地で認められるが、それ以後は確実な新規古墳としては非常に少なくなり、このころを東北の古墳の築造終了時期ととらえることができる。ただし、平安時代初めごろの土器が墳墓から出土する例は多く、古墳を再利用する追葬や、祖先を祀る祭祀行為は、奈良時代以降も比較的盛んに行われていたことがわかる。

2　東北北部と北海道の末期古墳

分布と特徴

冒頭で紹介したように、一部をのぞいて古墳が認められなかった列島北部に、七世紀初めごろ、低いマウンドをもつ末期古墳が現れる。前方後円墳はなく、大半が円墳もしくは楕円墳で、東北南部以南の古墳のような形のバラエティをもたない。規模は最大のものでも直径一五メートル程度で、五メートル前後のものが大多数を占めている。

末期古墳の分布には偏りがあり、東北では日本海側よりも太平洋側に多く、太平洋側では青森県八戸市周辺、岩手県盛岡市周辺、同北上市周辺に集中がみられる（図3-5）。最も南のものとされるのが宮城県石巻市和泉沢古墳群で、末期古墳の南限と古墳の北限がほぼ一致している。日本海側では、現状では秋田県南部の横手盆地以北に点在し、やはり古墳の分布と切り替わるように北の地域に分布している。また、末期古墳は北海道島にも認められ、道央部の江別市・恵庭市周辺に集中してみられる［鈴木、二〇〇四］。

末期古墳の遺体埋葬部は、石を用いるものと用いないものに大別でき、前者は横穴式石室の

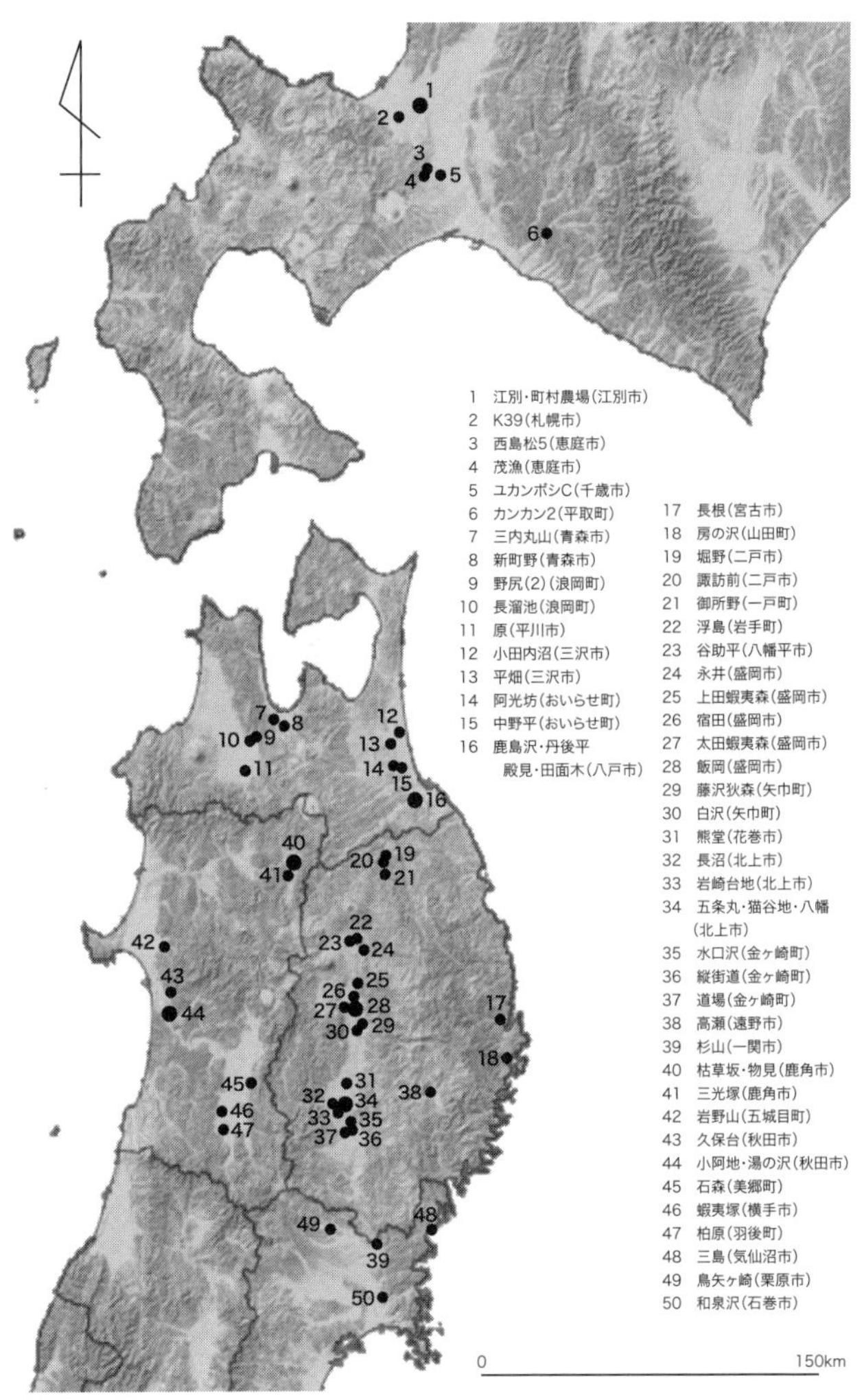

図3-5　主な末期古墳群の分布（筆者作成）

影響を受け成立したと考えられているが、横穴式石室のような追葬は行えなかったようである。後者はさらに、遺体が木棺に納められたものと直接穴に埋められるものにわけられるが、木棺をもつものが一般的である。ただし、実際の埋葬部の構造は非常に多様で、地域による違いが大きく、その様相は複雑である。

　末期古墳の副葬品の種類とその組み合わせには共通するパターンが認められ、一般に武器（大刀、鉄鏃）、農工具（鉄刀子、鉄斧など）、装身具（勾玉、ガラス小玉など）、馬具からなる。大刀は、東北南部以南の古墳にみられる長大なものが少なく、全長五〇センチメートル未満の短小なものや、把端部が早蕨の形に似た蕨手刀が主体である。また、後・終末期の古墳にしばしば副葬される金や銀で飾られた大刀や馬具は、青森県八戸市丹後平一五号墳出土獅噛三累環頭大刀把頭などをのぞくと非常に少ない。このように実用的な武器・農工具と装身具が末期古墳の一般的な副葬品であるが（図3-6）、一基の末期古墳の副葬品は一種もしくは二種程度で、多種多数の副葬品をもつものは皆無である。少数ではあるが、国家が鋳造した貨幣である和同開珎や、律令制の下級役人の身分を示す銙帯金具というベルトの金具が副葬されたものもある。

変遷

　末期古墳は、奈良時代以降とみられていた蕨手刀などが副葬されていることから、かつては八世紀以降につくられたものと考えられていた。このことが「末期古墳」の名の由来であり、そこには東北南部以南の古墳とは異なる墳墓という意味が込められていた［石附、一九六二］。

また、北海道島の末期古墳は、さらに遅れた八世紀後半以降のものとみなされてきた。しかし、遺物研究の進展や新たな発掘調査成果によって、年代の見直しが行われている。

その最も古いものは、副葬された大刀や土器の特徴から七世紀初めごろと考えられ、岩手県北上市岩崎台地遺跡や青森県おいらせ町阿光坊古墳群などに存在する。北上川流域や青森県東部など、東北北部の太平洋側で最初に現れたと考えられる。そして、七世紀中ごろ~後半のものが東北北部の広い範囲で認められ、七世紀のうちに造営が本格化したと推測できる。北海道島では年代の不明なものが多いが、江別市町村農場X-1号墳のように出土土器のなかに東北の七世紀の土器と共通する特徴をもつものがあり、七世紀にさかのぼる可能性が高い。このように、末期古墳は、東北太平洋側のものがやや古いものの、北海道島とともに七世紀に成立し、そこから数を増やしていったと理解できる。

その後、八世紀までが末期古墳造営のピークといえる。開始が遅れる東北日本海側の末期古墳がどこまでさかのぼるか明瞭(めいりょう)ではないが、遅くとも八世紀にははじまった可能性が高い。また、北海道島でも江別市江別古墳群、恵庭市茂漁(もいざり)古墳群(柏木東遺跡)などで末期古墳づくりが本格化し、東北北部と同様に武器や農工具などが副葬されている。

末期古墳は九世紀以降もつくり続けられ、なかにはこの時期に最盛期を迎えるものもあり、新たな古墳の数は必ずしも減少していない。ただし、九世紀以降には直径五メートル未満のものが大半を占めてさらに小規模になり、遺体埋葬部が確認されるものは稀(まれ)で、副葬品も少ない。したがって、この時期の末期古墳は、八世紀までのそれにくらべ被葬者層の広がりなど性格に

図3-6　青森県八戸市丹後平古墳群から出土した主な副葬品（八戸市博物館蔵）

変化があったことがうかがえる。そして、一〇世紀になると末期古墳造営が衰え、やがて終焉を迎えたと考えられる。

列島北部の在来墓

古墳時代に併行する時期の列島北部には、「土壙墓」と呼ばれる円形や楕円形の穴に遺体を納めマウンドをもたない続縄文文化由来の墓が存在する。末期古墳と土壙墓では、盛土の有無や埋葬方法の違いが明瞭だが、東北北部の末期古墳の成立とほぼ同じ七世紀初めごろ以降になると、北海道島道央部で土壙墓に大刀や工具などの副葬品をもつものが現れ、なかには恵庭市西島松5遺跡のように、道央部の末期古墳の副葬品をもしのぐ内容をもつ土壙墓群もみられる。

土壙墓は縄文時代以来続いてきたものであるが、七世紀の北海道島での変化は、古墳文化との交流や交易の活発化と、それにともなう厚葬（墓の規模が大きい、あるいは多くの副葬品をもつこと）の習俗が北海道島に波及した結果と考えるのが適当である。そして、道央部に間もなく現れる末期古墳は、土壙墓の厚葬化を背景に成立したものと考えられるだろう。

また、続縄文文化由来と考えられる土壙墓は、上記のように東北北部にも存在する。ただし、七世紀以降にはほとんど認められなくなり、北海道島のような豊富な副葬品をもつものもみられない。このように、東北北部においては末期古墳の成立と入れ替わるように土壙墓が衰退していった状況がうかがえる。

末期古墳成立の背景

列島北部では、末期古墳だけが新たに成立したのではない。東北北部では、末期古墳の登場とほぼ同時期あるいはやや先行する六世紀末ごろから、それまでほとんど認められなかった平面方形の竪穴建物が急速に普及するとともに、古墳文化由来の土師器が日常容器として使われるようになる。つまり、住まいや器という生活様式の大きな変化とともに末期古墳が現れるのである。このことは、それまで古墳文化を一時的あるいは特定地域で受容するのみだった東北北部が、六世紀末ごろから古墳文化を基盤とする社会に変化し、それとともに続縄文文化を担う人々が姿を消していったことを示している。

また、北海道島においても、七世紀後半ごろから、続縄文土器にかわって擦文（さつもん）土器という土師器に似た特徴をもつ器が用いられるとともに、平面方形の竪穴建物が現れる。これらは擦文文化と総称されるが、土器と建物の特徴に明らかなように、最終末の古墳文化の影響のもとで成立したものである。このように、北海道島においても、東北北部と同様に末期古墳の成立期に新たな社会が成立したことがわかる。

以上のように、東北北部と道央部はともに、末期古墳の成立とほぼ時を同じくして古墳文化の強い影響を受けた社会に変化している。したがって、末期古墳の成立は、単に新たな墓制の出現にとどまるのでなく、社会全体の変化をともなう一連の動きのなかにあるものととらえられる。

3　末期古墳とその社会

これまで紹介してきた本州島を中心に広く認められる古墳と、末期古墳は、どのような関係にあったのだろうか。

古墳と末期古墳の対比

古墳と末期古墳は、大崎平野と山形盆地付近を境におおよそ南北に分布がわかれる。末期古墳が総体として新しい年代であることは間違いないものの、七世紀においては、東北南部以南に古墳、列島北部に末期古墳がそれぞれ展開しており、同時期に両者が併存している。かつて古墳と末期古墳はつくられた年代が異なると考えられていたため、互いの区別は可能と理解されていたが、近年では年代だけで両者をわけることは難しい状況になっている。

では、古墳と末期古墳そのものの特徴によって両者を区別することは可能だろうか。末期古墳はマウンドをもつ点で古墳と同様である一方、遺体埋葬部を地表下におくものが多い点や、蕨手刀などの副葬品をもつ点などが特有のものと指摘されてきた。しかし、末期古墳でもマウンド内に埋葬部がおかれるものや長大な大刀が副葬されるものがあることが知られ、また、東北南部以南の古墳や横穴においても、地表下に埋葬部があるものや、副葬品に蕨手刀などをもつものは少なくない。このように、現在ではマウンド、遺体埋葬部、副葬品のいずれにおいても、古墳と末期古墳に重複する特徴が多いことが明らかになっており、遺構や遺物だけで両者を明確に区別することは非常に困難といえる。

こうしてみると、現時点で両者をわける基準は、突き詰めればそれぞれの分布を大きな根拠としていることがわかる。しかし、分布で両者をわけることにすると、つぎにどこに線を引くのが適切か、何を基準に線を引くのかといった問題が生じ、さらに判断が難しくなるだろう。つまり、古墳と末期古墳をわける現在の理解は相当に曖昧(あいまい)で、決して合理的かつ明確な基準にもとづくものとはいえないのである。

このような状況を受け、近年では異なる側面から両者の相違に迫ろうとする研究が現れている。

藤澤敦氏は、末期古墳が相互に階層的関係をもたず並列し、中央と地方という政治的関係が表現されていないとし、古墳とは社会的機能が異なると理解している［藤澤、二〇一五］。また、広瀬和雄氏は、末期古墳は前方後円墳などから階層性をなくし、「見せる」ことを希薄化したものという理解を示している［広瀬、二〇一三］。

これらの研究は、古墳と末期古墳の質的相違に着目したものといえるが、それにしたがった場合、これまで「古墳」ととらえてきた東北南部の墳墓のなかにむしろ末期古墳に近い性格をもつものが指摘できることになる。例えば、先にみた宮城県色麻古墳群や横穴の多くはそれにあたり、さらに南の関東や他の地域でも同様の性格が考えられる古墳群は決して少なくない。こういった問題を含めて検討しなければ、両者の違いを根本的に明らかにしたとはいえないのではないだろうか。

このように、末期古墳をめぐる問題の解決にはなお少なくない調査や研究が必要であり、それとともに「古墳」の定義そのものやそれによる具体的な古墳群の見直しも求められるであろう。そして、このような問題が一定程度解決されたあかつきには、「末期古墳」の名前自体も再検討されるべきと考える。しかし、検討が不十分な段階でいたずらに異なる名前を与えることは適切でないことから、本章では従来どおり「末期古墳」を用いつつも、この名とその指し示す内容には少なくない問題があることを強調しておきたい。

末期古墳の被葬者と「蝦夷」

末期古墳は、その分布が『続日本紀(しょくにほんぎ)』等の古代日本の文献記録のなかで「蝦夷(えみし)」と呼ばれた人々の居住範囲と重なることから、「蝦夷の墳墓」と呼ばれることが多い。つまり、日本列島中央部の「倭人(和人)」とは異なる文化や社会組織をもつ人々が末期古墳に葬られたという理解が一般的といえる。

蝦夷に関してはこれまでに膨大な研究があるが、そこで明らかになってきたことの一つは、蝦夷は、古墳時代後期にあたる六世紀後半ごろ以降、おおよそ宮城県仙台平野—山形県置賜盆地—新潟平野付近を結ぶ線以北の人々を異族視する呼び名として中央政権から一方的に与えられたもので、その指し示す内容は時や場所によって異なり、特定地域の人々や、特定の文化的・社会的・政治的まとまりをもった人々と固定的にとらえることは困難ということである

［熊谷編、二〇一五など］。

したがって、末期古墳の被葬者の多くが中央から蝦夷と呼ばれていたことは間違いないものの、その文化や社会組織は地域や集団によって少なからず異なり、単純に一括りにはできない。また、宝亀一一年（七八〇）の伊治公呰麻呂の乱などのように、ときに蝦夷と国家の間に深刻な対立や戦乱が発生したが、平和的な交流や交易が行われていた時期や場所も決して少なくない。そのため、文献記録に投影された蝦夷の姿をそのままのものとして末期古墳の被葬者像を考えることや、蝦夷を和人との対立の図式だけでとらえることには慎重な姿勢が必要である。

末期古墳が築かれた社会

では、末期古墳に葬られたのはどのような人々だったのだろうか。末期古墳から人骨が出土した例は皆無に等しいため、被葬者の性別・年齢・血縁関係等に迫るのは容易ではなく、被葬者の性格に関しては末期古墳そのものや副葬品から間接的に考えざるをえないという前提がある（このことは末期古墳に限らない）。

成立当初の末期古墳は、岩手県岩崎台地遺跡群の七基、青森県八戸市鹿島沢古墳群の一二基などその数自体が少なく、限られた人々の墓とみるのが適当である。さらに、末期古墳には大小程度の規模の差がみられることが一般的であり、また副葬品においても武器や玉類をもつものがある一方でまったく副葬品をもたないものもある。例えば、広い範囲が調査された青森県丹後平古墳群では、獅噛三累環頭大刀把頭が出土した一五号墳（口絵p.2）が群中で最も規模が

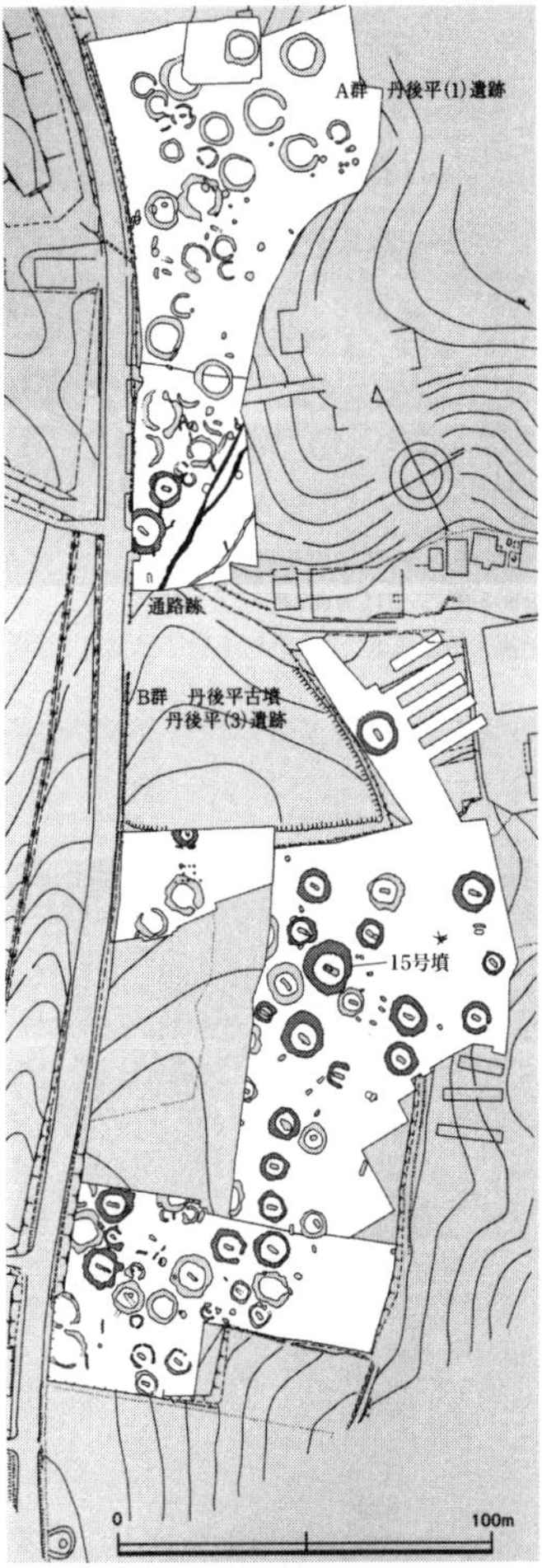

図3-7　丹後平古墳群における副葬品の有無（アミの濃いものが副葬品をもつ古墳）（大野2005をもとに筆者作成）

大きく、副葬品をもたない古墳は、武器や玉類が出土した古墳にくらべ明らかに小規模だった（図3-7）。

したがって、七世紀の末期古墳は、当該地域のリーダー層の墓とみられるのに加え、そのなかに異なる身分や職掌をもつ人々が含まれていたと考えられる。同様のことはかつて岩手県北上市江釣子（えづりこ）古墳群の分析にもとづき林謙作氏からも指摘されている［林、一九七八］。しかし、藤澤敦氏が強調しているように、末期古墳どうしにみられる差は隔絶したものではなく、そこから著しい権力をもった人物や、整然と身分のわかれた社会の存在をうかがうことは難しい。末期古墳の成立は、このころの列島北部に、集団を束ね一定の権力をもったリーダーというべき人々が現れたことを示すと考えるのが妥当だろう。

　六世紀後半から七世紀の列島北部では、南方の古墳文化との交流や交易の活発化によって、竪穴建物や土師器（の製作技法）に代表される生活様式の大きな変化とともに、社会の統合が進み、リーダー層が現れるにいたった。これが末期古墳成立の要因と考えられる。末期古墳はマウンドを設けるというそれまでの列島北部の墓にほとんどみられない特徴をもつが、これは明らかに南方の古墳の影響である。しかし、南方の後・終末期古墳とまったく同じ形式の墳墓が現れることはなく、遺体埋葬部や副葬品に特徴的な傾向がみられることになった。

　列島北部の末期古墳の被葬者やその社会の構成員のなかに、南方の古墳文化や本州島に出自をもつ人々が含まれていた可能性は十分考えられる。しかし、東北北部と北海道島の新たな社会は、南方の文化がそのまま移植されたものではなく、続縄文文化を一部引き継ぎながらそれぞれの地域の特色を色濃く保持している。このことをふまえると、南方からの移住者があったとしても少数であり、社会の変化の主体は在来の人々が担ったと考えるのが適当だろう。

　末期古墳を生みだすにいたった社会の変化は、早くから南方との交易ルートが形成されていた東北北部太平洋側にまず起こり、東北と太いパイプが築かれていた北海道島道央部にも波及し、八世紀のうちには列島北部の広い範囲におよんだと考えられる。ただし、北海道島では、擦文文化や蕨手刀などが島内のほぼ全域に広がった一方、末期古墳は道央部の範囲を超えてつくられることがなく、リーダー層のためにマウンドをもつ墓をつくる習俗が採用されたのは、南方との交流の窓口であった道央部に限られたと理解できる。

4　古墳文化における東北・北海道

古墳文化と東北・北海道

これまでみてきたように、古墳文化は東北南部を面的な分布の北限としていたものの、時間的・地域的に限られながら列島北部に深く入り込み、一方で続縄文文化も断片的に南方の地域で確認され、単純に一線で画されるものではなかった。また、中期には岩手県中半入遺跡のような拠点的な集落で南方からの鉄器や北方からの毛皮といった代表的な物資が活発にやり取りされ、互いの交流や交易も盛んであった。交易による物資は、東北北部にとどまらず道央部を中心とする北海道島にも運ばれた。つまり、宮城県大崎平野などの古墳文化の北限地域は、〝最果ての地〟ではなく、朝鮮・中国との窓口となった九州北部のように、北方地域との窓口という重要な役割をもっていた場所として評価されるべきである。

では、なぜ東北南部が古墳の北限となり、その北には古墳が築かれなかったのだろうか。この問題を明らかにすることは容易ではないが、筆者は、これに先だつ弥生時代の社会のあり方が大きな前提になったと考えている。

弥生時代は水稲農耕に代表される本格的な食糧生産が日本列島で開始された時代であり、東北でも弥生前期に青森県津軽平野などで稲作が始まった。しかし、東北北部での稲作は長く続かず、中期以降は再び狩猟採集に基盤をおく社会になったと考えられている。一方、東北南部では農耕が継続し、宮城県仙台平野など東日本有数の弥生文化が展開している［石川、二〇一〇／藤尾、二〇一五］。このように、弥生時代後半期の東北は、農耕社会を維持した南部と、狩猟採集社会に回帰した北部とで大きく南北に二分されており、この地域差がのちの古墳の有無とおおむね一致している。農耕を生業の中心におき長く持続させるためには、多数の人員の結集と分業、そして集団を統率し収穫物を偏りなく分配するリーダーの存在が不可欠である。弥生時代にそのような社会の統合や階層化がある程度達成されていた東北南部が、統合の象徴といえる古墳を築造する文化を受け入れた一方、そのような社会状況に十分いたっていなかった北部が古墳を築造しなかったのは、ある意味で当然のことだったといえるだろう。

したがって、東北南部に古墳文化が波及したのは、近畿中央部に拠点をおいたヤマト政権（「ヤマト王権」や「倭政権」などとも呼ばれる）の侵出や征服によるものではなく、ここが一定の権力をもったリーダーを擁しヤマト政権と政治的関係を結んだ北限の地であったためと筆者は考える。ヤマト政権と東北のリーダー層は主従関係ではなかったものの、当時の東北では十分に生産・入手できなかった鉄器や青銅器をはじめとする最先端の物資や宝器がもたらされたことで、結果的に強い求心力が生じ、関係を断つことは容易にできなかったと推測される。また、ヤマト政権側にとっても、自らの正当性や権威を高めるため、遠方の地域と関係を結ぶことは大きなメリットがあったであろう。これらのことが、弥生時代の東北の姿からは違和感をおぼえるような大型前方後円墳の成立や、各種の優れた器物がもたらされた背景と理解できる。

一方、列島北部は、ヤマト政権と直接の関係は結んでいなかったと考えられるが、日本列島中央部では直接獲得できない大型獣の毛皮や海産物をはじめとする希少な物品の産地として、ヤマト政権をはじめとする他地域から注目される地であったとみられる。そのことを垣間（かいま）みせるのが列島北部から出土する鉄器や須恵器などの古墳文化の器物であり、列島北部とヤマト政権などとを仲介する役割を主導した東北南部は、他地域に対し強い存在感をみせたであろう。

北限地域からみた古墳文化

古墳文化は、前方後円墳という特徴的な形態をもつ墳墓記念物を東北南部から九州南部の範囲で共有し、三世紀の前方後円墳の成立から七世紀初頭のその終焉、そして七世紀後半の律令国家体制の確立まで、およそ四〇〇年間にわたり続いた［福永、二〇一三］。しかし、北限地域では時期によって小さくない変動が認められ、必ずしも安定的に継続していたのではなかった。このような北限地域の不安定な状況は、北に接する続縄文文化との対立や紛争ではなく、北限の古墳文化の特質に理由を求めるのが適当である。

弥生時代に大規模集落や厚葬墓が存在しなかった北限地域は、古墳成立期に十分に発達した社会段階にあったとは考えにくく、その状況でリーダーの大規模な墳墓を営む文化を受け入れることになった。しかし、広域的な政治変動や気候寒冷化が発生すると本来の未発達な社会が露呈し、地域社会の衰退や転換を招いたと推測される。このように考えれば、中期前半や後期前半の東北で古墳築造が低調になった一方で、続縄文文化の活発化や南下がみられなかった現象を整合的に説明することができるだろう。

古墳文化を生み、その変化の中心にあったヤマト政権は、近畿中央部の有力豪族による連合政権と考えられ、前方後円墳を墳墓記念物として共有しつつ各地の政治勢力と結びついていた。大阪府古市（ふるいち）・百舌鳥（もず）古墳群に代表される巨大前方後円墳や、中期の鉄製甲冑（かっちゅう）が近畿中央部に集中することが示すように、ヤマト政権と地域勢力との間には歴然とした格差が存在していた。また、ヤマト政権をつうじ入手する鉄器や宝器は、各地域勢力の権力維持に不可欠の基盤をなしたと推定される。したがって、ヤマト政権と各地域勢力は、東北南部と同様に直接の主従関係ではなかったものの、実質的にヤマト政権を頂点とする政治的ネットワークにより結ばれていたとみるのが適当である。

古墳文化の広がりは、この政治的ネットワークの範囲を示すものといえるが、日本列島で初めて形成されたこの広域ネットワークを「前方後円墳体制」と呼び、その社会段階を「初期国家」とする考えが提唱され［都出、一九九一・二〇〇五］、様々な議論を呼びながらいまも有力な学説として存在している。

東北の動向からこの政治体制をみると、七世紀のその終焉まで離脱を許していない求心力の強さの一方で、各種要因によって政治変動や衰退を容易に起こしうる脆弱（ぜいじゃく）さをあわせもったものということができる。このように、「前方後円墳体制」は制度的秩序とはいいがたい側面をもっていたが、日本列島の広範囲を覆いつつ約四〇〇年間続いたその規模の大きさは、アジアや他の地域の古代国家と比較しても遜色（そんしょく）なく［前川・岡村編、二〇〇五］、未発達な政治組織とはいえないであろう。この意味において、ヤマト政権を中心に日本列島各地の政治勢力が結ばれた集合体を、国家の一形態とみなす考えは妥当なものであると筆者はとらえている。そして、東北にみられたような、この内部に存在する地理的・時間的な相違や変化の意味を、国家形成との関わりで追究してゆくことが今後より求められるものと考えられる。

おわりに

古墳時代の東北は、文化の外縁に位置することや、優れた内容をもつ古墳や集落がそれほど多くないことから、これまでの研究では高い評価を受けてきたとはいいがたかった。また、列島北部に分布する末期古墳は、年代の新しさや小規模であることなどにより特殊な地域的墳墓という扱いを受けることが一般的であった。このような評価は、東北の古墳文化や末期古墳の一側面に焦点をあてたものといえ、視点を変えることで異なる見方が可能であることを本章で示した。古墳時代には日本列島規模で初めて「中央」と「地方」の関係が成立し、〝国家〟の北限に位置した東北南部は、大きな軋轢(あつれき)なく共存していた北方の続縄文社会との交渉を主導したことで、中央に対し小さくない存在感をみせていた。また、末期古墳は、このような南北関係を前提に古墳文化の影響を強く受けた地域で早くに成立し、分布を広げたものと考えられる。

しかし、七世紀後半の律令国家体制の成立にやや先だつころから、この状況は大きく変化した。列島北部だけでなくそれまで古墳文化のなかにあった大崎平野などが、「蝦夷の地」として国家による支配と強制の対象となり、陸奥国となった東北南部は国家の出先として緊張感をもって北方と対峙（たいじ）することになった。このように、律令国家はヤマト政権を基礎として成立したものであったが、その対地域政策の原理は本質的にまったく異なるものということができる。

本章では、東北南部や列島北部からの視点で古墳文化に対する再検討を試み、いくつかの新たな見解を提示した。このような周縁地域や「地方」からの視点で古墳文化や国家形成を改めてとらえ直すことで、より多角的できめ細かな古墳時代史や国家形成史の復元が可能になるものと考えられる。

参考文献

石川日出志　二〇一〇年『農耕社会の成立』岩波書店
石附喜三男　一九六二年「北海道」『古代学研究』第三〇号、古代学研究会
大野　亨　二〇〇五年「丹後平古墳群」『青森県史』資料編考古3、青森県
菊地正信　二〇一三年『遺跡詳細分布調査報告書』第二六集、米沢市教育委員会
菊地芳朗　二〇〇五年「群小墳の成立・展開とその意義」『待兼山考古学論集』大阪大学考古学研究室
菊地芳朗　二〇一〇年『古墳時代史の展開と東北社会』大阪大学出版会
熊谷公男編　二〇一五年『蝦夷と城柵の時代』吉川弘文館
鈴木　信　二〇〇四年「「北海道式古墳」の実像」『新 北海道の古代』3、北海道新聞社
都出比呂志　一九九一年「日本古代の国家形成論序説─前方後円墳体制の提唱─」『日本史研究』三四三号、日本史研究会
都出比呂志　二〇〇五年『前方後円墳と社会』塙書房

新納　泉　二〇一四年「6世紀前半の環境変動を考える」『考古学研究』第六〇巻第四号、考古学研究会
林　謙作　一九七八年「「五条丸古墳群」の被葬者たち」『考古学研究』第二五巻第三号、考古学研究会
広瀬和雄　二〇一三年『古墳時代像を再考する』同成社
福永伸哉　二〇一三年「前方後円墳の成立」『岩波講座　日本歴史』一、岩波書店
藤尾慎一郎　二〇一五年『弥生時代の歴史』講談社
藤澤　敦　二〇一五年「北東北の社会変容と末期古墳の成立」『倭国の形成と東北』吉川弘文館
朴沢志津江編　二〇〇二年『角塚古墳』胆沢町教育委員会
前川和也・岡村秀典編　二〇〇五年『国家形成の比較研究』学生社

4章　多賀城・城柵と蝦夷

樋口知志

はじめに

城柵の本質的性格をめぐっては近年議論もあるが、概して蝦夷・隼人などの化外の民の支配を目的とした軍事的機能をもともなう拠点施設を意味する。現在の東北地方は奈良時代には陸奥・出羽両国の版図だったが、八世紀第1四半期の終わり頃に陸奥国の国府所在城柵として造営されたのが多賀城である。

本章では、多賀城に代表される東北の古代城柵について整理して論じるとともに、律令制下における城柵と蝦夷との具体的関係をめぐって新たな考察を加え、東北古代史の歴史像の一端を描き出してみたい。

1　多賀城と城柵

図4-1 多賀城跡（東北歴史博物館蔵）

多賀城の創建

多賀城の遺跡は多賀城市市川・浮島に所在する。外郭内には最高地点で標高約五二メートルの丘陵を取り込んでおり、南面の沖積平野には七北田川・砂押川が流れる。築地塀を基本とする外郭施設は一辺約六六〇〜一〇五〇メートルの不整形の方形で、その中央部に南北約一一六メートル×東西約一〇三メートルの政庁が位置する。ただし近年の発掘調査で、創建時の外郭南辺の築地塀が約一二〇メートルほど内側に存在したことが確認された〔吉野、二〇一八〕。

多賀城は史料上では、『続日本紀』（以下『続紀』と略称）天平九年（七三七）四月戊午（十四日）条に「多賀柵」として初見する。このとき、「陸奥国多賀柵」と天平五年（七三三）十二月に庄内平野より高清水岡へ遷された出羽柵（後の秋田城）とを結ぶ陸奥出羽連絡路の建設がおこなわれ（ただし山形・秋田県境付近の雄勝峠より北は未着工）、その際に遣持節大使藤原麻呂が坂東六国の騎兵三四五人を率いて「多賀柵」を守っていたことからみて、同柵が国府所在城柵だったことは疑いない。また外郭南門付近から江戸時代初期に出土した多賀城碑は近年真作説が裏付けられたが、そこには「此の城は神亀元年歳次甲子に按察使兼鎮守将軍従四位上勲四等大野朝臣東人の置けるところなり」と刻まれていて、神亀元年（七二四）の造営とされている。しかし近年、多賀城跡出土木簡の記載をもとに同城の創建開始年代を養老六年（七二二）頃とする見解［平川、二〇〇三］が広く支持されており、多賀城碑の神亀元年は完成年を示すものかと推測される。

多賀城が造営された八世紀前期は蝦夷反乱の時代の終期にあたっていた。『続紀』によれば和銅二年（七〇九）に陸奥・越後二国の蝦夷（山形県内陸盆地部と庄内平野の現地住人か）が反乱し征討軍が派遣されており（同年三月壬戌〔六日〕条）、太平洋側では養老四年（七二〇）に蝦夷が反乱し按察使の上毛野広人を暗殺（同年九月丁丑〔二十八日〕条）、神亀元年にも海道蝦夷が反乱し陸奥大掾佐伯児屋麻呂を殺害している（同年三月甲申〔二十五日〕条）。

二度の蝦夷反乱

このうち多賀城にほど近い大崎・仙台平野で起こったとみられる養老四年の反乱と石巻海岸平野で起こったとみられる神亀元年の反乱は重要である。前者は同年に南九州の隼人も大規模な反乱を起こしており（『続紀』養老四年二月壬子〔二十九日〕条）、単に東北辺境だけに留まる事件だったとは思われず、国家政府に服属してまだ時が浅い蝦夷や隼人に対して公民並みの負担を性急に負わせようとしたことに起因する反乱だったと推察される〔樋口、二〇一三a／二〇二二〕。蝦夷に関していえば、和銅三年（七一〇）に政府は、蝦夷族長層に対して「君」のカバネを付した姓（君姓）を与えて「編戸の民」に準じて扱うこととし（『続紀』同年四月辛丑〔二十一日〕条）、その五年後には岩手県三陸中部の閉伊地方の蝦夷族長だった須賀君古麻比留が、多賀城の前身の陸奥国府（仙台市太白区郡山遺跡Ⅱ期官衙）まで調の昆布を貢進するため二〇日もかけて陸路を往復している（同、霊亀元年〔七一五〕十月丁丑〔二十九日〕条）。もちろん反乱の原因はそれだけではなく、これらの地に関東地方など内国から数多くの移民が入植したことなども深く関係していよう。しかし養老二年（七一八）に陸奥国南半を石城・石背両国として切り離したのも（『続紀』同年五月乙未〔二日〕条）、蝦夷系住人に公民並みの貢租徴税を課すことで陸奥国の財政が維持できると判断したためだったと推察され、蝦夷・隼人反乱の主因はともに辺境住人に対する性急な公民化政策にあったと考えるのが至当だろう。

一方の神亀元年の蝦夷反乱は、国家が蝦夷への収奪緩和政策に転じた後に起こった。養老六年（七二二）には陸奥国の調庸制が停止され、国内の公民からは蝦夷への禄として支給するための税布が徴収されるようになり〔鈴木、一九九八a〕、その後間もなく石城・石背両国も陸奥国へ再併合されたとみられる。にもかかわらず蝦夷反乱が再発したのは、未だ蝦夷への収奪緩和が十分な実効性を挙げておらず、また太平洋海運ルートで多くの北方産物をもたらす海道蝦夷と国家側勢力との交易上のトラブルなどの要因が絡んでいたためと推察される。

多賀城の前身の陸奥国府所在城柵は郡山遺跡Ⅱ期官衙だった。Ⅱ期官衙は、大化改新直後の七世紀中頃に造営されたとみられる東西約三〇〇メートル×南北約六〇〇メートル以上の巨大な材木列塀の外郭をもつⅠ期官衙に後続する城柵遺構で、七世紀末頃に陸奥国府所在城柵として造営されたと考えられる［今泉、二〇一五a］。官衙域は材木列塀で囲まれ約四二五メートル四方の規模をもち、その中央南寄りには区画施設をともなわない政庁が位置する。官衙域外の南面西寄りには東西約一二五メートル、南北約一六七メートルの材木列塀によって区画された郡山廃寺が配置されている。

多賀城は蝦夷反乱というかたちで顕在化した律令国家の東北経営の破綻に対して新たな蝦夷支配システムを構築せんとする政策基調の下に養老六年頃より造営が進められ、神亀元年頃に郡山遺跡Ⅱ期官衙より陸奥国府の機能が移されたものと考えられる。

城柵とは何か

東北地方では、七世紀半ば～一〇世紀の史料中に城・柵と呼ばれる律令国家側の施設のことが所見する。古くは蝦夷征討のための城郭や砦などの軍事施設とみられていたが、昭和四十年（一九六五）以降に多賀城跡の調査に当たった考古学研究者らにより〝東北城柵は軍事施設ではなく官衙である〟との旧説とは正反対の見解が提唱され、その後しばらく通説化した。しかしこの説に対しても、〝単なる官衙ならばなぜ「城」や「柵」の名で呼ばれるのか〟、〝兵士が駐屯し征夷の際に利用された例がみえるから、軍事的機能を無視できない〟などの批判がしばしば寄せられた。

一九九〇年代に入ると、文献史学の側から今泉隆雄氏が東北城柵をめぐる新たな学説を提示した［今泉、二〇一五b・c・d］。今泉氏によれば、①城柵は古代国家が支配領域の拡大とより遠方の蝦夷集団の支配を目的として置いた施設で、②周囲に材木塀・築地塀などの外郭施設をめぐらし、中央部に諸国の国府と同様の形態の政庁を配置し、③周辺一帯には坂東・北陸方面から柵戸と呼ばれる移民を配し、④城柵中枢部の政庁では奥羽国司か鎮官の一員が城司として常駐し政務・軍務を掌ったとされる。その内容は、城柵＝軍事施設説と城柵＝官衙説のメリットをともに生かし上手くバランスしたものとなっている。

しかし二〇〇〇年代の中頃、今泉説とは大きく異なる城柵像を提示する熊谷公男氏の新説が出現した［熊谷、二〇〇四a・b／二〇〇七／二〇〇九］。氏によると、①「城」・「柵」の読みはいずれも「キ」で木柵・築地塀・土塁・壕などの区画施設で囲まれたものを指し、②その内実は、（a）国府所在城柵で国府型政庁をもつもの（国府型）、（b）（a）ではないが国府型政庁をもち城司が常駐するもの（準国府型）、（c）郡家型政庁をもつもの（郡家型）、（d）政庁をもたない軍事拠点施設であるもの（軍事拠点型）、（e）集落に防御施設をめぐらした囲郭集落の形態をもつもの（「柵」型）の五類型が城柵概念の中には含まれるとされる。熊谷説に対しては積極的に支持する研究者も多くいる一方で、批判的な意見を表明している古代史・考古学研究者もおり、現在城柵の概念をめぐっては確たる通説が存在しないといってよい状況にある。

今泉説と熊谷説との間の最大の争点は、すべての城柵に国司の一員が城司として常駐したかどうかの問題である。今泉氏は、城柵遺跡に国府型政庁が置かれ、また養老職員令70大国条において城柵が配置される陸奥・出羽・越後三国の守に固有の職掌として「饗給・征討・斥候」が規定されているのは、城柵がこれら三つを実現するための施設として位置づけられ、介以下の国司が国内諸城柵に常駐し、守に代わってそれらの政策を遂行するためだったと解した。対して熊谷氏は、宮城県内で多くの城柵関連遺跡が発見された結果、すべての城柵に国司が常駐すると国司の人数が不足し一般行政実務が困難になってしまうと批判し、国司が城司として派遣されたのは城柵の一部に過ぎなかったとしている。

右の両氏の見解の対立に関して私見では、国司は城柵に常駐したのではなく、彼らが自らの担当が定められた城柵に用務の度毎に派遣される「城柵専当国司制」というべきシステムが採られていたと推察している［樋口、二〇一九］。そう考えれば、今泉氏の城司制説を想定した場合のように国司人員が不足し国務に支障が生じることはない。なお熊谷氏は国司が常駐するのが（a）国府型と（b）準国府型だけで、（c）以下には国司がいなかったと解しているが、私見では制度的に城柵と称されるのは城柵専当国司が派遣されるものに限られていたと理解され、今泉説と同様に城柵は職員令70大国条の「饗給・征討・斥候」を遂行するための施設だったとみてよいと考えられる。

また熊谷氏は（e）「柵」型として囲郭集落を城柵概念の中に含めて考えているが、こうした見解には問題がないであろうか。福島県中通り・浜通り地方や宮城県仙台・大崎平野では六世紀末〜七世紀前半頃に囲郭集落（拠点集落）が出現するが、それらの遺跡からは関東系土師器(き)とともに在地系の栗囲式(くりがこいしき)土師器も出土しており、囲郭集落が純粋に国家側社会の側のものだったかもかなり疑わしい。むしろ在地社会と関東社会との人的・物的交流の拠点となった集落だった可能性が高いとみられ、公務執行のために国司が派遣されるようなことも全く想定できないので、これらを城柵概念に含めて理解するのは適切とはいいがたい。残りの（c）郡家型と（d）軍事拠点型についてはそのような例が実在するかどうか慎重な判断が必要だが、時の政策上重要視され専当国司が設定された施設であれば、たとえ国府型の政庁をもたないものであっても城柵として扱われた可能性は少なからずあろう。

古代東北の城柵

史上最初に名がみえる東北地方の城柵は大化三年（六四七）に越国(こしのくに)に造営された渟足柵(ぬたりのさく)であり（『日本書紀』〔以下『書紀』と略称〕同年是歳条）、翌年造営の磐舟柵(いわふねのさく)が続く（同、大化四年〔六四八〕是歳条）。両柵は越後平野に所在し、渟足柵は新潟市沼垂(ぬったり)、磐舟柵は村上市岩船に営まれたとみられるが、現在ともに遺構は未発見である。また『書紀』斉明四年（六五八）七月甲申（四日）条には「渟足柵造(さくぞう)」とともに「都岐沙羅(ときさら)柵造」の職名がみえ、それ以前に都岐沙羅柵なる城柵があったことも知られる。所在地不明だが、やはり日本海に面した地に造営された可能性が高い。さらに同、持統三年（六八九）正月丙辰(へいしん)（三日）条にも「陸奥国優嗜曇郡城(うきたまぐんのき)養蝦夷(こうのえみし)」の語がみえ、すでに優嗜曇柵なる城柵が米沢（置賜）盆地に存在していたことがうかがわれるが、これも遺構は未発見である。『書紀』にみえる七世紀代の城柵はすべて日本海側に集中しており、なぜか太平洋側の城柵に関する記事は一つもみえない。しかし仙台市太白区の郡山遺跡Ⅰ期官衙は、文献に所見がないものの上記の日本海側の四城柵と同時期の古い城柵の遺構だと考えられている。

七世紀代の城柵は律令国家建設の途上で造られたものであり、多賀城のような律令制下の城柵とはややありかたを異にしていた。それらは大化前代の倭政権の各地方における支配拠点であるミヤケ（屯倉・官家）の一種として誕生したとみられ、中央からたびたびクニノミコトモチといわれる使者が派遣され指令が下されたが、普段は現地や周辺諸地域の豪族らが配下の民を率いて施設維持や運営に当たっていたと考えられる［樋口、二〇一九］。律令制下の城柵の主が専当国司であるのに対して七世紀代の城柵管理主体が「柵造」と称される低い位階しかもたない地方豪族に過ぎなかったことも、そうした管理・運営形態の差異の反映に他ならない。それゆえ七世紀代の城柵には、天皇の代理人たる国司が政務・儀式をおこなう官衙主体部＝政庁もまだ十分なかたちで備わっておらず、蝦夷集団に対して朝貢・饗給の儀式をおこなうための舞台となる一定の空間が設けられるに留まっていたものと推測される。

七世紀末頃になると、陸奥国府所在城柵である郡山遺跡Ⅱ期官衙で区画施設をともなわない政庁様建物配置の中心施設が現れ、大崎市の名生館官衙遺跡では大規模な郡家型政庁（第Ⅱ期）が出現する。すなわちその段階ではまだ方形の区画施設に囲まれたいわゆるコの字型建物配置の城柵政庁は未成立だったとみられ、それが確立をみるのは神亀元年（七二四）頃に完成したとみられる多賀城においてだったと考えられる。

図4-2　仙台郡山官衙遺跡群(上)石組池、(下)Ⅱ期官衙材木列（写真提供：仙台市教育委員会）

律令制下八世紀代の城柵には、多賀城以外にも①玉造柵（塞）・②牡鹿柵・③新田柵・④色麻柵・⑤桃生城・⑥伊治城・⑦覚鱉城（以上陸奥国）、⑧秋田城（出羽柵）・⑨雄勝城（以上出羽国）の名が史上にみえている。遺跡比定については、まず①は名生館官衙遺跡第Ⅱ・Ⅲ期官衙とみる説が一般的だが、八世紀後期に大崎市宮沢遺跡へ移されたとみる説や、当初から一貫して宮沢遺跡だったとする説もある。②は東松島市赤井遺跡、③は田尻町大嶺八幡遺跡、④は色麻町城生柵跡、⑤は石巻市桃生城跡、⑥は栗原市伊治城跡、⑧は秋田市秋田城跡（天平五年〔七三三〕以降）が遺跡にそれぞれ比定されている。なお⑦は比定地不明で、⑨は『続紀』天平宝字四年（七六〇）正月丙寅（四日）条に造営記事がみえる本来の雄勝城は依然遺跡が不明だが、征夷終焉期の延暦二一・二二年（八〇二・八〇三）頃に横手盆地北部に遷された〝第二次雄勝城〟は大仙市払田柵跡がその遺跡であるとみられる。また征夷終焉期の九世紀初頭には、北上盆地に胆沢城（奥州市、延暦二一年〔八〇二〕）・志波城*（盛岡市、延暦二二年〔八〇三〕、口絵p.3）・徳丹城（矢巾町、弘仁三年〔八一二〕頃。志波城の後継城柵）の三城が、出羽国には国府所在城柵である城輪柵（酒田市、弘仁六〔八一五〕～同一〇〔八一九〕年頃）が造営された。

2　古代蝦夷の世界

蝦夷とは何か

「エミシ」とは本来勇者の意の古代日本語だったとみられ［工藤、二〇〇〇］、古くは「毛人」と表記した。『書紀』神武天皇即位前紀にみえる「愛瀰詩を　一人百な人　人はいえども　手向かいもせず」との歌が「エミシ」の現存最古の用例であり、倭政権の外征軍である大来目部が大王の命を受けて未服の地域に軍事的遠征をおこなっていた四、五世紀頃に凱歌として歌われていた歌だったと推察されている［土橋、一九六八］。また倭政権による国土統一が進んだ五世紀後期、倭王武（ワカタケル〔雄略〕大王）が四七八年に中国南朝の宋の皇帝へ送った有名な「倭王武の上表文」にも、「昔より祖禰、躬ら甲冑を擐き、山川を跋渉し、寧処に遑あらず。東は毛人を征すること五十五国、西は衆夷を服すること六十六国、渡りて海北を平ぐること九十五国」とあり、ここの毛人は五世紀代に倭政権を頂点とする同盟の傘下に入った東国社会の地域集団を指していよう。概して四、五世紀代の毛人とは、中部・東海・関東・北陸地方を含む広く東日本一帯に住む現地住人を指示するものだった可能性が高い。

その後倭政権による東方・北方への国土統一が進展する中で、毛人と称される未服民の居住範囲も次第に狭められていく。五世紀代までは関東・北陸も毛人に含められていた可能性が高いが、福島県中通り・浜通りと宮城県最南部を除く東北地方の大部分で大型古墳の造営が廃絶する六世紀前期頃［藤沢、二〇一五］に至ると、ひとり東北地方だけが毛人の地と認識されるようになったと推察される［樋口、二〇二二］。また崇峻二年（五八九）には東北地方で大型古墳の造営が存続した右の三地域において九国造（白河・石背・阿尺・信夫・石城・染羽・浮田・伊久・亘）が置かれて内国化が図られ、さらに大化改新直後の大化三年（六四七）以降には日本海側の新潟・山形県域、太平洋側の宮城県域に次々と城柵が設置されて国家の版図拡大が進められていく。そして城柵設置開始より半世紀余り後の大宝律令施行段階（大宝二年〔七〇二〕）では、「エミシ」の公式の用字が毛人から蝦夷へ改められるとともに、律令国家の支配領域は日本海側で新潟県北端・山形県内陸盆地部、太平洋側で仙台平野あたりまで北進し、その北側が蝦夷の住地とされたとみられる。その後、1節でみた養老四年（七二〇）・神亀元年（七二四）の二度の蝦夷反乱の後には、太平洋側で大崎平野の北側から日本海側で山形・秋田県境付近のあたりにかけていわゆる「暗黙の諒解による国境線」が設定され〔虎尾、一九七五〕、多賀城への陸奥国府移転以後約五〇年の間には、国家と蝦夷社会との間に戦争がない〝平和の時代〟が訪れたと考えられる〔樋口、二〇一三a〕。

なお養老四年・神亀元年の二度の反乱が起こった後には、蝦夷系住人たちは「蝦夷」と「俘囚」の二つの身分に分けられて国家により掌握・支配されるようになった。前者は蝦夷社会の族長層を対象とした身分であり、後者はそれよりも下位の庶民層や村落の有力者らに概ね相当する〔平川、一九八七〕。与えられる位階も、後者は地方官人に広く授与される外位（外正五位上～外少初位下）であったが、前者に対しては一般の公民とは全く異なる第一等から第六等までのいわゆる蝦夷爵が与えられた。

城柵と蝦夷

これまでの東北古代史研究では城柵周辺に建てられた郡を「近夷郡」・「辺郡」などと称し、

郡域内に住む蝦夷系住人を除外し、内国から移住してきた柵戸系住人のみによって構成された郡として捉える向きが強かった［熊谷、一九九〇／今泉、二〇一五e］。だが郡司に柵戸系豪族が任じられるからといって蝦夷系住人を郡による支配系統で治めることができないとみるのはやや早計で、前述のように大宝律令施行後の和銅・霊亀年間には蝦夷系住人の調庸民（公民）化が目指された事実もあった。おそらくその段階から蝦夷系住人の氏姓秩序への編入が本格的に進められたとみてよく、二度の蝦夷反乱の後に「蝦夷」・「俘囚」の二つの身分制度が施行された後にも、「蝦夷」や「俘囚」は編戸されて籍帳制支配の基調の下で把握され（一般の籍帳に登載されたか別簿で掌握されたかは不明）、五〇戸からなる郷（霊亀三年〔七一七〕に里より改称）に編成された者がいた可能性も皆無ではないように思われる。

　八世紀代にいくつかの城柵が置かれ、律令国家の北方辺境支配の一大拠点となったいわゆる黒川以北十郡を例に取り上げる。『和名類聚抄』郡郷部所載の該当郡の郷数は全部で三一郷で、仮に一戸平均約二〇人、一郷で約一〇〇〇人と見積もると、三一郷は総戸数一五五〇戸、人口約三万一〇〇〇人ほどとなる。他方で『続紀』宝亀元年（七七〇）四月朔（一日）条によれば、この日「黒川・賀美等一十郡」の俘囚三九二〇人が、父祖が王民だったとされ俘囚身分を免じられて公民身分に編入されている。これが当時十郡内に住んでいた俘囚の全員だったとみれば領域内における柵戸ら公民と俘囚との人口比率は八七：一三ほどとなるが、三九二〇人の俘囚が請願行動の主体となった戸や世帯の代表者らの成年男性でその背後に家族がいたと想定するならば、俘囚の全人口に占める割合はさらに大きなものだった可能性もある。まさに「民夷雑居の地」と称されるのに相応しい様相を呈していたといえよう。

二系統の住人がどのようなかたちで居住していたのかは未だ考古学的知見も不十分で明確にしがたいが、概して八、九世紀頃の宮城・岩手県域の城柵関連の集落遺跡では煙道が短い関東系カマドをもつ竪穴住居と長い蝦夷系カマドをもつものとが境域を分けずに混在している例が多く、内国出身の公民系住人と在来の蝦夷系住人との関係が敵対的なものだったと即断するのは躊躇される。他方で城柵下の地域は国家側社会と蝦夷社会との交易の舞台でもあったから、反乱・征夷があった時以外の平時には両者の関係はわりあい融和的だったのかもしれない。

なお前述のように養老職員令70大国条には陸奥・出羽・越後三国の守に固有の職掌として①饗給、②征討、③斥候の三つがみえ、①は饗宴し禄を賜与して蝦夷を懐柔すること、②は軍事力で討つこと、③は蝦夷社会の動静を探ることを指す。だが『令集解』同条所引古記によれば大宝令の対応条文（官員令大国条）では一つ目は「饗給」ではなく「撫慰」と記されていたことが知られる。両者は同義で漠然とした「撫慰」から具体的な「饗給」へ書き換えたとする見解もあるが［今泉、二〇一五f］、古記はここの「撫慰」が大宝考仕令増益条（養老考課令55増益条の前身条文）中の「招慰」と同義だと注釈しており、養老考課令増益条の本註で、「招慰」とは「謂わく、戸貫に従さざるを、而も招き慰めて得たる者をいう」とされていることから、「撫慰」とは饗宴・賜禄することではなく未編戸者を編戸することを指していたと考えられる［樋口、二〇一九］。

すなわち大宝律令施行当初には基本的に蝦夷の編戸民（＝公民）化が目指されていたのが後

になって方針転換がなされ、絶えず饗給による懐柔で国家の支配下に繋ぎ止めておくべき存在へと変更されたことになる。またそうした政策転換の時期は、養老四年・神亀元年の蝦夷反乱を経て多賀城へ陸奥国政の機能が遷された段階だったと推測される。

蝦夷の言語

神亀元年頃に設定されたとみられる「暗黙の諒解による国境線」以北の東北地方北部に住んでいた蝦夷が使用した言語については、これまで一般的にアイヌ語系言語ではないかと推測されてきた。近年、熊谷公男氏は、(イ)蝦夷の言語が「夷語」と呼ばれた、(ロ)蝦夷の訳語(通訳)が存在する、(ハ)「夷語」を使う蝦夷の居住範囲が古墳時代の古墳の北限線と七、八世紀の蝦夷タイプの末期古墳の南限線とが一致する境界線の北側である、(ニ)東北北部にアイヌ語系地名が多く残っている、の四点を根拠に挙げ、これらの地域の蝦夷はアイヌ語系言語話者だったとしている〔熊谷、二〇一三〕。

しかしながら右の通説的見解には疑問の残る部分がある。まずこの見解では日本語とアイヌ語とが初めから相容れぬものとして対置されているが、現在では古代列島北辺のアイヌ語系言語は概ね縄文語に由来し、一方の古代日本語の方が弥生時代以降に新たに形成されたものであるとされている。すると、古代東北北部におけるアイヌ語系地名の分布状況は、本来アイヌ語系地名は東北全域にわたって存在していたが、弥生・古墳時代以降に南半部のそれらが古代日本語地名に置き換えられた結果生じたものであると解釈できる。しかるに考古学研究の成果をもとに文化境界線の位置を時代毎にみてみると、実際にはかなり頻繁に南へ北へと変動を繰り返しており、決して常に「暗黙の諒解による国境線」の位置に固定されていたわけではないことが確認されるのである。

蝦夷の人名をみても、例えば阿弖流為*や母礼は決して蝦夷独自の特殊な名ではなく、ともに大宝二年（七〇二）御野国戸籍中によく似た人名が確認でき（阿手良・阿止里・母呂・麻礼）、子細にみれば他の蝦夷人名の中にも和人人名と共通するものが数多く見出せる。また八、九世紀の史料中にみえる東北北部の地名の中にも和名地名が多くみられ、その段階では平野部を中心に和名地名がかなり広がりつつあったことがうかがえる。さらに北上・横手両盆地で九世紀代の墨書・刻書土器が大量に出土していること、遠野市高瀬Ⅰ遺跡から「地子稲得不（地子稲を得ず）」と蝦夷系豪族によって記されたとみられる九世紀後期頃の墨書土師器が、奥州市道上遺跡から在地豪族による田畑寄進・経営に関わる牓示木簡（一〇世紀初頭頃に杭に転用されている）が出土していることなどからみれば、東北北部においても七、八世紀頃には古代日本語が相当程度普及していたとみるのが妥当であろう。

東北北部にアイヌ語系地名が多く存在している理由が問題として残るが、それはこの地域、とりわけ山間部におけるアニミズム的精霊信仰の強固な残存と深い関係があると考えられる。稲作農耕化した社会では、共同体の首長霊が自然界に宿る精霊たちを自らの内に習合せしめることで自然の猛威や精霊の呪力に打ち克つ力を持つと観念されるようになる［高取、一九八二］。ところが東北北部では六世紀末以降に農耕社会化が急激に進んだとはいえ、社会全体で伝統的観念の呪縛を打破することが困難で、精霊のなす祟り(たた)や自然の猛威に敢然と対峙(たいじ)できる族長集団や族長霊が生み出される段階まで到達できなかったために、山間部などでアイヌ語系地名が多く残ったものと推察される〔樋口、二〇二二〕。

以上のように考えられるならば、奈良末・平安初期において蝦夷側社会の中心拠点をなした北上盆地や横手盆地に当時居住していた蝦夷の多くは、アイヌ語系言語ではなく古代日本語東北方言の話者だった可能性が高い。史料上の「夷語」や平安初期成立の『東大寺諷誦文稿(とうだいじふじゆもんこう)』中の「毛人方言」もそうした言語を指すものだろう。なお訳語が存在することから「夷語」を古代日本語とは異なる化外民の言語とみる向きもあるが、『東大寺諷誦文稿』には「飛騨(ひだ)国人に対(むか)いて飛驒国の詞(ことば)もて聞かしめて説く。訳語通事の如し」との用例があり、また奈良時代前期には隼人に対しても訳語が置かれていた形跡が認められるから(『続紀』養老六年〔七二二〕四月丙戌(へいじゅつ)〔十六日〕条)、そのように決めつけることはできない。

3　征夷の時代

征夷の時代はなぜ到来したか

養老四年と神亀元年の征夷を経て陸奥国府が多賀城へ移された後、約五〇年間にわたって律令国家と蝦夷社会との間に戦争のない平和な時代が到来したことはすでに触れた。だがその平和も宝亀五年（七七四）の海道蝦夷による桃生城襲撃事件を発端とする征夷戦によって破られ、結果として延暦二十一年（八〇二）頃に至るまで三〇年近くもの長きにおよぶ征夷の時代が訪れる（『日本後紀』〔以下『後紀』と略称〕弘仁二年〔八一一〕閏十二月辛丑〔十一日〕条中で文室綿麻呂が「宝亀五年より当年に至るまで惣て卅八年」と述べていることから戦争期間を三八年間とする説もあるが、その見方は採らない）。その征夷の時代はいかにして到来したのか。

第一には、八世紀後半に国家の側が「暗黙の諒解による国境線」を蝦夷社会側の領分に踏み越えて桃生城（天平宝字三年〔七五九〕造営）・雄勝城（同上）・伊治城（神護景雲元年〔七六七〕造営）の三城柵を相次いで置いたことによる影響が考えられる。城柵が北進し「暗黙の諒解による国境線」が形骸化したことで蝦夷社会の側に国家による支配の影響が過剰におよび、とくに交易において蝦夷社会の側が不利な立場に追い込まれることが生じ、そうした交易における軋轢がさまざまなトラブルを惹き起こすようになっていたことは少なからず考えられよう。

だが天平神護・神護景雲年間に、陸奥国牡鹿郡の在地豪族道嶋宿禰氏が陸奥国内で強大な勢力を蓄え、同氏が中心となり国内のすべての豪族（一般の在地豪族と蝦夷族長）を糾合する新たな政治体制が形作られていた。国家と蝦夷社会との間で生じる矛盾・軋轢はこの道嶋氏のリーダーシップの下にかなりの程度抑制されていたのであり、宝亀二、三年（七七一、七七二）頃まではそれほど深刻な事態には至らなかったようである。

第二には、称徳天皇から光仁天皇への代替わりにともなう中央での政変の影響を受けて、陸奥国の道嶋氏の政治権力が凋落したことによる影響である。道嶋氏は称徳女帝の寵愛を受け政権の中心にあった道鏡と深い関係があり、女帝の死後道鏡が失脚するとその権力基盤は揺らぎはじめる。さらに新たに即位した光仁天皇が、自らが深い信頼を寄せる大伴駿河麻呂に命じて奥羽の蝦夷社会を直接支配下に収めようと画策するに至り、道嶋氏本宗家は陸奥国内の権力の座より次第に排除されていった。

　そうした中で、強力なリーダーシップにより国内諸勢力を束ねていた道嶋氏の政治力の下で抑えられていたさまざまな矛盾・軋轢が、同氏の凋落をきっかけにあちこちで噴出していく。国内の諸城柵における朝貢・饗給のシステムも機能不全を起こし、蝦夷社会への食料・生活物資の供給も滞るようになった。また王臣家使者や東国豪族らと蝦夷族長との間の交易をめぐる紛争も多発し、急速に緊張が高まっていったのである。

　第三には、六二歳という異例の高齢で立太子・即位した光仁天皇の血統的権威が低く、カリスマが薄かったことによる影響である。天皇としての権威性が脆弱だった光仁には、混迷を極めた中央政界を安定した秩序の下に導こうとする意図から、北への国土拡大を図ることで自己のカリスマを高めようと望む向きがあった。また宝亀三年（七七二）九月に陸奥出羽按察使に任じられた寵臣の大伴駿河麻呂は、自分を抜擢してくれた光仁天皇への恩顧に応え、自らの余命をすべて光仁のために捧げようとする忠誠心一筋の老将だった。なかば偶然によるこの二人の結びつきが、平和の時代より戦争の時代へと歴史を導いていく重要な一因をなしていた観を否定できない［樋口、二〇一三a］。

初期の戦況と伊治公呰麻呂の乱

宝亀五年（七七四）七月、陸奥国の海道蝦夷が桃生城を襲撃する事件が発生した。光仁天皇より征討命令を受けた大伴駿河麻呂は九月に同国遠山（登米）村を制圧し、その成果を激賞され、翌年九月参議に抜擢された。天皇より無上の恩顧を被った駿河麻呂は、同七年（七七六）四月上旬を期日に陸奥国の兵二万人をもって山道蝦夷と海道蝦夷の双方を一挙に征討する計画を上申し、天皇の裁可を得た。それは桃生城襲撃と全く無関係の無辜の人々をも含めたすべての陸奥蝦夷を征討の対象とする、暴挙という他ないあまりにも理不尽な征討計画だった。

駿河麻呂は作戦決行直前の同年三月に任地で死去し征討は一年延期されるが、その間に官軍の征討計画を知って憤った志波村（盛岡市南部を中心とする北上盆地北部の蝦夷村）の蝦夷軍が先手を打ち、五月に奥羽山脈を西に越え雄勝城周辺に屯営する出羽国の兵四〇〇〇人を攻めこれを圧倒した。駿河麻呂の後を継ぎ官軍総司令官の座に就いた紀広純は、阿弖流為ら胆沢村の蝦夷集団も志波村に与同していると疑い、十一月に陸奥国の兵三〇〇〇人を派遣し胆沢村に侵攻させた。阿弖流為ら大墓公一族や胆沢公一族など胆沢村の人々は桃生城襲撃とも出羽官軍攻撃とも関係がなく、蝦夷社会と国家との紛争が平和的に解決されることを望んでいたものとみられるが、そうした願いはこのとき絶たれたのである。

駿河麻呂の死によって中断されていた山海二道蝦夷の征討は、翌宝亀八年（七七七）四月に決行された。合戦が最高潮に達したのは夏から秋頃とみられ、主たる戦場となったのは山道では磐井地方、海道では気仙地方あたりと推測される。このときの戦いでは、伊治（栗原）郡の蝦夷族長である伊治公呰麻呂と俘囚系豪族の吉弥侯伊佐西古の二人が官軍方に参戦して大きな戦功を挙げ、とくに呰麻呂はこれを契機に蝦夷身分から公民身分へ編入され、宝亀九年（七七八）以降のある時点で伊治郡大領に任じられた（『続紀』宝亀十一年〔七八〇〕三月丁亥〔二十二日〕条に呰麻呂の肩書が「上治郡大領」とあることから蝦夷郡である上治郡の大領とみる説もあるが、「上」は「此」字の誤写とみられ、『公卿補任』同年条にも「陸奥伊治郡大領」と所見するから、正規郡である伊治郡の大領とみるべきである）。

宝亀十一年二月、光仁天皇が陸奥出羽按察使の紀広純に覚鱉城を造営し胆沢の地を討ち取るべきことを命じると、翌三月に伊治郡大領の呰麻呂が広純と牡鹿郡大領の道嶋大楯の両名を伊治城にて殺害する事件が発生した（伊治公呰麻呂の乱）。またそれを皮切りに、伊佐西古らそれまで国家側についていた蝦夷系の人々も多くが叛旗を翻し、同時に奥羽北部の各地で蝦夷反乱が数多く発生した。それまで事態を冷静にうかがっていた阿弖流為らも国家が自分たちの住む胆沢の地に攻撃目標を定めたことを知り、この段階になってついに国家との対決が避けられないことを覚悟するに至ったと推察される。

未曾有の規模の蝦夷反乱を前に、国家は藤原小黒麻呂・大伴益立らに大軍を委ね征討をおこなうが、蝦夷軍の猛威に圧倒され、さしたる戦果も挙がらない有様だった。戦闘は翌天応元年（七八一）夏頃まで続いたが、その間の同年四月に光仁天皇は子の山部親王に譲位した。桓武天皇の即位である。桓武は自らの出自が父同様に傍系であることに加えて、母方に百済系渡来人の血を引いていることへのコンプレックスもあって、父光仁以上に征夷による皇威発揚へのこだわりが強かった。この天皇の時代に、国家と蝦夷との戦争が最も熾烈を極めたのは、当然の成り行きだったといえる［樋口、二〇一三a］。

桓武朝の征夷

桓武朝には、まず延暦三年（七八四）に大伴家持を大使とする征東使が任命されたが戦果を挙げぬまま解散、次いで同八年（七八九）に総勢一〇万人［樋口、二〇〇四］とみられる空前の規模の征夷が実行された（兵数はこれまで四、五万人ほどとされてきたが、近年は最低でも六万人以上とする論者が多い）。同年の征夷軍は征東大使紀古佐美の総指揮の下に陸道軍（胆沢征討軍と志波・和我征討軍）・河道軍・海道軍に分かたれ、北上盆地だけでなく三陸沿岸地域をも含んだきわめて広い地域に進軍したことが知られる。なおこの年の合戦では、阿弖流為率いる一四〇〇〜一五〇〇人ほどの胆沢蝦夷軍が、陸道軍のうち征東副使入間広成指揮下の胆沢征討軍の兵六千余人を、地の利を生かした奇襲作戦で大いに打ち破る一幕があった。だがその直後に胆沢の地で再び合戦があり、また海道軍が三陸沿岸方面で多くの蝦夷村を武力で服属させたことも知られ、この征夷戦は東北の蝦夷の地に決して小さくない打撃を与えた。

続く延暦十三年（七九四）の征夷でも、前回同様総勢一〇万人の大軍が投入された（こちらの兵数は学界で異論はとくにみられない）。このときの合戦の詳しい状況は文献史料が乏しくよくわからないが、官軍側が挙げた戦果は『日本紀略』同年十月丁卯（二十八日）条によれば、「斬首四百五十七級、捕虜百五十人、獲馬八十五疋、焼落七十五処」であった。阿弖流為を総帥とする蝦夷軍側の損害がかなり大きかったことがうかがえるが、対する官軍側の損害も甚大だったことだろう。この合戦では、阿弖流為の好敵手として有名な坂上田村麻呂（さかのうえのたむらまろ）＊が征夷副使（前年に征東副使より改称）ながらも実質的に官軍の総指揮を執っており、阿弖流為と田村麻呂の両雄は戦場で厳しく対峙したのであった。

その田村麻呂は、延暦十五年（七九六）に桓武天皇の命を奉じ、陸奥出羽按察使・陸奥守・鎮守将軍の三官を兼ねて陸奥国へ下向した。多賀城の陸奥国府で国内・周辺諸国や蝦夷社会側のさまざまな実情を知った彼は、桓武の意思に反して合戦の継続が無益であると考えるに至り自ら停戦への道を模索、蝦夷社会側に向けては譲歩・懐柔政策を積極的に推進していく。一方それまで粘り強く抵抗を続けていた阿弖流為の方も、蝦夷側にとって可能なかぎり良好な条件が得られるのならば、東北の地に再び平和をもたらす停戦に応じる準備があった。両者の歩み寄りにより、延暦十六年（七九七）頃よりたびたび和平交渉がもたれるようになり、停戦の条件をめぐって話し合いが重ねられたものと推察される。

延暦二十年（八〇一）には田村麻呂を征夷大将軍（大使）とする総勢四万人の征夷軍が派遣されたが、その実態は不明な点が多く、おそらく北上盆地や周辺地域ではあまり激しい戦闘はなく、示威や懐柔の手法による蝦夷社会の武装解除活動を主としていたようにうかがえる。むしろこのときの軍事行動は、国家と蝦夷社会との停戦を桓武天皇に承認させるために、蝦夷軍の総帥阿弖流為の国家への降伏というかたちでの征夷戦の完全終結を演出しようとする意図にもとづいておこなわれたものだった可能性が高い。翌年の阿弖流為の降伏劇も、同様に阿弖流為と田村麻呂との合意の下でのシナリオに従って実行されたとみてよかろう［樋口、二〇一三a］。

平和の恢復

延暦二十一年（八〇二）四月、阿弖流為と母礼は五百余人の兵士を率いて胆沢城に滞在中の田村麻呂の下に正式に降伏した。ついで二人は七月、田村麻呂にともなわれて上京。田村麻呂は阿弖流為と母礼の助命嘆願をおこなったがその甲斐（かい）もなく、二人は河内国（かわちのくに）で八月十三日に斬刑に処され世を去った。

その後も、桓武天皇の征夷政策がすぐに停止されたわけではなかったが、阿弖流為の降伏後、蝦夷たちへの譲歩・懐柔政策はなお一層盛んにおこなわれるようになった。位階や村長の地位、禄などで優遇される族長も多数に上り、蝦夷への待遇は大きく改善された。それらは阿弖流為と田村麻呂との和平交渉の場で実を結んだ両者間の政策的合意によってもたらされたものだろう［樋口、二〇一六］。また阿弖流為らの刑死後に蝦夷たちが反乱を全く起こさなかったのも、阿弖流為が田村麻呂より引き出した良好な講和条件を反故（ほご）にしないためであった。阿弖流為は生前仲間たちに対して、上京後自分が刑死することになっても決して反乱を起こさないように強く論していたと推測される。

延暦二十四年（八〇五）十二月、いわゆる徳政相論（とくせいそうろん）を受けて、桓武天皇自身の決断で征夷と造都の停止が決定され、征夷の時代は幕を下ろした。また弘仁五年（八一四）十二月には嵯峨（さが）

図4-3　胆沢城跡全景（写真提供：一般財団法人奥州市文化振興財団　奥州市埋蔵文化財調査センター）

天皇が、蝦夷系の人々を「夷俘」と蔑(べつ)称(しょう)することをいっさい禁止する旨の勅(みことのり)を下している。

4　平安初期の城柵と蝦夷

胆沢城と志波城

延暦二十一年一月、坂上田村麻呂により胆沢城の造営が開始され、駿河・甲斐・相模(さがみ)等一〇国の浪人四〇〇〇人が城下に配され胆沢・江刺(えさし)両郡が建てられた。東国移民たちの集落は北上川左岸の江刺郡域よりも右岸の胆沢郡域に多く分布し、とくに胆沢中位段丘縁辺部など周縁部で顕著に展開している。また胆沢城の維持・管理に関わる機能を担う胆沢郡と、手工業製品の生産・供給機能を担う江刺

図4-4　胆沢城鎮守府政庁正殿（写真提供：一般財団法人奥州市文化振興財団　奥州市埋蔵文化財センター）

郡という機能分掌があったこともうかがえる。胆沢城のほど近くに立地する手工業製品の貢納をおこなっていた集落に、少なからぬ在地蝦夷系住人が居住していた徴証もみられる。

胆沢城造営の翌年の同二十二年（八〇三）春頃より志波城の造営が開始された。北上盆地北端に位置する志波城は東北城柵でも最大級の規模を有し、外郭・政庁内郭ともに築地塀で構成されるなど胆沢城にも勝る立派な外観を呈していたが、周辺に内国から移民が配された形跡は認められず移民記事も全くみえない。同城下の地は弘仁二年（八一一）初頭に斯波（しわ）郡が置かれるまで郡制すら未施行の状態であり、また延暦年間の征夷の様相をみてもこの地の勢力は本格的な戦闘を経ぬまま国家側へ帰服したようで、従来の蝦夷社会がほぼ温存されていたとみられ、胆沢城の周辺とは対照的なありかたを示していた。

胆沢城鎮守府の成立と弘仁二年の征夷

徳政相論によって征夷政策が取り止められた三年後の大同三年（八〇八）、かつて多賀城内に付設されていた鎮守府が胆沢城へ移転し胆沢城鎮守府が成立した。当初の胆沢城鎮守府はまだ財政・軍事両面で陸奥国府に相当程度依存していたが、陸奥国北部の地域支配に関わる一定の権能を有していた。また鎮守府が盆地南部の胆沢城に置かれたことで胆沢城の支配機能が志波城のそれを圧倒するようになり、陸奥国北部の交通路も胆沢城を新たな中心に据えるかたちで大きく再編成されていったと推察される〔樋口、二〇一〇〕。『後紀』延暦二十三年（八〇四）五月癸未（十日）条にみえる胆沢郡と志波城を結んだ官道は北上盆地西端を縦走していたと推定されるが、胆沢城鎮守府が成立した大同三年以降に建設された新道はほぼ現在の国道四号線に相当する北上川の河道に沿った経路だったと考えられ、弘仁二年一月に置かれた和我・薭縫・斯波三郡の郡家もその新道沿いに配されたのであろう。

弘仁二年二月、按察使の文室綿麻呂が陸奥守佐伯清岑・同介坂上鷹養・鎮守将軍佐伯耳麻呂・同副将軍物部匝瑳足継とともに六月上旬に奥羽両国の兵合わせて二万六〇〇〇人で爾薩体・弊伊二村を征討する計画を中央政府に上申した。この征夷はもともと陸奥国と鎮守府の共同作戦として計画されていたが、功名心にはやる出羽守大伴今人が配下の俘囚を使って爾薩体村を単独で攻撃するなど、当初指揮命令系統に若干の混乱も生じた。

このときの征夷が志波城移転の前提となったことは征夷直後の同年閏十二月に綿麻呂が同城移転の議を上奏したことからも明らかだが、志波城の廃止は出羽国にとって北方支配の重要な足掛かりを失うことを意味しており、出羽国の孤軍奮闘には綿麻呂の下で策定された既定路線に抗し志波城存続に望みを繋ごうとする意図があったと推察される。だが征夷後の論功行賞では鎮守将軍耳麻呂と副将軍足継の二階級栄進が目立ち、出羽国よりも鎮守府の戦功の方が高く評価された。この征夷では両人の指揮する鎮守府軍による軍事行動が最大の成果を挙げたとみられ、その結果翌同三年（八一二）以降胆沢城鎮守府の陸奥国北部における軍政権・行政権が一段と強化されることとなった［樋口、二〇一三b］。

志波城廃絶と徳丹城造営

『後紀』弘仁二年閏十二月辛丑条では志波城移転の理由は河川氾濫（はんらん）の水害とされているが、実際には前述の胆沢城鎮守府成立を契機とした陸奥国北部における交通路の再編成も大きな要因だった。新道沿いに位置する徳丹城の造営は同年末頃より開始され、翌年三月中にはいちおう城柵としての機能を果たすようになっていたとみられる［鈴木、一九九八b］。

徳丹城の外郭東辺と重なる位置で検出された一五〇メートル方形区画をともなう施設は徳丹城本体に先行して存在し、後半期の志波城と同時並存したとみられる［西野、二〇〇八］。おそらく、①最初は志波城の別院的な小官衙として成立し、②その後志波城南遷が決定された段階で新城柵の造営官庁へと性格を変えたものだろう。私見では、①が鎮守府胆沢城成立後に新道が開かれた大同四年（八〇九）頃、②は和我・薭縫・斯波三郡が置かれ、綿麻呂が爾薩体・弊伊二村の征討計画を策定した弘仁二年初め頃のことと推察される。

新志波城はなぜ徳丹城と改名されたのか。その理由は、徳丹城が志波城のような胆沢城と同格の城柵ではなく、胆沢城鎮守府の下位に従属する城柵であることを明示するために郡内の小地名が冠されたと考えられる。また弘仁三年四月には鎮守府の官員が将軍一人、軍監一人、軍曹二人、医師・弩師各一人と縮小されて副将軍がなくなり（『類聚三代格』同年同月二日太政官符）、胆沢城は将軍常駐、徳丹城は軍監常駐（または専当）の城柵とされた。徳丹城の規模が志波城に比してかなり小さいことは、そうした官制上の事情とも関連していたと推測される。

徳丹城廃絶と奥郡騒乱

徳丹城の廃絶年代には諸説あるが、①『日本文徳天皇実録』嘉祥三年（八五〇）八月己酉（四日）条の坂上清野の卒伝に彼の按察使在任中には夷・民が和親し辺境は平穏だったとあること、②承和元年（八三四）七月から陸奥鎮守府印の使用が開始されていることの二点より、承和元年頃と推察される［樋口、二〇一〇］。おそらく田村麻呂の子の清野が按察使の任にあり辺境が平穏だった同年頃に徳丹城が廃されたと推測され、それにともない同城が盆地北半において担っていた支配機能が胆沢城に吸収されたために、鎮守府の支配機構が強化されていくことになったとみられる。

しかしその直後の承和二年(八三五)頃より、胆沢城から栗原・桃生両郡にかけての地域およびその南に接した黒川以北十郡の一帯でいわゆる奥郡騒乱が発生する。その実態については、民・夷の対立に根ざした騒擾(そうじょう)だったとする説〔熊谷、一九九五〕、鎮守府管轄地域における租税収奪の強化を原因とした北上盆地周辺地域の百姓の抵抗だったとする説〔窪田、二〇〇四〕、徳丹城を廃絶させ北上盆地北半の和我・薭縫・斯波三郡に対する国家の支配を崩壊させる契機をなした蝦夷反乱とする説〔渕原、二〇一三〕などの諸説があるが、私見では承和元年頃における徳丹城の廃止が奥郡社会における政治的・軍事的バランスを崩して地域的紛争、とりわけ蝦夷系豪族同士の私闘を惹き起こしたことが騒乱発生の重大な一因をなしていたと推察する。

騒乱はその後承和七年(八四〇)頃まで続いたとみられるが、その後は主として胆沢城鎮守府の下に軍事的に編成されていた蝦夷系豪族の手によって収束が図られたと推察される〔熊谷、一九九五〕。すなわち騒乱を最終的に平定するうえで最も大きな力を発揮したのもまた蝦夷系豪族の強大な軍事力だったとみられるのであり、それゆえこの事件の後には、鎮守府支配機構の下に結集した蝦夷系豪族の政治的・軍事的実力が陸奥国北部においてさらなる成長を遂げていくことになるのである。

おわりに

本章では多賀城をはじめとする城柵と蝦夷に焦点を当てつつ、主に七世紀半ばから九世紀半ばまでの東北古代史の史的展開を概括的に示したが、城柵はその後も一〇世紀後半頃まで存続する。九世紀半ば以降の東北地方は出羽国の天長大地震（天長七年〔八三〇〕）や貞観大地震・大津波（貞観十一年〔八六九〕）、一〇世紀初頭の十和田火山噴火など激甚災害が続発した時代であったが、他方で九世紀末頃より始まった国司受領化の傾向は奥羽両国の政治にも大きな影響をおよぼした。

すなわち奥羽両国府の所在する多賀城・城輪柵には受領たる陸奥守・出羽守が、胆沢城鎮守府には受領に準じた職掌をもつ鎮守府将軍が、秋田城には同じく出羽城介がそれぞれ常駐するようになり、またそれら受領や「受領官」の下で実務を執行する在地有力者層による在庁機構も生み出された。そうした中で、古代的な政務や儀礼、蝦夷に対する饗給などの場として営まれてきた官衙施設としての城柵は次第に政治の実態に馴染まなくなっていき、多賀城・城輪柵・胆沢城・秋田城・払田柵の五城柵は一〇世紀後期に相次いで廃絶していったとみられる。しかし近年の考古学的知見によって、城柵の施設としての恒常的使用がなくなった一一世紀前半頃になっても城柵の中枢施設だった政庁が存続していたことが判明し、さらにそれ以降の遺物の出土状況から奥羽両国府や鎮守府、秋田城の後継施設が各城柵遺跡の周辺地域で展開していったこともうかがい知られるようになっている［古川、二〇一二］。今後のさらなる調査・研究の進展を待ちたい。

参考文献

今泉隆雄　二〇一五年ａ「古代国家と郡山遺跡」同氏著『古代国家の東北辺境支配』吉川弘文館
今泉隆雄　二〇一五年ｂ「東北の城柵はなぜ設けられたか」同右
今泉隆雄　二〇一五年ｃ「古代東北城柵の城司制」同右
今泉隆雄　二〇一五年ｄ「律令と東北の城柵」同右
今泉隆雄　二〇一五年ｅ「律令国家とエミシ」同右
今泉隆雄　二〇一五年ｆ「蝦夷の朝貢と饗給」同右
工藤雅樹　二〇〇〇年『古代蝦夷』吉川弘文館
窪田大介　二〇〇四年「九世紀の奥郡騒乱」蝦夷研究会編『古代蝦夷と律令国家』高志書院
熊谷公男　一九九〇年「近夷郡と城柵支配」『東北学院大学論集（歴史学・地理学）』二一
熊谷公男　一九九五年「九世紀奥郡騒乱の歴史的意義」虎尾俊哉編『律令国家の地方支配』吉川弘文館
熊谷公男　二〇〇四年ａ『蝦夷の地と古代国家』山川出版社
熊谷公男　二〇〇四年ｂ『古代の蝦夷と城柵』吉川弘文館
熊谷公男　二〇〇七年「城柵と城司―最近の「玉造等五柵」に関する研究を手がかりとして―」『東北学院大学東北文化研究所紀要』三九
熊谷公男　二〇〇九年「城柵論の復権」『宮城考古学』一一
熊谷公男　二〇一三年「古代蝦夷論の再構築に向けて」『東北学院大学論集　歴史と文化』五〇
鈴木拓也　一九九八年ａ「陸奥・出羽の調庸と蝦夷の饗給」同氏著『古代東北の支配構造』吉川弘文館
鈴木拓也　一九九八年ｂ「古代陸奥国の軍制」同右

高取正男　一九八二年「固有信仰の展開と仏教受容」同氏著『民間信仰史の研究』法藏館
土橋　寛　一九六八年『古代歌謡の世界』塙書房
虎尾俊哉　一九七五年『律令国家と蝦夷（若い世代と語る日本の歴史10）』評論社
西野　修　二〇〇八年『志波城・徳丹城跡―古代陸奥国北端の二城柵―』同成社
樋口知志　二〇〇四年「延暦八年の征夷」蝦夷研究会編『古代蝦夷と律令国家』高志書院
樋口知志　二〇一〇年「九世紀前半における奥羽北部の城柵」『国史談話会雑誌』五〇
樋口知志　二〇一三年a『阿弖流為―夷俘と号すること莫かるべし―』ミネルヴァ書房
樋口知志　二〇一三年b「弘仁二年の征夷と徳丹城の造営」『アルテス　リベラレス（岩手大学人文社会科学部紀要）』九一
樋口知志　二〇一六年「阿弖流為の降伏と徳政相論」『アルテス　リベラレス（岩手大学人文社会科学部紀要）』九九
樋口知志　二〇一九年「古代東北の城柵について」熊谷公男編『古代東北の地域像と城柵』高志書院
樋口知志　二〇二一年「古代蝦夷の言語」『日本歴史』八七三
樋口知志　二〇二二年「『日本書紀』に描かれた蝦夷と隼人」『歴史研究』六九九
平川　南　一九八七年「俘囚と夷俘」青木和夫先生還暦記念会編『日本古代の政治と文化』吉川弘文館
平川　南　二〇〇三年「多賀城の創建年代」同氏著『古代地方木簡の研究』吉川弘文館
藤沢　敦　二〇一五年「不安定な古墳の変遷」同氏編『倭国の形成と東北（東北の古代史2）』吉川弘文館
渕原智幸　二〇一三年「九世紀陸奥国の蝦夷・俘囚支配―北部四郡の廃絶までを中心に―」同氏著『平安期東北支配の研究』塙書房
古川一明　二〇一一年「陸奥国城柵の終末」『第37回古代城柵官衙遺跡検討会資料集』同検討会
吉野　武　二〇一八年「第Ⅰ期多賀城の特質」『日本歴史』八三九

5章　陸奥の仏教文化

堀　裕

はじめに

仏教は、百済王から倭王に、外交政策の一環として伝えられた。これに象徴されるように、倭国・日本国（以下、両者を指す場合は、日本国とする）の支配と密接な関係にあり、僧侶（そうりょ）のみならず、官人・有力者たちの行動規範にも影響を与えた。とくに陸奥国の仏教の場合、日本国の「辺境」であることと、他にみない広域な行政区画であるため、地域の相違が大きいことに特色がある。

陸奥国南部（阿武隈川河口以南）は、七世紀半ば以前に国造（くにのみやつこ）が置かれ、倭国に組み込まれていたと考えられる。七世紀半ばころには、この地域に寺院や仏堂が造営されたが、エミシ支配の拠点づくりと関わっている。これよりのち、国造氏族をおもな担い手とする寺院造営が行われる点など、東国と類似する面が多い。陸奥国中部は、七世紀半ばから八世紀前半にかけて、城柵の近くに寺院・仏堂が築かれた。陸奥国の中心となる仙台平野周辺の城柵・国府には、付属寺院があり、国分寺・国分尼寺も建立されている。大崎平野など前線の城柵近くにも寺院が造営され、エミシへの仏教伝播（でんぱ）も進められた。陸奥国北部は、九世紀に造営された胆沢城等があり、城柵付属寺院は確認できないものの、周辺には、当時全国にひろまっていた山林寺院や在地寺院が造立されていた。一〇世紀になり一層寺院が造営され、やがて中尊寺を生み出すことになる。その北の陸奥国最北部は、最後までエミシの活動する領域であったが、一〇世紀には天台寺が創建されたほか、列島の最北端にまで仏教関係遺物をともなう遺跡が出現する。

ここに示した陸奥国の仏教文化の素描を踏まえ、受容の諸段階と、その意義を明らかにすることで、地域の特色を明らかにしたい。なお、以下の記述で六国史（りっこくし）やそれに準じる史料は、典拠を示さない。

1　倭国の辺境政策と寺院・仏堂

陸奥国の初期寺院

陸奥国に寺院や、官衙（かんが）と強く結びついた仏堂が現れるのは、孝徳（こうとく）天皇が、伴造（とものみやつこ）に至るまでの寺院造営への「助作」を宣言した、大化元年（六四五）よりあとになるとみられる。両者の関係は明らかでないが、陸奥国の初期の寺院造営には、エミシ政策の推進を背景に、中央政府の助力があった。

東北地方の寺院・仏堂の出現を説く前に、近江国（おうみのくに）の渡来系氏族である志賀漢人（しがのあやひと）出身の恵隠（えおん）をとりあげたい。学問僧として隋・唐で学んだ恵隠は、帰国後の白雉三年(六五二)に、難波長柄豊碕宮で、千人の出家者を前に、『無量寿経』を講説し、論議も行っている。これが、王宮で開かれた本格的仏事の確実な初見であり、孝徳天皇の仏教興隆宣言を示すものであった[若井、一九九二]。ただし、来世に関わる阿弥陀信仰を説く『無量寿経』が、王宮で華々しく説かれた点は奇妙に聞こえるかもしれない。七世紀初頭にはすでに、各寺で開かれた仏教的な祖先祭祀である盂蘭盆会は、中央氏族の結集原理であったとみられる。大化の冠位制では、仏陀の誕生を祝う仏誕会と、盂蘭盆会に、冠を着用することが定められており、官僚制と仏教が明確に接続された[上川、二〇〇七／中林、一九九四]。つまり、王宮での『無量寿経』講説と、各寺院での仏教的な祖先祭祀は連動しており、天皇を中心とした仏教的な祖先祭祀の登場を示したのである[堀、二〇二〇]。しかも、宮中とはいえ、僧尼が修行・修学を行う安居期間(四月一五日～七月一五日)に、多数の出家者を集めて論議を行ったことは、出家者の『無量寿経』修学も目的としたと考えられる。

『無量寿経』にみる阿弥陀如来重視の姿勢は、東面する金堂に阿弥陀如来像を配して、塔と対置させ、講堂に観音像などを置く伽藍配置に顕著である。この初例は、七世紀第Ⅱ四半期に、恵隠の出身地付近に建立された近江国の穴太廃寺であった。その後、斉明天皇の追善と関わる飛鳥川原寺(弘福寺)や筑紫観世音寺のほか、肥後国の陣内廃寺や陸奥国の諸寺院など、倭国周縁の境界地域に建立されている[菱田、二〇〇五]。

陸奥国でもっとも古い寺院は、七世紀第Ⅲ四半期に創建したとみられる浜通り(太平洋岸)

の宇多郡にある黒木田遺跡（中野廃寺）であり、これらに次ぐのは、中通り（内陸）の信夫郡にあって七世紀第Ⅲ四半期末から第Ⅳ四半期初頭に創建された腰浜廃寺であった。いずれも当時の陸奥国の境界に近い場所に位置している。

このうち黒木田遺跡と腰浜廃寺は、筑紫観世音寺式伽藍配置の可能性が指摘されている。その根拠としては、両寺が、当時の陸奥国の北端に近いうえに、各々同伽藍配置を持つ近江国の穴太廃寺と衣川廃寺（七世紀第Ⅲ四半期）の影響を受けた模様の瓦が出土していることがあげられる［菅原、二〇一一／佐川、二〇一四］。

陸奥国初期寺院が建立された地域は、寺院造営のみが盛んに行われた訳ではない。宇多郡や、その南隣の行方郡などでは、七世紀後半から、対エミシ政策の拠点とみられる大規模な製鉄遺跡が見つかっている。陸奥国南部の太平洋岸は、内陸（中通り）とともに、郡山遺跡Ⅰ期官衙などエミシ政策の前線を支える拠点である。その技術は、瓦の系譜と同じ近江国からもたらされていた［飯村、二〇〇五／菅原、二〇一五］。

七世紀末以降になると、陸奥国の境界地域付近には、筑紫観世音寺式伽藍配置をもつ郡山廃寺と多賀城廃寺、夏井廃寺が建立されている。境界地域とこの伽藍配置の関係はなお課題だが、それを「鎮護国家」と評価する前に、信仰内容から迫る必要がある。ここでは、多様な利益をもたらす観音像への悔過・誓願とともに、仏教的な祖先祭祀による「孝思想」の普及を目的とした可能性を示しておきたい。

郡山官衙遺跡と仏堂

陸奥国に寺院が建立され始めたころ、陸奥国中部の官衙内にも仏堂が建立されたと考えられる。名取郡の郡山遺跡Ⅰ期官衙（七世紀半ば以降）には、宇多郡の善光寺瓦窯で焼かれ、黒木田遺跡出土瓦と類似する格子叩き目を持つ平瓦が少量出土しており、一郡を越えた力で造営がされている。この遺跡は、国造が置かれた陸奥国南部地域を北に越えた場所にあり、城柵の可能性が指摘される。同時期の伊予国の久米官衙遺跡や大宰府周辺の遺跡などとともに、官衙に付属する仏堂の存在が指摘されたのである〔山中、二〇〇五／藤木、二〇一六〕。四天王信仰の影響や調伏目的とする説もあるが、近江大津宮の内裏仏殿に擬えることが許されるならば、まずは災異などにおける、天皇または官人の誓願の場と捉えることができる。

阿倍比羅夫＊が東北地方へ遠征した斉明期の飛鳥では、仏教世界の中心のひとつとなる山をかたどった須弥山像が三度作られ、倭国の外の人々を招き饗宴を行っていた。斉明五年（六五九）には、「甘檮丘東の川上」に須弥山を造り、「陸奥と越の蝦夷」を饗している。他の年には、覩貨邏人（あるいは堕羅人）や粛慎たちも饗宴を受けている。覩貨邏人の場合、須弥山像を飛鳥寺の西に作り、盂蘭盆会が行われるなど仏教色がより濃厚であった。

斉明期の倭国は、対外的な拡張政策と並行し、国外の人々を教化し、服属・誓願させる場として、仏教的な世界観を利用している。このころの陸奥国でも、対エミシ政策の一環として、都とその周辺から直接、仏教が導入されたのである。

2　『金光明経』の普及とエミシの仏教

『金光明経』と国府の寺院

天武五年（六七六）には、「四方国」に使者を派遣し、『金光明経』と『仁王経』を説かせたとある。同九年に、大官大寺を中心とする大寺制が確立すると、『金光明経』が大寺を始めとする寺院の安居に用いられ、国家が僧尼の修学に求める基本経典となった（『東大寺要録』巻八「安居縁起」）。

天武一四年に、諸国で「家」ごとに「仏舎」を作る命令が出される。このころ各地で寺院の造営が進められる一方、持統八年（六九四）の藤原京への遷都とともに、王宮を中心として、諸国での『金光明経』の正月読経が命じられた。小規模な国は、四巻本『金光明経』を僧四人で読んでいる。そのほかの国では、隋代に四巻本などを合わせ編集した八巻本『合部金光明経』を僧八人で読んでおり［井上、一九六七］、陸奥国もそこに含まれるであろう。大宝二年（七〇二）には、大寺の学僧とみられる僧侶が、諸国に国師として派遣され、安居で『金光明経』を教授し、僧尼・寺院の監督などに努めたのである。

名取郡の郡山遺跡Ⅱ期官衙は、その平面プランが藤原宮に類似しており、藤原京遷都からしばらくの間に計画・造営が進められた陸奥国府と考えられる。この官衙には、筑紫観世音寺式伽藍配置の可能性がある郡山廃寺が付属しており［今泉、二〇一五］、ここに国師が住んだとみられる。この寺の塔は、当時の陸奥国の最北の塔とみられ、「辺境」の国府にとって景観上重要な役割を果たしていた［堀、二〇一三］。

神亀元年（七二四）に多賀城が創建され、国府が移っても、郡山廃寺はしばらく活動を続けたとみられるが、多賀城側の丘陵上には多賀城廃寺が造営された。筑紫観世音寺と同じ伽藍配置をとるだけでなく、多賀城街区の万灯会の跡とみられる遺跡から、一〇世紀前半の墨書土器「観音寺」が出土したことから、寺名も「観音寺」とする説が有力である［平川、二〇〇〇a］。

ただし、筑紫観世音寺にならえば、東向きの金堂に阿弥陀如来像が安置され、南向きの講堂には観音像が主尊として安置されたと想定されるものの、断定するには至っていない。講堂基壇上から基壇外の北側にかけて、火災痕のある層から出土した塑像片を講堂の尊像とみるならば、講堂には、如来像を中心に、四天王像のほか、菩薩像や吉祥天像・弁財天像があった可能性が考えられる［宮城県教育委員会ほか、一九七〇／仙台市博物館、二〇一二］。塑像が主尊でなかった可能性はあるが、如来像を措いて観音像を主尊とするのは不審である。また講堂の桁行は、筑紫観世音寺と異なり偶数の八間とされることから、建物の中心に尊像はなく、如来像と観音像の両主尊が、左右に分かれる形式であった可能性も残る。いずれにしても、古い発掘調査の成果を基礎にしているため、たとえば、塑像片は塔本塑像の可能性はないのか、桁行は八間で妥当なのかを確定する必要がある。今後の調査を期待したい。

また、多賀城廃寺の塔基壇は、伽藍内の平坦面から約三メートルもの高さを持つ。この点は、丘陵上に立地することと、寺院の景観が関係すると考えられる。太平洋岸を往来する舟や南面

図5-1　多賀城廃寺の塔基壇上から金堂基壇を見下ろす（東から西）（東北歴史博物館蔵）

からの眺望はともかく、多賀城内や、東山道を西から東の多賀城へ向かう時、寺を西側から遠望することになる。立地か伽藍配置かどちらかの変更ができないのであれば、金堂が塔を遮らないよう、塔の基壇を高くする必要がある。どうやら郡山廃寺とともに多賀城廃寺の塔も、陸奥国府の景観上のシンボルであった［堀、二〇一三］。

陸奥国南部の定額寺

日本では、朝鮮三国や統一新羅と比べ、各郡に氏族の寺院が建立された点に特色があり［佐川・崔、二〇一三］、仏教と政治が一体となって広まったことを示唆している。これらの寺院が国家に管理されると定額寺となり、檀越・衆僧とともに、国司・国師が管理・監督することとなる。定額寺の僧侶たちは、寺内だけでなく、檀越の家や国府などで行われた法会に参加したとみられる。

八世紀前半の陸奥国南部でも、おおよそ一郡に一寺が建立されている。浜通りを北から順に記せば、角田郡山遺跡（伊具郡）、黒木田遺跡（宇多郡）、泉廃寺（行方郡）、郡山五番遺跡（標葉郡）、夏井廃寺（石城郡）である。中通りは同じく、窯跡とみられる兀山遺跡の供給先の寺院（苅田郡カ）、腰浜廃寺（信夫郡）、清水台遺跡（安積郡）、上人壇廃寺（石背郡）、借宿廃寺（白河郡）となる。また会津郡には村北瓦窯跡があり、寺院があった可能性がある。このころの浜通りと中通りの瓦生産は、それぞれおもに上野国と下野国の援助を受けて行われていた［佐川、二〇一四など］。

このような寺院の主たる造営主体は、平安前期に編纂された「国造本紀」に記され、地域支配を認められていた国造と考えられている。これまでの東北地方の氏族研究では、七世紀前半以前に形成された丈部氏などの伴造氏族と部民に注目する見解［高橋、一九六三など］や、伴造・部民の存在を否定し、国造の氏族と、八世紀後半以降に、エミシ政策のなかで、氏姓を与えられた新興勢力に分ける説などがある［熊谷、一九九二］。

いずれにも当てはまらないのが行方郡の有力氏族である。神護景雲三年（七六九）に、行方郡の人である外正七位下下毛野公田主等四人を下毛野朝臣に改賜姓し、宝亀一一年（七八〇）の多賀城跡出土漆紙文書には「行方団□毅上毛野朝臣□」（『多賀城漆紙文書』）とある。八世紀後半の新興氏族に対する改賜姓より前から、「下毛野公」等がいた可能性があり、都でも活躍する上毛野氏や下毛野氏と同じ朝臣姓を称しているようだ。そこで、行方郡隣郡の宇多郡の浮田国造を上毛野氏と同祖とみる説［栗田、一九八〇］や、陸奥国の寺院造営への上野国・下野国の影響を踏まえ、彼らが陸奥国に移住してきた可能性を説く見解もある［森田、二〇〇二］。

八世紀初頭の陸奥国南部諸郡のなかで、会津郡を除けば、行方郡のみが「国造本紀」に対応する国造の記載がなく、そもそも、郡名が同じ常陸国行方郡からの移民があったとする説がある。また拠点的な製鉄遺跡があり、辺境政策を荷っていた。類似する郡は、国造が置かれず、郡山官衙遺跡が置かれた名取郡である。この郡と関連する正六位上名取公龍麻呂が、天平神護二年（七六六）に朝臣を賜姓されたほか、神護景雲三年には、名取郡と賀美郡の吉弥侯部氏が、上毛野名取朝臣に改賜姓されている点も参考になる。秋田城跡出土漆紙文書にも「少領上毛野朝臣虫麻呂」などとあった［平川、二〇〇〇b］。行方郡や名取郡の重要氏族は、新興氏族も含まれるが、いわゆる国造領域とは異なり、新たな拠点作りのための立郡（評）と同時に登用された郡領氏族とみるべきであろう。

行方郡衙である泉官衙遺跡Ⅰ期・Ⅱ期の遺構からは、郡規模の官衙としては珍しく、郡山官衙遺跡Ⅱ期遺構でもみられた石敷遺構が出土する［藤木、二〇一二］。行方郡の泉廃寺などが、郡山廃寺に似た瓦や、天平九年陸奥・出羽連絡路造営にあたって造作されたとみられる多賀城の平城宮系の瓦が用いられる点［佐川、二〇一四など］とともに行方郡の重要性が考えられる。

城柵周辺寺院とエミシ

天武天皇が没すると、埋葬までの間、二年以上に及ぶ殯が行われた。殯終盤の持統二年一一月、エミシ一九〇余人は、倭国の諸臣とは異なり、おそらく国外からの奉仕者として「調賦」を荷って誄を行っている。この奉仕への褒章であろう、天武天皇を埋葬した後の一二月には、エミシの男女二一三人に対して、飛鳥寺西の槻木の下で饗宴が催され、冠位や物が与えられた。翌年正月一日の朝賀直後の三日、冠位をもった「務大肆陸奥国優耆曇郡の城養の蝦夷脂利古」の男子である麻呂と鉄折が出家を請うと、詔によって「麻呂等は少くして閑雅ありて欲寡し。遂に此に至りて蔬食・持戒せんとす。」として出家・修道を許可した。時期と詔の内容からみて、持統天皇は、直接エミシと会った可能性が高い。脂利古は、殯の参列者であったと推測される。

殯への参加の有無は分からないが、同年正月九日にも、すでに出家している「越の蝦夷沙門道信」に、仏像や灌頂幡などを与え、やや時期の下る七月一日に、「陸奥の蝦夷沙門自得」が求めた「金銅薬師仏像・観世音菩薩像各一軀」と様々な仏具を与えている。エミシ自身による寺院・仏堂の経営を認めたと考えられる。

エミシの出家が、いつ始まったかは明確にはできないが、城柵周辺の有力エミシたちが、仏教的な要素がみられた天武天皇の殯をひとつの契機として仏教を受容したとは言えよう。

他方で、隼人の場合、持統六年に、「筑紫大宰率河内王等」に命じ、九州南部の大隅と阿多に沙門を派遣して、「仏教を伝うべし」とある。隼人の仏教公伝はエミシより遅れた。いずれにしても、持統天皇の皇位継承後は、仏教を含む教化によって支配領域の安定を図っていたのである。

宮城県北部の大崎平野には、日本国北辺に築かれた複数の城柵・郡衙がある。八世紀第Ⅰ四半期ころには、それらの地に、伏見廃寺と菜切谷廃寺、一の関廃寺が建立された。上野国と上総国の影響を受けた瓦が用いられるなど、東国の援助を受けて造営されている。現状ではいずれも一堂のみが確認されるが、伏見廃寺は、瓦の形式が複数あることから、建物も複数あった可能性が指摘されている〔佐川、二〇〇八など〕。先に触れた「優耆曇郡」の「城養の蝦夷」の子の出家は、陸奥国置賜郡（和銅五年〔七一二〕に出羽国に移譲）と推測され、その城柵周辺には寺院があったとみられる。事実、置賜郡の高安窯跡（山形県東置賜郡）出土の瓦は「七世紀後葉から末ころ」と推定されている〔東北芸術工科大学歴史遺産学科考古学研究室、二〇〇七〕。

大崎平野や置賜郡の寺に住む出家者は、柵戸など移民である可能性と、「城養の蝦夷」出身の僧の可能性の両方が指摘されている。エミシへの仏教伝播が、国家政策であったことを考えれば、エミシのための寺院造営であった可能性を否定することは難しい〔樋口、一九九二〕。百済国から倭国への仏教公伝とは異なり、国家をもたないエミシにとっては、城柵周辺の首長層への恩寵であり、少なくとも当初は、エミシ内の格差を示す機能を果たしたと考えられる。このののちの陸奥国の城柵には、寺院が付属しなくなるのである〔進藤、一九八三〕。

3　陸奥国分寺・国分尼寺と産金

国分寺建立詔と福島県江平遺跡出土木簡

武則天の長安三年（七〇三）に漢訳されたという『金光明最勝王経』（以下『最勝王経』とする）は、すぐに日本と新羅に伝えられたとみられるものの、聖武天皇即位後の神亀五年（七二八）末になり、やっと正月金光明（最勝）会での読経のため、諸国に『最勝王経』一〇巻が頒下された。天平一一年（七三九）までの諸国の正税帳をみると、『弘仁式』の記載とは異なり、持統天皇発願の『金光明経』（四巻または八巻）と聖武天皇発願の『最勝王経』の両方を一僧一巻で読経している。

陸奥国での被害の程度は不明であるものの、天平七年から同九年にかけて列島で疫病が流行した。疫病への対応を契機に、同九年から諸国に対し、段階的に命じられた仏像・塔の造営と経典の書写は、同一三年になって、それまでの経緯も含めた国分寺・国分尼寺建立の詔として出されている。同一五年には、正月一四日から四九日間、大養徳国（この時の大和国の呼称）の金光明寺（のちの東大寺）を中心に、国内の「出家した衆を住んでいるところに勧請」して、『最勝王経』を転読させるように命じている。正倉院文書には、前年から法会の直前まで、同寺に進上された優婆塞・優婆夷の貢進文が残されるが、これらは大養徳国の金光明寺・法華寺の僧尼候補者であり、法会は大養徳国の金光明寺のオープニングセレモニーとみる説がある[吉川、二〇一一]。

陸奥国の白河郡の江平遺跡（福島県石川郡玉川村）からは、この法会の結願日のころの日付をもち、法会に関係する読経結果を記した木簡が出土している。

・「最□〔勝カ〕□仏説大□〔弁カ〕功徳四天王経千巻　又大□〔般カ〕□百巻」
・「合千巻百巻謹呰万呂精誦奉天平十五年三月□日」

千回の誦経がなされた「大弁・功徳・四天王経」が、四巻本・八巻本『金光明経』の一部の品名と一致することから、命じられた『最勝王経』ではなく、『金光明経』が読まれており、それは、この地域の経典環境によると考えられる[平川、二〇〇三]。

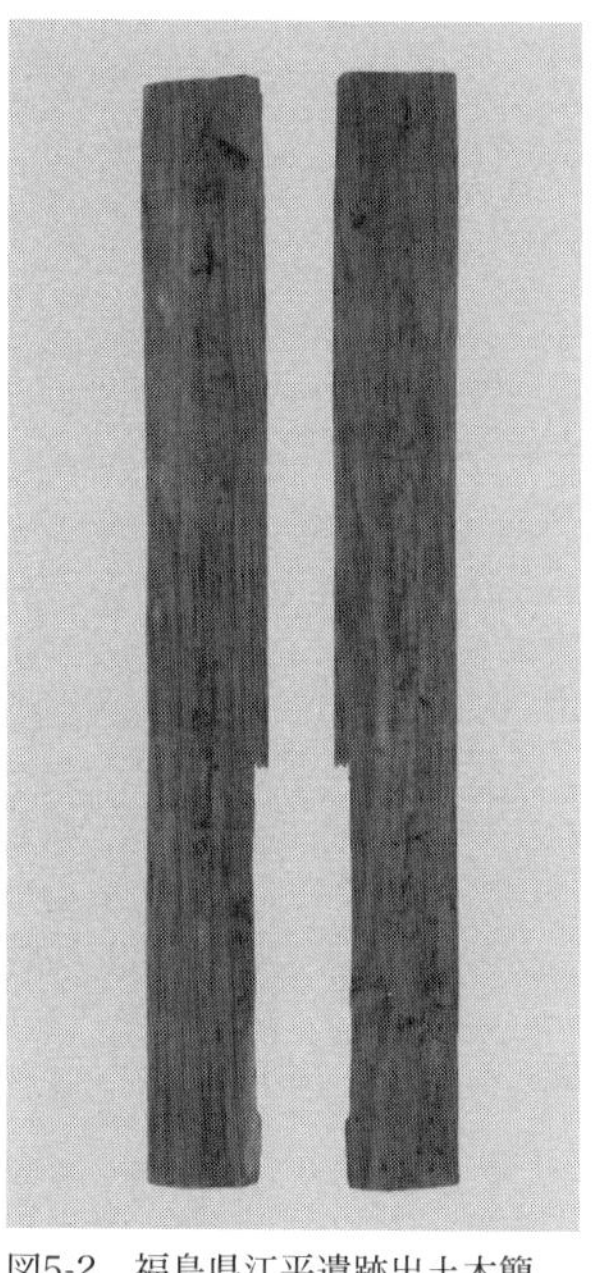
図5-2　福島県江平遺跡出土木簡
（福島県文化財センター白河館蔵）

ところで、八巻本『合部金光明経』と異なり、四巻本『金光明経』では、この三品がすべて巻二の一巻にまとまっているため、四巻本を読んだとする説[平川、二〇〇三]や、それを踏まえて複数の僧による『金光明経』全体の分担読経を想定する説などもある。ただし、巻二には、木簡に記された三品とは別の品が含まれることや、巻二と木簡の品名記載順は異なる。そのため、『金光明経』の四巻本か、（四巻本の内容を含む）八巻本のどちらを読んだのかというよりも、三品を抜き出した経典を読んだとみられる。ことに、この三品の主たる尊格が、しばしば信仰の対象となる弁天・吉祥天・四天王であり、それらの尊像を前にした読経の可能性が指摘されること［窪田、二〇一一］からも支持されよう。つまり、経典の分担も認められず、法会の規模も会場も明確にはできない［堀、二〇一九］。

「呰万呂」の人物像は、俗人の名前で経典を読むことから、出家前の優婆塞の可能性が高い。ただし、命令では、国内の「出家した衆」が対象であった。この点は、先にも触れたように、大養徳国では、法会直前まで優婆塞と優婆夷の貢進が行われていた。しかも、そのうちの少なくとも一部は、天平一四年五月に国分寺僧候補を選び、数年の間、様子をみてから得度するように命じられたこと（『類聚三代格』延暦二年四月二八日官符）を受け、大養徳国が一一月に国分寺僧尼の選抜を各郡に命じた結果である（『大日本古文書』巻二・三二八〜三二九頁）。「呰万呂」が、陸奥国分寺僧候補であったかどうかは分からないが、優婆塞として読経に参加したとみても不思議ではない［堀、二〇一九］。

陸奥国産金と大仏・国分二寺

この天平一五（七四三）年に、紫香楽宮（しがらきのみや）で大仏造立の詔が出されるが、大仏開眼会は、どこかの時点で、日本への仏教公伝二〇〇周年を記念する七五二年を目指していた［吉村、一九九九」。一方の国分寺の造営は、天平一九年一一月になると、「来る三年以前」に塔・金堂・僧坊を造営するよう督促がなされた。この時の完成目標時期は、開眼会予定日を念頭に置いていた可能性があるが、同二〇年四月に元正（げんしょう）太上天皇が没すると、皇太子阿倍内親王（のちの孝謙天皇）即位が現実のものになり、その即位を前提に、同年八月、諸国国分寺の安居における『最勝王経』講説の開始、つまり翌年の四月の安居から国分寺の活動を開始させることが宣言されたのである（前掲「安居縁起」）［堀、二〇二〇］。

天平二一年には、正月一日から四九日間、「天下諸寺」で悔過と『金光明経』転読が命じられたが、この法会の最中の二月に、陸奥国小田郡から、大仏の造立で不足していた黄金が発見された。四月に聖武天皇等は大仏に直接産金の感謝を告げ、天平感宝に改元した翌日、諸国国分寺での『最勝王経』の安居講説が始まった。安居終了後しばらくして孝謙天皇は即位し、天平勝宝へと再び改元されたのである。

陸奥国の産金を報告・貢上したのは、天平一八年から陸奥守に再任されていた百済王敬福（くだらのこにきしけいふく）であり、他の産金功労者たちとは別の日に、特に従五位上から従三位（じゅさんみ）に昇叙している。産金や諸国国分寺の活動開始と孝謙天皇即位が連動していることを考えれば、敬福が産金の報告の時期設定に関わっていたと推測される。

産金の地である小田郡の黄金山（こがねやま）産金遺跡（宮城県遠田郡涌谷（わくや）町）には、六角形とみられる仏堂跡があり、その建物を飾ったとみられる宝珠頭頂部分の瓦片等には、「天平□」の刻書が残されている［伊東、一九六〇］。この遺跡から出土する瓦と陸奥国分寺の瓦は、極めて近い時期に生産されたものと考えられている。陸奥国では、記念すべき産金の地として、六角仏堂や国分二寺の造営などに一層の力が注がれたであろう。陸奥国分寺跡は、畿外の国分寺としては珍しく、七重塔を囲む回廊が存在している。

なお、陸奥国分寺が建立された場所は、他国に比べ国府（多賀城）からの距離が遠く、仙台平野の中部に位置する。国分寺建立詔が求める立地は、「人に近くは則ち薫臭の及ぶ所を欲せず。人に遠くは則ち衆を労はし帰集することを欲せず。」とある。要衝の地でありエミシも含んだ人の集まる多賀城の周辺から離れる一方、東山道の往来で多くの人が利用し、なおかつ太平洋岸や多賀城からも七重塔が見える場所が選ばれたと推測される。

八世紀初頭の陸奥国の瓦窯は、大崎平野の城柵近辺に築かれ、多賀城へも供給していた。ところが、国分二寺の造営が始まると、その瓦窯は、両寺に近い台原（だいのはら）・小田原窯跡群（宮城県仙台市）に築かれ、多賀城への供給も開始している〔菅原、一九九六など〕。天平の疫病から、大仏造立が一段落する天平勝宝八歳（七五六）まで、大仏造立や国分二寺建立に注力したため、東北地方での領土拡張策は抑制されたと指摘される〔鈴木拓、二〇〇八〕。陸奥国の瓦窯の再編は、それと関わるが、その後の生産体制へと継承されていくという点でも画期であった。

陸奥国分尼寺の造営

天平勝宝元年に孝謙天皇が即位すると、京・畿内の十余寺と全国で、『法華経』と『最勝王経』の安居講説と国師の増員を命じている（前掲「安居縁起」）。国師増員の実行が、天平宝字六年から天平神護元年の間に行われた可能性があることなどから、天平勝宝元年は、天平神護元年（七六五）の誤りの可能性も推測された［堀、二〇一五］。ただし、『法華経』の安居講師(こうじ)は国分寺に住む国師が尼に行っており、大和国法華寺の法華経講説は、遅くとも天平勝宝九歳には行われている（『類聚三代格』昌泰三年一二月九日官符）。また、天平宝字五年（七六一）には、光明皇后一周忌法会のため諸国国分尼寺に、造営ではなく、造仏を命じており、このころまでには国分尼寺が、全国で一定程度の完成をみたと考えられる［川尻、二〇一三］。陸奥国分尼寺の瓦も、多賀城が天平宝字六年に完成する大改修に用いられた瓦と同じとみられることから、そのころには概ね完成していた［菅原、二〇一七］。これらの点から、国師の増員時期は検討の余地があるものの、諸国での『法華経』安居講説は、天平勝宝元年に命じられ、天平宝字六年ころまでには実行された可能性もある。

その後、道鏡を法王に任命する契機となる舎利出現があった天平神護二年の安居では、国分二寺に関わる大規模な法会が開かれ（前掲「安居縁起」）、国分尼寺の尼を一時的に二十名に倍増させている（『類聚三代格』天平神護二年八月一八日官符）［堀、二〇一五］。この時の安居は、尼天皇称徳の即位と関連し、国分二寺の完成を示すとともに、翌年正月に始まる大極殿(だいごくでん)での『最勝王経』講説の始まりを告げる法会であったと考えたい。ところで、上総国分尼寺跡では、尼の住居である尼坊跡の調査から、この尼増員命令を受けて、建物の規模が倍に改修されたとする説がある［須田、二〇一六］。陸奥国分尼寺の尼坊跡も、上総国分尼寺の尼坊跡と同じ構造をしており［渡部、二〇〇五］、こちらも同じく尼の倍増との関係が推測される。

翌年の正月最勝会では、大極殿で学僧によって『最勝王経』が講説され、諸国国分寺では国分寺僧による読経が行われた［吉川、二〇一八］。同時に、王宮（大極殿前か）と諸国国分寺では、修行僧による吉祥悔過が行われており、国内の定額寺から僧侶が集められた［窪田、二〇一二］。大極殿は諸国の国分寺を結節点として、諸国の定額寺を結びつける法会の体系を作りあげたのである。

4　僧侶の活動拡大と官人・エミシ

山林寺院と地域社会

仙台市の広瀬川沿いに、十八夜観世音堂（じゅうはちやかんぜおんどう）がある。安置された観音像が、八世紀末ころに、都の影響を強く受け、白檀（びゃくだん）の代用材であるカヤ材を用いて造られたことが明らかになった。江戸時代には、現在地よりやや川上の街道沿いの仏堂に安置されていたと伝えられることを踏まえ、本来はその近傍の茂ケ崎（もがさき）山にあり、その北東に位置する国分寺僧の山林修行を行う寺院のための尊像とする説がある［長岡、二〇一二］。近江国分寺僧の最澄が比叡山（ひえいざん）で修行をしたように、国分寺の近くには山林修行のための仏堂があった［上原、二〇〇二］。

こうした山林寺院は、九世紀になると陸奥国でもますます増加しており、会津郡の磐梯山麓（ばんだいさんろく）に立地する慧日寺（えにちじ）もそのひとつである。大和国の神野山（こうのさん）で修行したという東大寺僧徳一（とくいつ）は、僧の最高位である伝燈大法師位をもつ法相(ほっそう)宗の学僧でもあった。弘仁年間には会津郡で活動をしており、このころ空海との交流や、最澄との教学議論が行われた。最澄が没した後の天長元年（八二四）に、常陸国の筑波山へ移り修行を続けるが、この時の常陸守佐伯清岑は、かつての陸奥守であり、徳一と旧知の関係にあった可能性が推測される〔堀、二〇一六〕。「徳一菩薩」とも呼ばれ、国司・郡司らを檀越に得て、教化活動である唱導のほか、神仏に対する祈禱(きとう)や灌漑(かんがい)事業への従事、公私の往来を仏教的活動で支えたと考えられる。活動の場は、会津郡勝常寺などの平地寺院や、国府・郡衙、交通路、有力者の経営するいわゆる村落内寺院などが想定される。天長元年に、国家の地方再建策である良吏政治が始まると、このような活動は、国家の援助を得て、公共機能の維持に利用された〔追塩、一九九六〕。ただし、陸奥国では、こうした僧侶の活動記録がなく、同じく良吏政治の一環として、私財を用いて公共事業を行った郡司等に対し、国司の権限で借位を与える例が、他国に比べて多く記録されている〔鈴木鋭、一九五六〕。

僧侶の教化活動は、九世紀に、南都の僧侶が、唱導を行うために作成した台本と考えられる『東大寺諷誦文稿(ふじゅもんこう)』でもうかがえる。布教を想定する場所として、陸奥国や出羽国とみられる「城辺」を例示している〔樋口、一九九二〕。九世紀には、地方僧官とは別に、徳一のような南都や天台宗の僧侶の活動が見られた。天長七年には、興福寺の智興(ちこう)が、信夫郡に菩提寺を造営し、定額寺としている。これを山林寺院である西原廃寺（福島市）にあてる説がある〔木本、一九九九〕。元慶五年（八八一）には、安積郡の弘隆寺が天台別院となった。九世紀後半に出家

図5-3　東上空から見た国見山廃寺跡（写真提供：北上市教育委員会）

したとみられる陸奥国の人で坂上氏出身の僧寛鑑は、東大寺法相宗の学僧となり、延長六年（九二八）には中央僧官である律師になった（『僧綱補任』）。これを陸奥国に留住した坂上氏とする説もある［樋口、二〇一二］。各地で修行していた空也も、一〇世前半に、陸奥国・出羽国で、仏像と経論を荷って教化に努めたという（「空也誄」など）。

九世紀から一〇世紀にみられる僧侶の活動拠点として、おもな山林寺院や山岳寺院を南から挙げると、流廃寺跡（福島県東白川郡棚倉町）や、荒田目条里遺跡（福島県いわき市）から出土した一〇世紀前半の墨書土器「山寺」、二〇一一年の東日本大震災で被害を受けた石仏覆屋下の発掘調査で、一〇世紀前半の土器が出土した大悲山の石仏群（福島県南相馬市、口絵p.3）、『大師御行状集記』に記載のある霊山寺（福島県伊達市）、貞観四年（八六二）の胎内墨書をもつ薬師如来座像を安置する黒石寺（岩手県奥州市）、国見山廃寺（岩手県北上市）、天台寺（岩手県二戸市）などがある。また「寺」などと記された墨書土器や村落内寺院も、陸奥国の北部まで広く見出されている〔菅野、二〇〇五／窪田、二〇一二〕。これらは、倭人やその文化を受容したエミシの足跡でもある。

陸奥国府・鎮守府とエミシの仏教

大極殿と諸国国分寺で行われた正月最勝会は、その後も国家を象徴する行事であった。国分寺の法会を主導する地方僧官は、延暦年間以降、国師から講師・読師に改称された。その居所は、陸奥国分寺であり、国分寺東遺跡から、講師が居を構えた「講院」と記された墨書土器が出土している。なお、読師に関する「読院所」の墨書土器は、官衙跡か寺院跡かが未確定の燕沢遺跡（宮城県仙台市）から出土した。

けれども、承和六年（八三九）に、質の低下した講師・読師等による法会を監督するため、『最勝王経』の読経と吉祥悔過の会場を国分寺から国庁へと変えることとなる〔鬼頭、一九八九〕。この結果、陸奥国では、国府多賀城で行われたことになり、貞観年間には、鎮守府の胆沢城でも開かれたことが確認できる。ただし、鎮守府の法会は、本来の五穀豊穣を目的とはしていなかった。貞観一八年六月一九日官符（『類聚三代格』）によれば、胆沢城では、常にエミシを養うほか、正月と五月の節会の「俘饗」で「狩漁」を行うことが多い。このため、鎮守府将軍は部下を率いて、「国庁」の例にならい、「鎮守府庁」で「滅罪の業」のため、正月最勝会

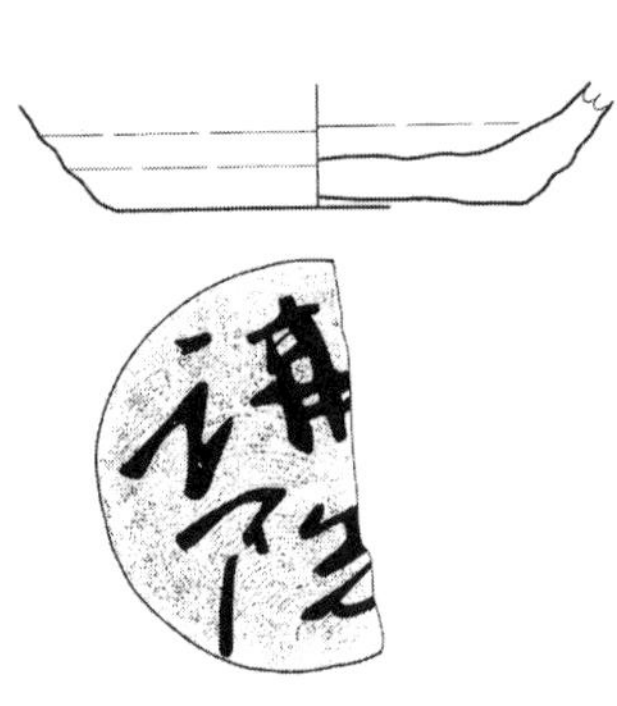

図5-4　国分寺東遺跡出土「講院」墨書土器（写真提供：仙台市教育委員会）

と吉祥悔過を開いていた。けれども、常に費用に困るため、貞観一四年と同一八年の二度、請求を行い、最勝王経の講読に二二人、吉祥悔過に七人を招く費用を正税から得た。この法会に参加する僧侶は、このころ創建された国見山廃寺や黒石寺などであった可能性が指摘される［菅野、二〇〇五／熊谷、二〇〇九］。

この法会の開始時期は、両法会が国庁で行われる承和六年から、貞観一四年の間であり、明確な殺生罪業観を示す早い例でもあった［平、二〇〇五］。鎮守府の正月儀礼では、おそらくエミシの拝礼と「俘饗」が行われたのち、殺生の罪を滅ぼすため、八日から一四日まで、法会が行われている。

最後に、エミシと仏教との関わりに触れたい。鎮守府での法会の趣旨からみると、エミシ系官人の倭人化には役割を果たす一方で、エミシへの異端視は形を変えて継続したと捉えられる。先にも触れた『東大寺諷誦文稿』では、唱導の一例として、如来は言葉の異なる地域でも問題なく説法できるということを日本に当てはめた場合、「毛人方言・飛驒方言・東国方言」だと例示する。弘仁四年（八一三）最澄撰と伝える『長講金光明経会式』・『長講仁王般若経会式』では、天皇霊や怨霊などとともに、「東夷毛人神霊」が、慰霊の対象であった。これらからエミシへの布教の明証を得ることは難しいが、日本国の領域を超えて、仏教関係の遺跡がみられることから［須藤、二〇一〇など］、エミシの有力者層の一部は、倭人の仏教文化を受容したと考えられる。それでも、その要因は単純な信仰心ではなかろう。

九世紀には、新羅海賊や貞観地震などをエミシ反乱の予兆と捉えている。貞観一五年に陸奥国は「俘夷境に満ち、動もすれば叛戻を事とす。吏民恐懼（きょうく）し、虎狼を見るが如し。」と述べ、武蔵国にならって陸奥国分寺に五大菩薩像の安置を願い出て許可された。この尊像は、目的と名称からみて、仁王会（にんのうえ）の五大力（ごだいりき）菩薩像と考えられる［菅野、二〇〇五］。百高座が置かれる一代一度仁王会でも、五大力菩薩像は、大極殿に安置され、諸堂には置かれない（『延喜式』玄蕃寮）。武蔵国分寺や陸奥国分寺に、五大菩薩像を安置し、独自に仁王会が開催できるよう整えたのは、エミシ対策のための特別な措置であった。この原因としては、天候不順と、同年に提案された陸奥守安倍貞行（あべのさだゆき）の財政再建のためのエミシ権限の削減が考えられる（『類聚三代格』貞観一五年九月二三日官符、『日本三代実録』同年一二月二三日条）。

おわりに

こののち、出羽国で起きた元慶の乱でも陸奥国のエミシの反乱が警戒されている。けれども、それ以降の陸奥国では明確なエミシの騒乱を見て取ることはできない。北上盆地では、一〇世紀後葉になると礎石立ちの平地寺院が建立されるという［杉本、二〇一二］。エミシ系の人びとは、地域の信仰を踏まえた仏教信仰を行うようになっていたとみる考えもある〔窪田、二〇一六〕。

仏教文化の北進は、僧侶の主体的な布教や、各地域のエミシによる自発的な受容があったとしても、出土した遺物が単なる威信財でないとすれば、僧侶や仏像・経典、寺院などのセットの存在は、日本国の領域の拡大との繫がりをみるべきではなかろうか。安倍・清原氏から平泉藤原氏への時代の転換は、仏教による「辺境」支配の確立と捉えることもできるだろう。それは同時に、陸奥国中・南部における荘園公領制の成立と表裏一体の関係にあった。

参考文献

飯村　均　二〇〇五年『律令国家の対蝦夷政策―相馬の製鉄遺跡群―』新泉社

伊東信雄　一九六〇年『天平産金遺跡』涌谷町

井上辰雄　一九六七年「伊豆国正税帳をめぐる諸問題」『正税帳の研究』塙書房

今泉隆雄　二〇一五年「古代国家と郡山遺跡」『古代国家の東北辺境支配』吉川弘文館

上原真人　二〇〇二年「古代の平地寺院と山林寺院」『仏教芸術』二六五

追塩千尋　一九九六年「平安初期の地方救療施設について」『国分寺の中世的展開』吉川弘文館

上川通夫　二〇〇七年『日本中世仏教形成史論』校倉書房

川尻秋生　二〇一三年「国分寺造営の諸段階―文献史学から―」須田　勉・佐藤　信編『国分寺の創建―組織・技術編―』吉川弘文館

菅野成寛　二〇〇五年「鎮守府付属寺院の成立―令制六郡・奥六郡仏教と平泉仏教の接点―」『東北中世史の研究』上巻、高志書院

鬼頭清明　一九八九年「国府・国庁と仏教」『国立歴史民俗博物館研究報告』二〇

木本元治　一九九九年「西原廃寺跡」山田舜監修『図説福島市の歴史』郷土出版社
窪田大介　二〇一一年『古代東北仏教史研究』佛教大学・法藏館
窪田大介　二〇一六年「安倍・清原氏と仏教」樋口知志編『東北の古代史5　前九年・後三年合戦と兵の時代』吉川弘文館
熊谷公男　一九九二年「古代東北の豪族」『新版古代の日本　第九巻　東北・北海道』角川書店
熊谷公男　二〇〇九年「古代蝦夷と仏教」『歴史と地理』六二五
栗田　寛　一九八〇年「国造本紀考」神道大系編纂会編『神道大系　古典編八　先代旧事本紀』
佐川正敏　二〇〇八年「東北地域の寺院造営―多賀城創建以前の寺院―」『シンポジウム報告書　天武・持統朝の寺院造営―東日本―』帝塚山大学考古学研究所
佐川正敏・崔英姫　二〇一三年「6世紀中葉（泗沘期百済）以後の韓国栄山江流域」『東北学院大学論集　歴史と文化』五〇
佐川正敏　二〇一四年「東北における寺院の成立と展開―寺院遺跡から―」入間田宣夫ほか編『講座東北の歴史　第五巻　信仰と芸能』清文堂出版
進藤秋輝　一九八三年「東国の守り」坂詰秀一・森　郁夫編『日本歴史考古学を学ぶ』上、有斐閣
菅原祥夫　一九九六年「陸奥国府系瓦における造瓦組織の再編過程（1）―黄金山産金遺跡の所用瓦に対する再評価を中心として―」『論集しのぶ考古―目黒吉明先生頌寿記念―』
菅原祥夫　二〇一一年「宇多・行方郡の鉄生産と近江」『福島県文化財センター白河館　研究紀要２０１０』
菅原祥夫　二〇一五年「製鉄導入の背景と城柵・国府、近江」『月刊考古学ジャーナル』六六九
菅原祥夫　二〇一七年「陸奥国分寺の創建と造瓦組織の再編」『第43回古代城柵官衙遺跡検討会資料集』
杉本　良　二〇一一年「北上市国見山廃寺跡（岩手県）」『仏教芸術』三一五
鈴木拓也　二〇〇八年「天平九年以後における版図拡大の中断とその背景」『杜都古代史論叢』
鈴木鋭彦　一九五六年「郡司の五位借授について」『愛知学院大学論叢』第三巻
須田　勉　二〇一六年『国分寺の誕生―古代日本の国家プロジェクト―』吉川弘文館
須藤弘敏　二〇一〇年「新田（1）遺跡出土の仏教関係遺物について」ヨーゼフ・クライナーほか編『古代末

期・日本の境界―城久遺跡群と石江遺跡群―』森話社
仙台市博物館　二〇一一年『東日本大震災復興祈念　仙台市博物館開館50周年特別展　仏のかたち人のすがた―仙台ゆかりの仏像と肖像彫刻―』
平　雅行　二〇〇五年「殺生禁断と殺生罪業観」脇田晴子ほか編『周縁文化と身分制』思文閣出版
高橋富雄　一九六三年『蝦夷』吉川弘文館
東北芸術工科大学歴史遺産学科考古学研究室編　二〇〇七年『東北芸術工科大学考古学研究報告第6冊　高安窯跡群A地区第1次発掘調査報告書』東北芸術工科大学文化財保存修復研究センター
長岡龍作　二〇一一年「仙台　像と風景」仙台市博物館『東日本大震災復興祈念　仙台市博物館開館50周年特別展　仏のかたち　人のすがた―仙台ゆかりの仏像と肖像彫刻―』
中林隆之　一九九四年「護国法会の史的展開」『ヒストリア』第一四五号
樋口知志　一九九二年「仏教の発展と寺院」『新版古代の日本　第九巻東北・北海道』角川書店
樋口知志　二〇一一年『前九年・後三年合戦と奥州藤原氏』高志書院
菱田哲郎　二〇〇五年「古代日本における仏教の普及―仏法僧の交易をめぐって―」『考古学研究』第五二巻第三号
平川　南　二〇〇〇年a「墨書土器「観音寺」―多賀城市山王遺跡―」『墨書土器の研究』吉川弘文館
平川　南　二〇〇〇年b「秋田城跡第七五次調査出土漆紙文書」秋田市教育委員会・秋田城跡調査事務所『秋田城跡―平成11年度秋田城跡調査概報―』秋田城を語る友の会
平川　南　二〇〇三年「転読札―福島県玉川村江平遺跡―」『古代地方木簡の研究』吉川弘文館
藤木　海　二〇一六年「郡山廃寺」『月刊考古学ジャーナル』六八〇
藤木　海　二〇二一年「泉官衙遺跡第30次調査」『第47回古代城柵官衙遺跡検討会資料集』
堀　裕　二〇一三年「多賀城廃寺小考―尊像と塔から―」『東北アジア研究センター報告』一〇
堀　裕　二〇一五年「国分寺と国分尼寺の完成―聖武・孝謙・称徳と安居―」『国史談話会雑誌』第五六号
堀　裕　二〇一六年「東北の神々と仏教」鈴木拓也編『東北の古代史4　三十八年戦争と蝦夷政策の転換』吉川弘文館

堀　裕　二〇一九年「天平十五年金光明最勝王経転読会と陸奥国―福島県江平遺跡出土木簡再考―」熊谷公男編『古代東北の地域像と城柵』高志書院
堀　裕　二〇二〇年「王宮からみた仏教の受容と展開―七世紀から九世紀を中心に―」佐藤文子ほか編『日本宗教史4　宗教の受容と交流』吉川弘文館
宮城県教育委員会・多賀城町　一九七〇年『多賀城跡調査報告I―多賀城廃寺跡―』吉川弘文館
森田　悌　二〇〇二年「毛野と石城」『ぐんま史料研究』第一九号
山中敏史　二〇〇五年「地方官衙と周辺寺院をめぐる諸問題―氏寺論の再検討―」奈良文化財研究所編『地方官衙と寺院―郡衙周辺寺院を中心として―』
吉川真司　二〇一一年「国分寺と東大寺」須田勉・佐藤信編『国分寺の創建―思想・制度編―』吉川弘文館
吉川真司　二〇一八年『天皇の歴史2　聖武天皇と仏都平城京』講談社学術文庫
吉村　怜　一九九九年「東大寺大仏開眼会と仏教伝来二〇〇年」『天人誕生図の研究―東アジア仏教美術史論集』東方書店
若井敏明　一九九二年「七・八世紀における宮廷と寺院」『ヒストリア』第一三七号
渡部弘美　二〇〇五年「出土遺物と発見遺構」仙台市教育委員会『仙台市文化財調査報告書　第286集　陸奥国分尼寺跡―第10次発掘調査報告書―』

本研究はＪＳＰＳ科研費２０Ｈ０１３１３・１８Ｋ００９５４の助成を受けたものを含みます。

6章　古代アイヌ文化論

蓑島栄紀

はじめに――アイヌ民族史をどうとらえるか

読者の多くにとって意外かもしれないが、「古代アイヌ」とは、従来の歴史学、考古学研究で、あまり馴染(なじ)みのない概念である。研究史をさかのぼると、一九五〇～六〇年代の学界で「古代アイヌ」という用語がもちいられた例があるが、その後、この概念が使用されることはほとんどなかった。だが今日では、「古代アイヌ」という枠組みに、改めて光があてられる状況が生まれている。

一般に、北海道の歴史年表では、日本史の歴史教科書で学習する本州中心の年表とはだいぶ異なった時代区分がなされている。

「旧石器時代」や「縄文時代」については、いわゆる「日本史」の教科書的な年表と、細部に違いはあるものの、時代区分の名称としては同じである。ところがその後、弥生、古墳、飛鳥(あすか)、奈良、平安といったような時代が、北海道の歴史年表には存在しない。縄文時代のあと、本州での弥生、古墳のあたりに、北海道では「続縄文文化期(ぞくじょうもん)」が置かれ、その後も「オホーツク文

本州の時代区分	年代(西暦)	北海道の時代区分	
旧石器時代	B.C. 30000 頃	旧石器時代	
縄文時代	B.C. 12000 頃	縄文時代	
弥生時代	B.C. 1000 頃 B.C. 300 頃		
	0	続縄文文化期 (前半期)	
古墳時代	A.D. 250頃	(後半期)	オホーツク文化期 (サハリン・道東北沿岸部)
飛鳥時代	A.D. 600頃		
奈良時代	A.D. 700頃	擦文文化期 (道央・道南)	
平安時代	A.D. 800頃 A.D. 900頃	(全道、サハリン、東北北部へ拡大)	(道東でトビニタイ文化へ変容)
鎌倉時代	A.D. 1200頃 A.D. 1333	アイヌ文化期(中世)	
室町時代			
江戸時代	A.D. 1600頃 A.D. 1800頃	アイヌ文化期(近世) (幕領期)	
明治時代～		近現代	

筆者の考える「古代アイヌ史」の期間

図6-1　通説的な北海道の時代区分（筆者作成）

化期」や「擦文文化期」などの独自の時代区分が存在する。さらに、一般には一三世紀頃を「アイヌ文化の成立」とし、本州での鎌倉～江戸にほぼ相当する期間を「アイヌ文化期」と呼ぶ。

　こうした時代区分については、以前からさまざまな意見がある。例えば「続縄文文化」という時代区分、名称に対する異論もみられる。しかし、ここでとくに問題にしたいのは、一三世紀頃からを「アイヌ文化期」と区分することについてである。

この年表をはじめて見たとき、少なからぬ人が、アイヌ文化、アイヌ民族は一三世紀に突如として現れたのかという印象を抱くのではないだろうか。では、広い意味での「アイヌの歴史」が一三世紀からはじまるのかというと、ほとんどの研究者は必ずしもそう考えていない。「アイヌ文化期」は、あくまでも考古学的な時代区分のひとつとして設定されたものである。考古学では、人間が残した「モノ」すなわち遺跡や遺構・遺物など、物質的な要素から文化を分類する。考古学でいう「アイヌ文化期」は、具体的には、北海道で土器や竪穴(たてあな)住居が使用されなくなり、かわりに輸入した鉄鍋(てつなべ)や漆器を多くもちい、平地住居に暮らす生活に移行したあとの時代を指して使われる。

この用語は、長年広く使用され、普及する一方で、以前から問題点も指摘されてきた。とくに、特定の期間を呼ぶのに「アイヌ」という民族名をあてるため、「アイヌ文化期」のはじまりが民族・人間集団としての「アイヌ」の成立だという誤解が生じがちである［瀬川、二〇〇七］。そこでは、実態がどうであるかとは別に、「アイヌ史」の継続性、連続面が断ち切られてしまう。一三世紀を「アイヌ文化の成立」とする通説には、一般に「アイヌ文化」の典型としてイメージされる、江戸時代頃に日本側が記録した文化の特徴を基準に、そこから外れるものを「アイヌ文化」とは認めない、「アイヌ文化」を狭く「定義」しようとする意識をみてとることができる。

ある民族の歴史をどのように考えるかについては、さまざまな立場がある。

日本では、日本列島、とくに本州を中心に展開してきた人びと（アイヌ民族とのかかわりでは「和人」と呼称される）の営みを可能な限りさかのぼり、それを「日本人」「日本人の歴史」とみなすことが一般的におこなわれてきた。そこでは、どの時点からが「日本人」「日本文化」なのかという定義が厳密に問われることはほとんどない。それは、日本の歴史研究や歴史教育が、近代に誕生した国民国家としての「日本」を基準に組み立てられてきたからにほかならない。学界では、一九八〇年代頃から、網野善彦氏などの提起をきっかけに、国民国家の歴史としての「日本史」像を問いなおす試みが重ねられているが、そうした問題意識が必ずしも一般に浸透しているとはいえない。アイヌの歴史が語られる際に、その「定義」が過剰に問題にされる状況と比べると、ここには歴史をめぐる著しい不均衡、非対称性があるといわざるをえない。

アイヌ民族については、二〇〇八年六月、衆参両院で「アイヌ民族を先住民族とすることを求める決議」が可決され、二〇一九年四月に成立した略称「アイヌ施策推進法」では、法的に「先住民族」と明記された。二〇〇七年九月に国連総会で採択された「先住民族の権利に関する国際連合宣言」では、「先住民族」は、その理念において国家と対等の自己決定権を有する主体として位置づけられており、既存の国家はそれへの対応を要請されている。ということは、北海道島を中心として展開してきた人びとの歴史を、国民国家の歴史である「日本史」と同様に、先住民族としての「アイヌ民族の歴史」ととらえることには、一定の必然性・合理性があるといえるだろう。

現状で、日本のアイヌ民族政策においては、国連宣言で先住民族に明文化された諸権利の多くが実現しておらず（「アイヌ施策推進法」では、法的拘束力のない「付帯決議」として「国連宣言の趣旨」の尊重を付記したにとどまる）、将来への大きな課題となっている。

世界各地の先住民族が権利の獲得を前進させるには、実社会でのさまざまな調整と取り組みが必要である［クリフォード、二〇二〇］。しかし、歴史研究においては、理念にもとづいて、新しい枠組みを先取りすることが可能なはずだ。このような意味からも、現在、「日本史の一部」「一地方史」としての北海道史ではない、「アイヌ民族を主体とするアイヌ史」の構築が求められる。

以上のように、従来の「北海道史」には大幅な再検討の必要性があり、時代区分の問題に関しても、近年、いくつかの新しい試みがなされている。例えば、二〇二〇年七月に北海道白老（しらおい）町でオープンした民族共生象徴空間（ウポポイ）の国立アイヌ民族博物館では、「アイヌ文化の成立」とか「アイヌ文化期」のような用語を使用せず、北海道島を中心に繰り広げられた人類史を、アイヌ民族を主体とする立場から一貫して「私たちの歴史」としてとらえようとする。従来使用されてきた「アイヌ文化期」という時代名称は、今後、しだいに使用されなくなっていく可能性が高い。

こうした動向のなかで、近年、「アイヌ史」において「古代・中世・近世・近現代」を設定する試みがある。具体的には、アイヌ史の各時代を「アイヌ史的古代」、「アイヌ史的中世」、「アイヌ史的近世」等に区分する見解である［谷本、二〇一一・二〇一五／蓑島、二〇一四／中村、二〇一四］。

私は、「アイヌ史的古代」＝「アイヌ史における古代」という枠組みには、大きな有効性と蓋然(がいぜん)性があると考えている。「続縄文文化」は、大まかに言うと前半期と後半期に分かれるが、ここでは、続縄文後半期（三〜七世紀）から次の擦文文化（七〜一二・一三世紀）の時代までを「アイヌ史における古代」の期間ととらえてみたい。本章では、こうした視座にもとづいて、「古代アイヌ史」をめぐる諸問題について概観する。

1　「アイヌ史における古代」の黎明——三〜七世紀

続縄文後半期の状況と「アイヌ史における古代」

北海道の歴史では、本州の弥生・古墳時代にほぼ並行する期間に、「続縄文文化」が設定されている。私は、「アイヌ史における古代」の源流が、続縄文後半期にあるのではないかと考えている。続縄文文化の概要や、本州の弥生・古墳文化との関係については、本書の高瀬論文や菊地論文に詳しく述べられているので、ここでは本章の論旨に関連する範囲に絞って言及したい。

続縄文後半期（三〜七世紀）の大きな特徴のひとつに、土器や墓などの分布が、本州北部の広範囲に南下をみせていることがあげられる。これには、当時の世界的な寒冷化と結びつける説や、鉄器の入手を目指して交易のため南下したとする説などがある。本州東北にはアイヌ語

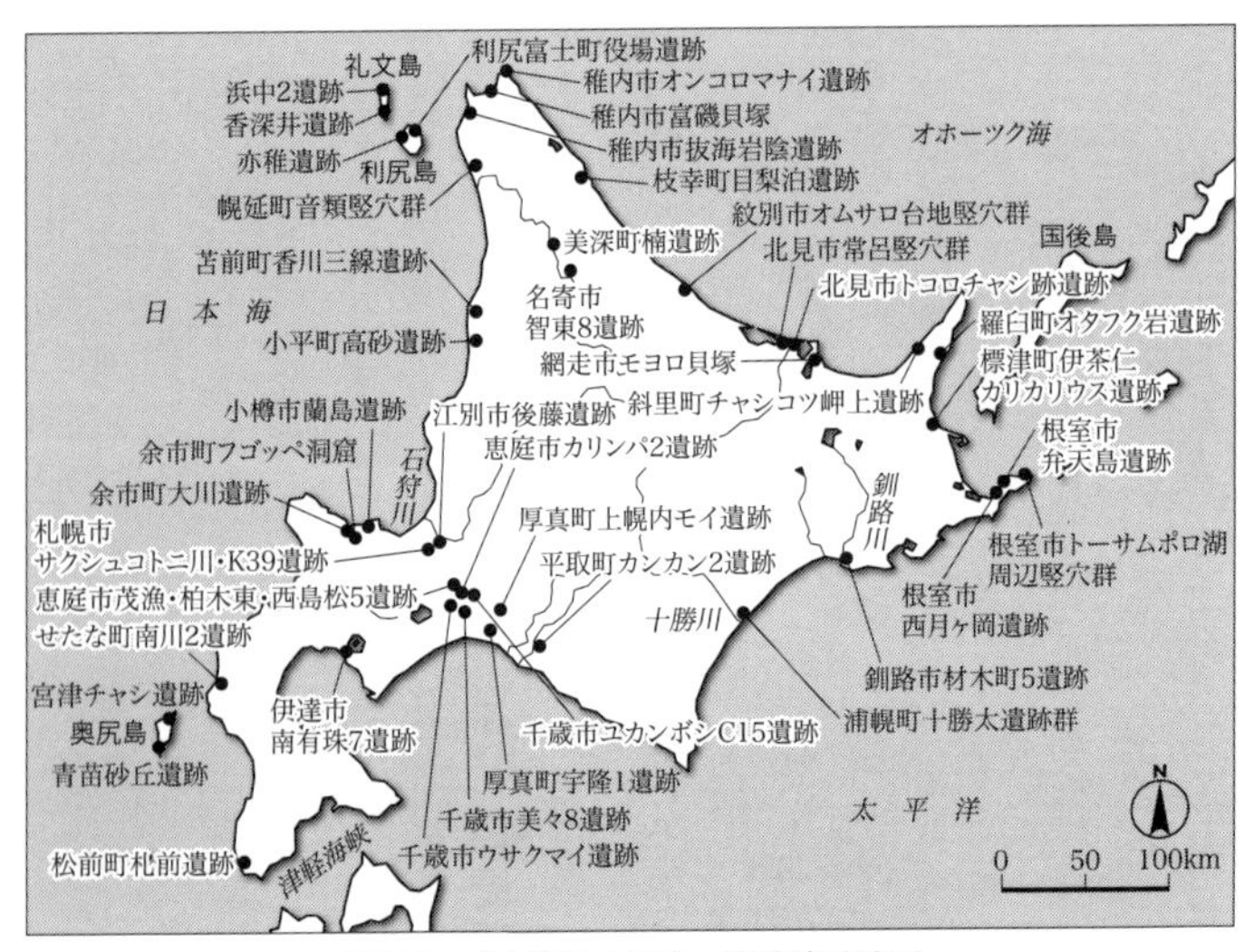

図6-2　「古代アイヌ史」関連遺跡地図

地名が広く分布しており、続縄文後半期の人びとがアイヌ語を使用する人びとだった可能性も示唆されている［山田、一九九三など］。

続縄文後半期の人びとは、明瞭な竪穴住居を構築せず、移動性の高い「遊動的」な生活スタイルを有していたと推定されている［石井、一九九七］。札幌市K135遺跡では、後北C_2-D式土器の時代（三〜四世紀）の遺構・遺物から、サケ類を集約的に漁獲し、加工・出荷していた様相が判明している［上野、一九九二］。同遺跡では、サハリン方面の鈴谷式土器の破片や、東北地方の天王山式系・赤穴式系の土器も出土しており、遠隔地との交流の存在をうかがわせる。こうした状況について、広範囲を移動する生活を送っていた人びとが、秋を中心とする季節に石狩低地帯に集中し、生産活動に従事していたことを推測する説もある〔高瀬、二〇一四〕。また、続縄文後半期には、石器の出土量が著しく減少し、鉄器の使用が広がっていたとみられる一方で、皮革類の加工に使用されるラウンド・スクレイパーという黒曜石器が多く出土している。続縄文後半期の人びとは、同時代の近畿地方における初期ヤマト王権の形成・展開に適応して、皮革類の生産、交易を活発化させていったのであろう。

　東北や北陸では、新潟県新潟市の菖蒲塚古墳の付近の南赤坂遺跡（四世紀）や、岩手県奥州市の角塚古墳の付近の中半入遺跡（五世紀）など、当時における古墳文化の拠点的な遺跡の周辺で、しばしば続縄文系の土器やラウンド・スクレイパーなどの黒曜石器が出土する。このことは、古墳文化が、続縄文文化と密接な関係を有しつつ北上していったことを示す。ただし、二〇一六年に発掘調査された宮城県栗原市入の沢遺跡では、大溝と材木塀をめぐらせた高い防御性を有する古墳文化前期（四世紀）の大規模集落を検出し、焼失建物の状況から戦いの痕跡も示唆されている。同遺跡の成果により、最近、続縄文文化と古墳文化の関係は平和的なものばかりではなかった可能性も議論されるようになっている。

　いずれにせよ、本州北部との相互交流の過程で、続縄文文化はしだいに古墳文化の要素を受容していった。続縄文後半期の北大Ⅰ式（五世紀）、北大Ⅱ式（六世紀）の段階までは、土器の表面に縄文が施されるが、続縄文最終末の北大Ⅲ式（七世紀）の段階には、古墳文化の「土師器」の影響により、土器に縄文が施されなくなる。これは、約一万年におよぶ縄文の伝統の終焉でもある。そのため、北大Ⅲ式とされる土器群について、続縄文文化から外し、次の擦文文化のはじまりとして位置づける見解もみられる［大沼、一九九六］。いずれにせよ、続縄文文化は本州との交流をとおして外来文化の要素を取捨選択しながら変容し、七〜八世紀頃に擦文文化へと移行する。

続縄文後半期は、北海道社会において鉄器化が進んだ時期であり、鉄器を継続的に入手するため、近隣の古代社会との交易・交流の重要性が増していった。とりわけ、東北地方への顕著な南下が示すように、本州社会、ひいては倭国とのかかわりは、続縄文後半期の経済・社会・文化を大きく左右する要素となったと考えられる。また大陸方面でも、三世紀には魏の司馬懿や毋丘倹、王頎らによる東方経略がおこなわれ、当時、中国王朝が「挹婁」や「沃沮」などと呼んでいたユーラシア北東部の人びとに多大なインパクトをおよぼした。先述のように、三〜四世紀には、札幌市K１３５遺跡など北海道道央部のいくつかの遺跡で、サハリン方面の鈴谷式土器が検出されている。また、五世紀には、道北地方を中心とする沿岸部にオホーツク文化が成立・分布し、続縄文文化と並存する状況がみられるようになる。まだ不明な点が多いが、続縄文後半期におけるサハリンや大陸方面とのかかわりの実態や意義についてもさらに追究されなければならない。

以上のように、続縄文後半期は、鉄器化の進展や、それと密接な周辺地域との交流・交易の深まりという点において、アイヌの歴史・文化の流れのなかで非常に重要な時期のひとつであった。「アイヌ史における古代」の幕開けは、この時期にあるとみておきたい。

オホーツク文化の成立と変遷

オホーツク文化は、三～四世紀頃にサハリン南部と道北に存在した鈴谷式土器文化をルーツのひとつとし、五～六世紀の円形刺突文土器（十和田式土器）を使用する時代に成立する。七世紀の刻文土器の時代、オホーツク文化は道東や千島列島まで広範囲に分布域を拡大するが、八～九世紀の沈線文・貼付文土器の時代には、地域ごとの個性を強める。そして、九世紀後半～一〇世紀には、隣接する擦文文化の影響を受けて大きく変容する（道北の元地式土器、道東のトビニタイ式土器）。一方、サハリンでは一二世紀頃までオホーツク文化が存続する（南貝塚式土器）。

オホーツク文化は、クジラ、アザラシ、オットセイ、トドなどの海獣の狩猟と、海での漁撈活動をおもな生活の手段とする、海洋民的な文化であった。その集落の立地も、海にごく近い沿岸部に限定される。根室市弁天島遺跡で出土した線刻のある骨製針入れには、舟に乗りクジラ猟をする人びとの様子がリアルに描かれており、海洋民としてのオホーツク文化の営みを生き生きと示す（口絵p.4）。

オホーツク文化の住居は、上から見ると五・六角形をしており、長軸の長さが二〇メートル近いものもある大型の竪穴住居だった。こうした住居の形態は大陸にも類例がなく、その源流はおそらくサハリンにあると推測される。一方、後述するように、オホーツク文化の物質文化には、北方ユーラシア大陸の「靺鞨」（「女真」や「満洲族」の祖先集団）の文化とのかかわりが深いことも注目されている。

図6-4　オホーツク文化の貼付文土器（網走市モヨロ貝塚出土、8世紀、網走市立郷土博物館蔵）

図6-3　オホーツク文化の刻文土器（礼文島香深井1遺跡出土、7世紀、北海道大学総合博物館蔵『オホーツク文化　あなたの知らない古代』展図録、2021年、東京大学大学院人文社会系研究科・同附属北海文化研究常呂実習施設他、44頁より転載）

図6-5　サハリンから南下した南貝塚式土器（枝幸町ウエンナイ遺跡出土、12世紀、旭川市博物館蔵、大沼忠春責任編集『考古資料大観』11、小学館、2004年より転載）

オホーツク文化の起源については不明な点が多く、結論は出ていない。オホーツク文化が多くの大陸製品を保有することから、大陸の靺鞨の一派が渡来して成立したものとする説もある。しかし、両者の文化には相違点も多く、大陸からの移住者がいたことは否定できないにせよ、その規模は過大評価できないだろう。近年では、サハリン北部やアムール下流域の先住民族であるニヴフ民族との関係が深いとする説が有力視されている［菊池、一九九五・二〇〇九］。また、オホーツク文化の人びとの一部は、のちに擦文文化と融合して、アイヌ民族の歴史に合流していった。

オホーツク文化の人びとは、海洋民的な性格の一方で、ヒグマやテンなどの陸獣もさかんに狩猟し、それらの毛皮類を外部の社会と積極的に交易していたと考えられる。とくにヒグマは重要な信仰・儀礼の対象となっており、北見市（常呂町）トコロチャシ遺跡の七号住居では、一軒の竪穴住居から、実に一一〇頭分ものヒグマの頭骨が発見されている。オホーツク文化の人びとのクマ信仰・儀礼が、アイヌ民族におけるクマを畏敬する精神文化、とりわけ子熊飼育型のクマ送り儀礼（イオマンテ）の直接の源流であると推測し、「アイヌ文化の成立」においてオホーツク文化から取り入れられた要素の意義を強調する渡辺仁氏の見解もある［渡辺、一九七四］。

ただし、渡辺氏の説は、クマ送り儀礼をアイヌ文化の「神髄」として絶対視しすぎており、今日の観点からは問題もある。アイヌのクマ送り儀礼については、江戸時代の場所請負制のもとで、和人によるアイヌ支配の方策に組み込まれ、儀礼として盛大化したものである可能性も指摘されている［秋野、二〇〇六など］。また、オホーツク文化では、動物をきわめて写実的に描いた製品が多く出土しているが、こうした造形は、擦文文化や民族誌的なアイヌ文化では、一部の例外を除きみられない。オホーツク文化が擦文文化に多くの影響を与え、それが今日に伝わるアイヌ文化にも受け継がれていることは事実だが、その意義を過度に重視することにも慎重でなければならないだろう。

2　七世紀の東アジアと「古代アイヌ史」

ユーラシア大陸北東部の古代文化

七世紀は、東アジア史にとって激動の時代だった。隋（五八一～六一八）による約三〇〇年ぶりの中国統一（五八九）、さらに唐（六一八～九〇七）という超大国の出現により、この時期、東アジアの勢力バランスは一変した。そのなかで、倭国や朝鮮半島の諸王権は、政変・改革の波を繰り返しながら、律令国家の建設を目指していくことになる。

北海道とその周辺地域も、こうしたアジア規模の動きと無縁ではなかった。遅くとも七世紀以後、北海道とその周辺地域は、倭・日本を含む東アジアの諸王権・国家の動向とも密接に関係しながら、ダイナミックに歴史展開を加速させる時代に入っていく。

ユーラシア大陸の側において、前近代の北海道ととくにかかわりが深かったのは、全長四四

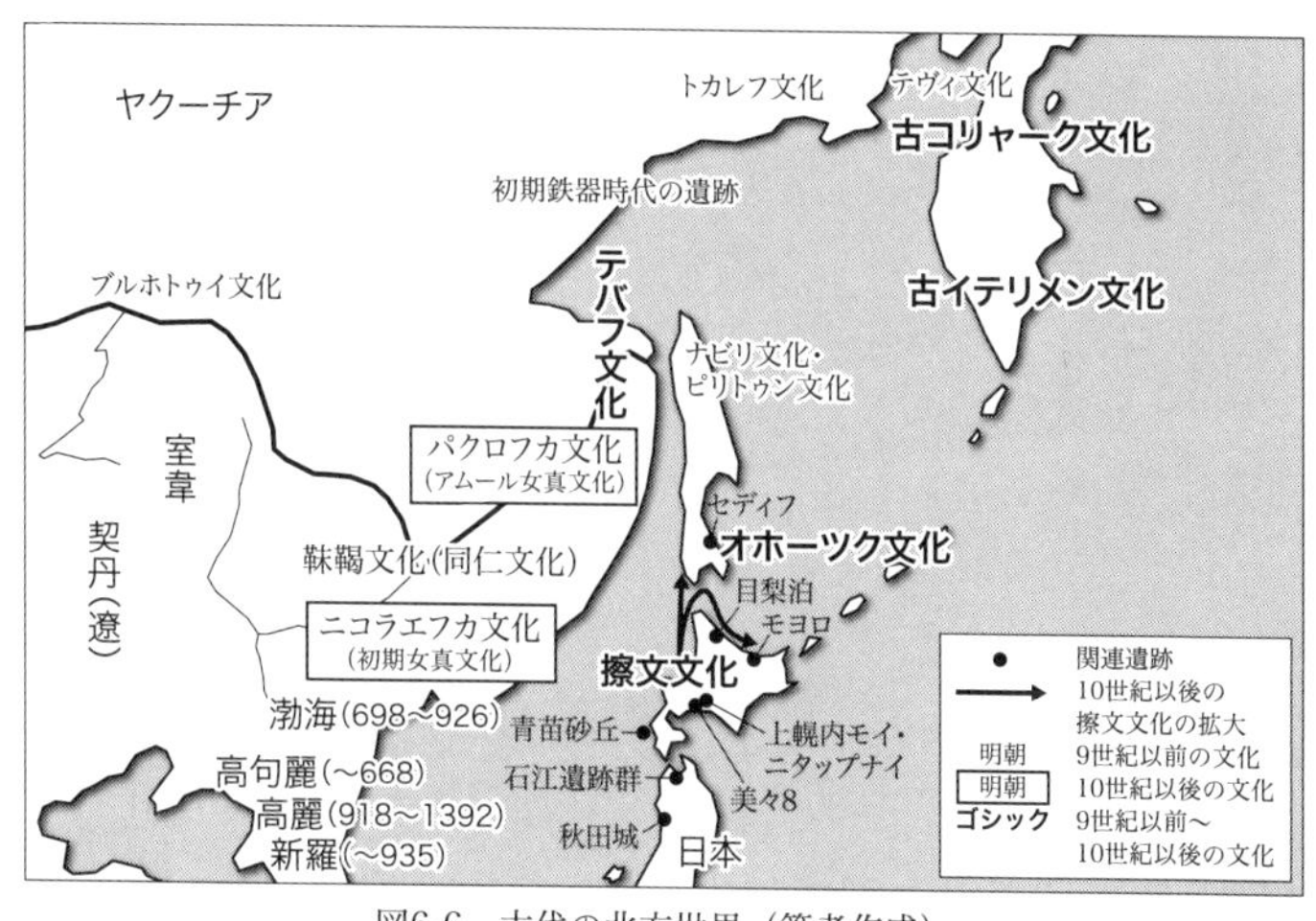

図6-6　古代の北方世界（筆者作成）

四四キロメートルに達し、長さ世界第一〇位、流域面積第一〇位の大河であるアムール川（黒龍江）の流域に暮らした人びとである。その流域は、支流である松花江や牡丹江、ウスリー川などを含めれば、ロシア沿海地方や中国東北地方までおよぶ広大なもので、この川の恵みは、古くから数多くの文化を育んできた。

　七世紀のこの地域には、中国から「靺鞨」と呼ばれた人びとが居住していた。靺鞨は複数のグループ（文献上の「部」）に分かれ、それぞれ高句麗や北方遊牧帝国の突厥などに従属していた。そのため、唐の攻撃による突厥第一可汗帝国の滅亡（六三〇）や、高句麗の滅亡（六六八）は、靺鞨の動向を大きく左右した。さらに旧高句麗領や南部靺鞨の地域に渤海（六九八～九二六）が建国されると、靺鞨の諸グループはしだいにその支配に服するようになった。ただし、靺鞨のなかでも北部に位置するいくつかのグループ、とくに黒水靺鞨は、八世紀半ばから九世紀初頭まで自立を保ち、唐と外交しながら、渤海を北から牽制した。その後、一〇世紀には、靺鞨の人びとは中国から「女真」（女直）と呼ばれるようになる。

考古学の側からみると、この一帯には四～九世紀頃、ロシア考古学の「靺鞨文化」（中国では「同仁文化」）が分布し、その遺物はしばしば北海道の遺跡からも出土する。靺鞨文化は、九～一〇世紀頃には「女真文化」に変容する。金（一一一五～一二三四）建国以前の初期女真文化については、近年、新たに「ニコラエフカ文化」と呼称する動きがある。これと同時期のアムール川中流域には「パクロフカ文化」（「アムール女真文化」）が存在した。一〇～一一世紀頃のパクロフカ文化の遺物は、北海道でも出土する例がある。その担い手は、宋代の文献史料に、女真とは区別されて記述される「五国部」の人びとにあたる可能性が高い。

さらに、オホーツク海の北岸やカムチャツカ半島の沿岸にもいくつもの考古学的文化の存在が知られており、靺鞨文化やオホーツク文化のものに類似する土器や骨角製品は、こうしたオホーツク海沿岸の広い範囲から出土している。ここから、北極圏へと連続する広大な「環オホーツク海域」という地理的枠組みを提唱する見解もある。

唐代の史料には、靺鞨の特産品として「骨咄角」なる産物がみえる（『唐会要』巻九六靺鞨条）。その実態は、北極圏に生息するセイウチの牙製品だったとみられている。セイウチの牙製品は、北極圏から、環オホーツク海域の諸民族を中継する超遠距離交易によって中国へもたらされ、象牙に似た素材として珍重されたのである［菊池、二〇〇九］。

オホーツク文化と大陸との交流

中国の文献史料には、七世紀に中国王朝と通交した北方民族として、「流鬼」という人びとに関する記録がみえる（『通典』辺防一六北狄伝流鬼条、『新唐書』東夷伝流鬼条など）。「流鬼」の国は、カムチャツカ半島にあったという説と、サハリンにあったという説があり、論争があるが、近年ではサハリン説が有力となっており、「流鬼」はサハリンのオホーツク文化にあたる可能性が高いとみられている［菊池、二〇〇九］。

『通典』には、「靺鞨のなかには、流鬼の地に渡海して交易するものがいて、唐の盛んなことを伝えた。これをきっかけに、唐の貞観一四年（六四〇）、流鬼は唐に使節を派遣し、都の長安に至った」ことが記される。また『新唐書』では、このとき流鬼が「貂皮」（クロテンの毛皮）を持参したことを伝えている。

七世紀のオホーツク文化に普及した刻文土器は、靺鞨の土器によく似ている。また、七〜八世紀頃のオホーツク文化が、曲手刀子や鉾などの鉄製品、青銅製の帯飾板（ベルト飾り）や鐸、軟玉製の耳飾など、多くの大陸製品を保有することも知られている。網走市モヨロ貝塚や枝幸町目梨泊遺跡では、大陸の靺鞨の遺跡で出土するものと全く同型の青銅製帯飾板が出土しており、オホーツク文化と大陸との交流・交易を雄弁にものがたる資料として注目されている（口絵p.4）。

オホーツク文化では、サハリンや道北を中心に、ブタの飼育がおこなわれていたことも特徴的である［西本、一九八四など］。ブタは、靺鞨でさかんに飼育され、「富者は数百頭も飼育した」という（『旧唐書』靺鞨伝）。「流鬼」においても、「婦人は冬にブタ皮やシカ皮の衣服を着る」とされる（『通典』）。ただしブタ飼育は、道東のオホーツク文化ではあまり活発でなかった。またその後、擦文文化や中・近世のアイヌ文化に継承されなかった点にも留意される。

「流鬼」に関する文献史料の記述は、七～八世紀頃のオホーツク文化にみられる大陸系文化の豊富な所有状況や、さかんな毛皮獣狩猟など、考古学的な様相にもよく合致するといえる。緊迫化する東アジアの国際情勢のなかで、靺鞨はオホーツク文化との関係を深め、その産物を入手して、外交などに利用したのではないか。七世紀のオホーツク文化は、こうした大陸との関係を後押しに、毛皮獣狩猟を活発化させ、道東の沿岸や千島列島に拡大していったと考えてみたい。

続縄文文化の終焉と倭・日本

『日本書紀』には、斉明四年（六五八）～六年にかけて、「越の国守」（北陸地方の長官）とされる阿倍比羅夫の北方遠征（北航）が記載されている。比羅夫の船団は、秋田・能代・津軽のエミシたちと次々に接触し、さらに「渡島蝦夷」と交渉した。「渡島蝦夷」は、北海道における続縄文終末期から擦文文化期の人びとにあたる可能性が高い［関口、二〇〇三］。

また比羅夫らは、「渡島蝦夷」との交渉の過程で、「粛慎」という集団とトラブルになり、戦闘となっている。「粛慎」は本来、『国語』『史記』などの中国の古典に孔子の逸話として登場する、伝説的な北方民族の名称である。そのため、「粛慎」は大陸系の人びとであるとする説もあるが、近年、道南地方の奥尻島青苗砂丘遺跡でオホーツク文化の土器や住居址、貝塚、墓などが検出され、六〜七世紀頃の日本海沿岸部にはオホーツク文化が南下していたことが判明した。このことから、現在、『日本書紀』の「粛慎」の実態についてはオホーツク文化説が脚光を浴びる状況にある〔越田、二〇〇三／天野、二〇〇八〕。

　こうした文献史料の記述は、この時期、北海道と本州との関係が新たな段階に至っていたことをうかがわせる。道央地方の恵庭市西島松5遺跡や、余市町フゴッペ洞窟前庭部、同大川遺跡などを代表例として、七世紀頃の続縄文終末期から擦文早期にかけての遺跡からは、本州系の刀剣類の出土例が目立つようになる。本州系の刀剣類は、その後、八世紀から九世紀前半の擦文前期の墓にも多く副葬されている。七世紀には装飾付大刀（古墳時代の豪族クラスの刀）を含む直刀が多いが、八世紀には、柄が外反し、柄頭が早蕨状の形態をした蕨手刀が多くなる。これらには、倭・日本から地域の有力者に威信財（権威のシンボル）として授与された刀が含まれるだろう。阿倍比羅夫の北方遠征に象徴されるような、七世紀の倭・日本との交渉は、本州社会との政治的・経済的・文化的な交流の比重を高め、続縄文文化から擦文文化への転換を後押しし、北海道史・アイヌ史が新たな段階へ向かう重要なきっかけのひとつとなった。

　またこの事件は、日本史における北海道産物の登場という側面からも注目される。『日本書紀』斉明四年（六五八）是歳条によれば、比羅夫は「粛慎」から「生きた羆二頭」「羆の皮七〇枚」を入手したという。

『同』斉明五年（六五九）是歳条には、飛鳥の都の市場で、大陸から持ち込んだ一枚のヒグマ皮を高値で売りつけようとした高句麗の使節が、この七〇枚のヒグマ皮を見て驚愕（きょうがく）した、というエピソードがみえる。このことから、倭・日本において、北海道から入手される特産品は、単なる奢侈（しゃし）品、ぜいたく品というだけでなく、政治的・外交的に、国家の威信を左右するような、重要な意義を有していたことがわかる。

また、『同』天武（てんむ）一四年（六八五）九月壬戌（じんじゅつ）条には、皇太子（草壁王（くさかべのおう））以下の諸王族、群臣・貴族らに、ヒグマ皮と山羊（かましし）（カモシカ）皮を分配、賜与したことがみえる。このことは、大王（おおきみ）の支配から天皇制への移行過程にあった倭・日本で、王権の求心力を高め、支配層内部の結集をはかるうえで、貴重な財として北方産の「モノ」が活用されていたことを示す［蓑島、二〇〇一］。

阿倍比羅夫の北方遠征の実態は、のちの日本古代国家のエミシ政策にみられるような、国家領域の面的拡大を意図するものではなかった。それは、遠隔地の集団と点々と接触して、貢納（こうのう）的な関係（実質的に交易）を広げていこうとするもので、そこでは、遠方の希少な産物を入手することに主眼が置かれた［熊谷、一九八六／伊藤、一九九六］。こうした特産品を入手・集積し、分配する行為は、当時、国家建設の途上にあった倭国において、大王・天皇の権威を高めるために政治利用された。

以上のように、七世紀には、日本と中国の双方の文献史料に、北海道やサハリンの人びとのことが記述されるようになり、その産物に対しても強い関心が注がれている。こうした点からも、七世紀は、北海道やその周辺地域の人びとにとって、日本・東アジアの諸王権・国家との関係の重大な転換点であった可能性が高い。東アジアの激動期である七世紀は、「アイヌ史」においても大きな転機となったといえるだろう。

3　擦文文化、オホーツク文化の関係と対外交流

擦文文化の成立―七世紀後半～八世紀―

こうした情勢のなかで、七世紀後半頃には続縄文文化が終わり、北海道の道央・道南をおもな分布範囲として、「擦文文化」が成立する。

擦文文化の早期・前期の土器には、ほとんど文様が施されておらず、本州で使われていた「土師器」の地域的ヴァリエーションとしてとらえられることもあるが、一方で、続縄文土器の要素を継承する面も軽視できないことが指摘されている。このように、擦文土器の成立・展開の問題は、在来の土器文化からの連続面と、交流による外部からの影響の両面から検討が深められている［榊田、二〇一六］。

擦文文化の住居は竪穴住居であり、上から見ると四角形を呈する。一辺五メートル前後のものが大半で、多くはカマドが設置される。カマドは、五世紀に朝鮮半島から日本列島に受容された文化であり、それが八世紀には北海道にも普及するようになったのである。擦文文化のカ

マド付きの竪穴住居は、基本的には、当時の本州の住居によく似たものといえる。

墓についても、伝統的な土壙墓のほか、本州で古墳時代が終焉した後も、北日本のエミシ社会でさかんに造営された「末期古墳」の系譜を引く、独自の「北海道式古墳」が、江別市、札幌市、恵庭市、千歳市、むかわ町などでみつかっている。先述のように、擦文早期・前期の墓には、しばしば本州系の刀剣類が副葬されている。また、鉄製のスキ先・クワ先や鎌などの農具も出土する。擦文文化では、石器はほぼ使用されなくなり、本格的な鉄器文化の時代となる。最も多く出土する鉄製品は刀子（小刀）であり、今に伝わるアイヌ文化の「マキリ」と同様、あらゆる用途に駆使された万能の利器であったろう。鉄器は、擦文文化の社会を成り立たせるうえで不可欠であったが、北海道では自給できず、擦文社会が外部社会との交易に大きく傾斜していく前提条件となった。アワ・ヒエ・キビ・ムギなどの炭化種子の出土から、雑穀農耕がさかんだったことも推測される。とくに、札幌市K39遺跡（北大構内遺跡）では、他の遺跡に比しても群を抜いて多い炭化種子の出土量が知られている。

つまり、擦文文化は、狩猟・漁撈・採集を基盤としつつも、雑穀農耕やそれに伴う本州の文化要素をかなり本格的に受容した文化であった。このような擦文文化の成立には、本州北部からの移住者が関与した可能性も推定されている。渡来の具体的な規模や程度については、研究者によって評価が分かれており、一定の規模での集団移住を想定する説［越田、二〇〇三など］と、移住者の数はそれほど多くなく、むしろ在来の人びととの文化変容が基本であったとする説［鈴木、二〇〇四など］とがある。どちらにしても、本州からの移住者は現地に土着化し、擦文社会を構成する一部となっていったとみなされる。

　天平五年（七三三）一二月、日本古代国家は、当初庄内地方に置かれていた北辺支配の出先機関、出羽柵を、現・秋田市の高清水岡（雄物川河口）に移す（秋田城）。以後、七世紀後半のような、古代日本の側が北海道方面に使者を派遣して接触をはかる形態はとられなくなり、秋田城に渡島エミシ＝擦文文化の人びとが定期的に来訪して交易するようになる。こうして、およそ八～九世紀末までのあいだ、秋田城は日本古代国家における北海道方面との交流の窓口として機能する。

　『類聚三代格』延暦二一年（八〇二）六月二四日太政官符によれば、秋田城では、渡島エミシから「雑皮」（さまざまな毛皮）が入手されたとされ［関口、二〇〇三］、『延喜式』民部下・交易雑物条を手がかりにすると、その内実はヒグマ、アシカ、アザラシなどの毛皮であった可能性が高い。また、貴重な北海道の産物を得ようと、当時の秋田城には都の王・貴族たちが私的交易のための使者を派遣し、秋田城での交易は拡大、多様化していった［蓑島、二〇〇一］。

　秋田城では、「狄」（北方のエミシ）をもてなす儀式（饗給）のための物資（「狄饗料」）の出納に使われた木簡が出土している。また、北大構内サクシュコトニ川遺跡（K39遺跡の一部）など、擦文文化のいくつかの遺跡から、文字・記号が記された墨書土器・刻書土器（本州製の土師器や須恵器）が出土しており、こうした土器には、秋田城での儀式に参加した擦文文化の人が持ち帰ったものが含まれると考えられる。

　以上のように、擦文文化の成立・展開に、本州との交流が深くかかわったことは明白である。

擦文文化の成立当初、八世紀頃の考古学的な様相には、「南」の文化の影響がとくに色濃い。ところがその後、擦文文化は本州の文化との差異を広げ、独自性を強めていく。九世紀頃から、擦文土器には独自の装飾性が目立つようになり、一〇世紀以後には、本州の土器文化とは全く異なる多彩で華麗な文様・装飾を発達させる［中田、二〇〇四］（口絵p.4）。また、擦文文化の住居では、当初は火処、調理の場として、本州と同様にカマドが重視されたが、一〇世紀頃の擦文中期以後には、むしろ、今日に知られるアイヌ文化の平地住居（チセ）と同様に、炉の意義が増大することが指摘されている［榊田・高瀬、二〇一九］。

　擦文中期以後の個性化・独自化が、外部に対して自らを閉ざすのでなく、むしろ対外的な交易・交流を増大させていくなかで顕著となっていった事実にも注目すべきであろう。擦文文化は、本州・日本との交流から大きな影響を受けて成立したが、そうしたなかでも、地域に根差した人びとの自立性と、独自の文化としての一貫性は強固に維持されていたのである。

　かつて、擦文文化研究の進展に大きな功績を残した石附喜三男（いしづききさお）氏は、アイヌ民族のマキリ（小刀）が、柄の一部が鞘（さや）に入る「呑口（のみくち）」式であり、これが日本古代の刀子の形式に共通することを指摘している。石附氏は、こうした例をいくつかあげながら、アイヌ文化のなかにみられる「日本的要素」のうちかなりの部分が、擦文文化成立期にアイヌに受容されたのだろうとした。そのうえで石附氏は、「アイヌ文化」を歴史的な変化と多様性に富んだ存在としてとらえ、「擦文式土器の担い手がアイヌ民族であることを確信するものである」と述べている［石附、一九六七］。こうした石附氏の発想は、「アイヌ文化」を固定的に「定義」しようとし、そこから外れるものを「アイヌ文化」から除外するような姿勢とは対極にあるといっていい。ここには、現在のわれわれが継承すべき視点が確実に含まれているといえるだろう。

擦文文化の展開と本州北部の交易体制

八世紀頃、道央・道南を中心に分布していた擦文文化の集落は、九世紀後半には道北の日本海沿岸に進出し、一〇世紀にはオホーツク海沿岸から道東方面にも広く分布するようになる。こうした擦文文化の拡大・進出の背景には、古代日本との交易・交流の変容と増大が、やはり深くかかわっていた。

元慶(がんぎょう)二年（八七八）、秋田近辺のエミシたちは、国家による厳しい支配に抵抗し、秋田城を襲撃して、大規模な反国家闘争を起こした。一般に「元慶の乱」と呼ばれるこの戦乱の終息後、秋田城は北海道方面との交易拠点としての役割を終える。九世紀末～一〇世紀には、現在の青森県五所川原市に最北の須恵器生産拠点が成立し、その製品は北海道にも流通するようになる。一〇世紀には、現在の青森県域が、北海道との交易や、それに向けた生産活動の新たな拠点となっていくのである［三浦、一九九四］。

その後、一一世紀の東北では、安倍氏・清原氏のような半自立的勢力が成長し、一二世紀には、平泉(ひらいずみ)を本拠地とする奥州藤原氏が東北の覇権を握る。これらの勢力は、いずれも北海道方面との交易を政権の重要な基盤のひとつとしていた［斉藤、二〇一四］。

近年、厚真(あつま)町宇隆(うりゅう)1遺跡で、一九五九年に出土していた壺(つぼ)が、一二世紀の常滑(とこなめ)産陶器である

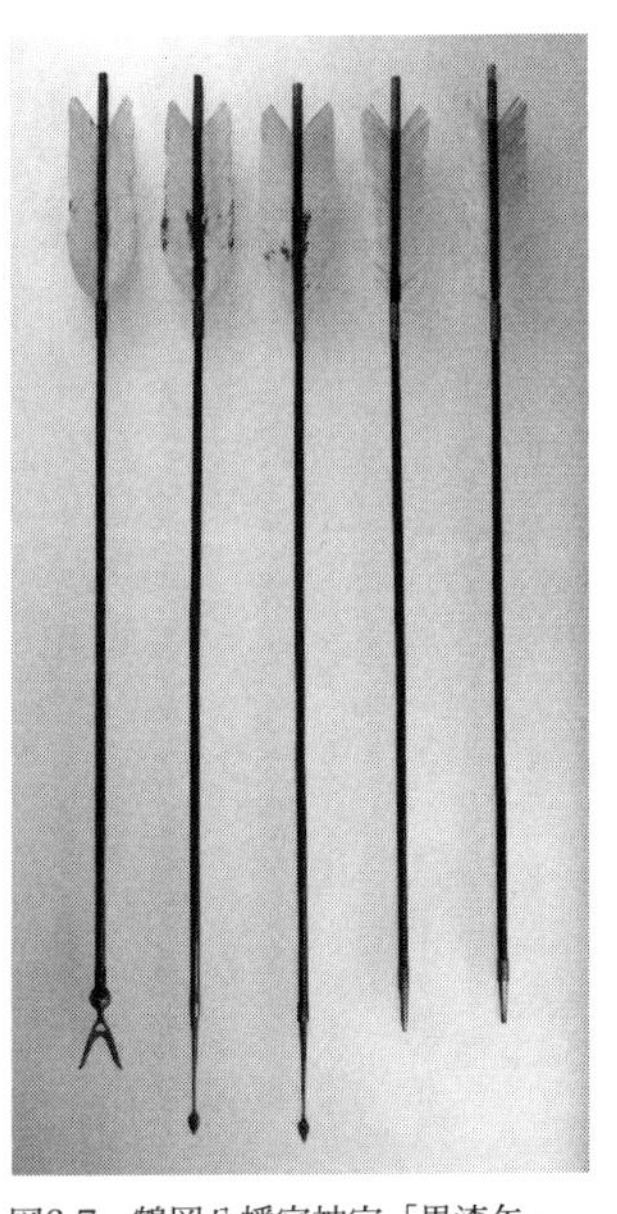

図6-7　鶴岡八幡宮神宝「黒漆矢」（伝源頼義奉納、伝11世紀、鶴岡八幡宮蔵、国宝）

ことが判明した（常滑は現在の愛知県西部）。当時、常滑製品のおもな消費地は平泉であり、この常滑壺は、平泉政権と北海道との交流の物証として注目を集めた。この常滑壺の特徴が、「経塚」（末法思想の世に、功徳を得るため経典を地下に埋納した場所）の外容器に類似するため、平泉政権が厚真の地に経塚を造営したとする見解も出され［八重樫、二〇一九など］、議論となっている。平泉の無量光院地区の二〇一七年度調査では、擦文土器とみられる土器片が出土し、当時の北海道社会と平泉政権とのつながりを改めて裏づけた。

およそ一〇世紀以後の日本史料で目立つようになる重要な北海道産品として、ワシ類の尾羽根やアザラシ類の皮革製品があげられる。

なかでも著名な例として、一二世紀に、奥州藤原氏の二代当主である藤原基衡が、平泉の毛越寺の本尊造立の対価として都の仏師に送った品々のなかに、「鷲羽百尻」（ワシの尾羽根一〇〇セット＝オオワシなら一四〇〇枚）、「水豹皮六十余枚」（アザラシ皮六十余枚）などの北海道の産品がみえる（『吾妻鏡』文治五年九月一七日条に引用の「寺塔已下注文」）。また、文治五年（一一八九〉、平泉政権を滅ぼした源頼朝も、ワシ羽根やアザラシ皮製品に強い関心を寄せている〔蓑島、二〇一五〕。

アザラシ類の皮製品は、古代・中世の日本では刀剣の飾りや馬具などに使用され、これについて武廣亮平氏による詳しい研究がある〔武廣、二〇〇四・二〇〇六〕。また、ワシタカ類、なかでもオオワシやオジロワシの尾羽根は、高品質な矢羽根としてもちいられ、古代末以後の日本社会でとくに珍重された。オオワシやオジロワシは、シベリアで繁殖し、越冬のため北海道方面に渡ってくる猛禽で、とくに道東や道北、サハリンに多く飛来することが知られる。

一〇世紀に編纂された『延喜式』や『西宮記』には、伊勢神宮の遷宮における「神宝」として「鷲羽八百枚」が用意されたことがみえる。また同時期には、新天皇の即位に伴う御禊行幸や宮中儀礼の賭弓などのためにも多量のワシ羽根が使われた（『御禊行幸服飾部類』『西宮記』など）。このように、北海道産のワシ羽根は当初、「神宝」としての意味合いが強く、天皇や貴族社会の各種の儀式・行事において必要とされた。しかし、やがて新興の武士階層によって、上質な矢羽根としての需要がさらに増していくことになる〔蓑島、二〇一五〕。

武士たちがオオワシやオジロワシの矢羽根を愛好したことは、多くの軍記物語や合戦絵巻などからうかがうことができる。実物の例として、鶴岡八幡宮の神宝「黒漆矢」は、一一世紀に源頼義が石清水八幡宮を鎌倉に勧請した際に、弓、胡籙（矢筒）とともに奉納したものと伝えられ（『新編相模国風土記稿』）、その矢羽根は、最近の調査によりオオワシ尾羽根の可能性の高いことが指摘されている。

一〇世紀頃から顕著となる擦文集団の道東や道北、サハリン方面への進出は、こうしたワシ羽根やアザラシ皮などの獲得を主要な目的としていた可能性が高い〔瀬川、二〇〇七〕。また、『源氏物語』末摘花などに登場する、平安貴族社会で珍重された「ふるきのかわぎぬ」（黒貂裘、クロテン皮のコート）には、擦文文化を経由して、サハリン方面から入手されたクロテン皮製品が含まれたとみられる〔蓑島、二〇一五〕。以上のような事情を背景に、九世紀後半～一〇世紀、擦文文化の人びとは、従来、オホーツク文化の人びとが居住してきた領域に直接進出するようになっていった。

「古代アイヌ史」におけるオホーツク文化の位置

擦文文化とオホーツク文化の関係を考えるうえで、興味深い資料のひとつに古代銭貨がある。近年、北海道において日本古代銭貨の出土例が増加しつつある。和同開珎（和銅元年〔七〇八〕初鋳）が恵庭市茂漁2遺跡から八点、神功開宝（天平神護元年〔七六五〕初鋳）が斜里町チャシコツ岬上遺跡から一点、隆平永宝（延暦一五年〔七九六〕初鋳）が恵庭市茂漁8遺跡から一点、富寿神宝（弘仁九年〔八一八〕初鋳）が千歳市ウサクマイN遺跡から二点、それぞれ出土している。エミシが宮都や城柵に朝貢した際、授与される品々のなかにも銭貨があったと想定される。北海道出土の古代銭貨は、秋田城での儀礼で渡島エミシが直接入手したか、エミシ社会相互の交流で北海道に渡ったかであろう。

知床半島の斜里町チャシコツ岬上遺跡の二〇一六年度調査における神功開宝の出土は、オホーツク文化の遺跡からの「皇朝十二銭（こうちょうじゅうにせん）」の出土例として注目されるが、あわせて留意されるのは、上記の古代銭貨の出土地が、オホーツク式土器の南下の事例とよく重なることである〔蓑島、二〇一五〕。富寿神宝を出土した千歳市ウサクマイN遺跡から貼付文期の、隆平永宝を出土した恵庭市茂漁8遺跡からは刻文期のオホーツク式土器（模倣？）が出土している。このことは、オホーツク文化、擦文文化、本州社会（古代国家）の三者が、擦文文化を介してつながっていたことをうかがわせる。

つまり、八〜九世紀には、道央の擦文社会を中継して、オホーツク文化圏から陸海獣皮などがもたらされる一方、その対価である和産物がオホーツク社会側に流入するという関係が成立していたのであろう。すでに七世紀末には、「越の度島の蝦夷」（渡島エミシ）と「粛慎」らが、ともに建設まもない藤原京に朝貢して、「錦の袍袴（ほうこ）・緋紺の絁（あしぎぬ）・斧（おの）等」を得ている記事があり〔『日本書紀』持統（じとう）一〇年（六九六）三月甲寅（こういん）条〕、古代国家を媒介とする擦文文化とオホーツク文化との共同行為は早くからあったと推察される。

九世紀後半〜一〇世紀頃、擦文文化とオホーツク文化は接触・交流を深め、擦文文化のイニシアチブのもとに、しだいに融合していく。両者の中間的な土器（トビニタイ式土器）の検討から、それは、一方的な征服・同化というよりは、長期間の交流をとおしたゆるやかな接触・融合であり、そこには、オホーツク文化の担い手による主体的な文化変容としての面もあったことが推定される〔大西、二〇〇九／榊田、二〇一六〕。またその後も、道東地方のアイヌ文化には、オホーツク文化に由来する文化要素やアイデンティティが潜在的に継承された可能性が指摘されている［小野、二〇一二］。

一般に、擦文文化は「アイヌ文化の祖先集団」と考えられているが、それだけでなく、オホーツク文化も、現在につながるアイヌ民族の源流のひとつであることは疑いない。擦文文化が、オホーツク文化からさまざまな要素を受け取ったことについては、先述のように多くの指摘がある。

オホーツク文化の人びとが、独自の文化や集団性をもってその時代を生きた、ひとつの自立した歴史的存在であることは明らかだ。しかし同時に、先住民族史としての「アイヌ史」の確立という現代的課題にもとづけば、オホーツク文化を「アイヌ史」という視座から位置づける試みには、充分な意義と正当性がある。「アイヌ史」において、オホーツク文化は必ずしもマジョリティとしての立場を占めたわけではない。しかし、オホーツク文化の存在を抜きにして「アイヌ史」を語ることもまた不可能である。このような「アイヌ史」のなかのオホーツク文化の位置づけは、日本古代史における「渡来人」の地位や役割と比較すべき面があるかもしれない。

4　「古代アイヌ文化」の実像

擦文文化中期の変革

ところで、本章で詳しく述べてきたような「古代アイヌ」の対外交易は、アイヌ史において決して副次的な問題ではなく、その文化や社会を規定した本質的な要素のひとつであると考えられる。この問題を考えるうえで、近年におけるアイヌ史の交易論を牽引する瀬川拓郎氏の一連の研究に注目したい。

瀬川氏は、旭川・上川地方をフィールドとして、遺跡の分布の変遷を長期的に分析し、そこには九世紀末〜一〇世紀頃（擦文中期）を境とする大きな構造変動がみられることを突き止めた。瀬川氏によれば、縄文時代の遺跡は、河川氾濫（はんらん）のおそれのない段丘上に立地し、各種の資源利用に適応して、さまざまな場所に広がりをみせている。ところが、およそ一〇世紀以後の遺跡は、河川氾濫のおそれを度外視して、サケの産卵場の周辺に集中的に営まれるようになるという［瀬川、二〇〇五］。

この点について瀬川氏は、擦文文化の人びとが対外交易の増大に適応し、「商品」としてのサケの集中的な漁獲・加工をおこなうようになったことを示すとみる。つまり瀬川氏は、北海道史、アイヌ史においては、一〇世紀前後を分水嶺（ぶんすいれい）として、自然資源の偏りない利用＝「縄文エコシステム」から、対外交易に傾斜した自然利用＝「アイヌ・エコシステム」への構造変動が起きたとするのである。瀬川氏は、この一〇世紀の転換を通説的な一三世紀の転換（「アイヌ文化の成立」）よりも重大な変革であったとみなし、アイヌ史の時代区分をめぐる問題にも一石を投じている［瀬川、二〇〇七］。擦文中期の漁業におけるサケ類の比重増は、札幌市K39遺跡（北大構内）などでも指摘されており［江田、二〇一九］、石狩川流域では、一〇世紀頃にサケ漁への顕著な特化が進んでいたようだ。

ただし、古代北海道における本州向け「商品」としてのサケ類の意義を主張する瀬川氏の学説には、異論もある。鈴木信氏は、古代において、北海道から本州への対外交易（「渡海交易」）の主力商品は、少ない量で多くの見返りの期待できる貴重品（毛皮類など）であり、利益を生むために多量の運搬が必要となるサケ類が「渡海交易」の商品となるのは、輸送の規模が増大する中世以後のことであるとする。そして、古代北海道のサケ類は、道内の他地域に向けた交易品であったとし、これを「渡海交易」に対する「域内交易」という概念で説明する［鈴木、二〇〇三］。最近、これを支持する福井淳一氏の研究もある［福井、二〇一二］。古代北海道のサケ製品を「域内交易品」とする考え方にしたがえば、石狩川流域などのサケは、加工されて道内各地に流通し、毛皮類、ワシ羽根などの対外交易品の生産に従事する集団の食料として利用されたのだろう。

こうした仮説は、擦文中期前後の社会を、予想外に地域間の分業と相互依存が進んだ社会としてとらえることにもつながる。先述の、札幌市K39遺跡において、道内他地域に比して卓越した規模の雑穀栽培が確認されるという事実も、同様の視点から解釈することができるかもしれない。このような分業体制に支えられて、一〇世紀前後の擦文社会は、本州・日本社会や大陸方面の需要に応える対外交易品の大規模な生産・交易活動を可能とするようになったのではないか。

いずれにせよ、一〇世紀前後の擦文中期の時代が、「アイヌ史」をその深部で規定した対外

図6-8　平安時代東日本の銅鋺・三鈷鐃・錫杖（石川県羽咋市福水ヤシキダ遺跡出土、9世紀、写真提供：羽咋市歴史民俗資料館）

交易の変遷において、ひとつの重要な画期であったことは間違いないといえそうである。

擦文文化期の宗教儀礼

またこの時期には、物質文化や経済・社会の位相だけでなく、精神文化や自己認識といった側面でも新時代への動きがめばえつつあった。

擦文文化のなかに、すでに一三世紀以後の「アイヌ文化期」につながる要素があることは、以前から指摘されてきた。たとえば、一〇世紀以後の日本海沿岸に多くみられる擦文土器（坏）の底面記号に関して、アイヌ文化のイトㇰパ（祖印。個人・集団の出自をあらわす記号）との関連が論じられており、当時、こうした土器が、親族集団の代表者によって儀礼行為にもちいられた可能性がある［瀬川、二〇〇五・二〇〇七］。

さらに近年、擦文文化期の宗教儀礼について考える材料となる考古学的な情報は増えつつある。

平取町カンカン2遺跡では、一〇世紀後半の「祭祀遺構」とされる方形周溝から、多量の鉄製品とともに、銅鋺四点（青銅製のお椀。かなまり。うち一点は錫の含有量の高い朝鮮半島製の佐波理製品）や、青森県五所川原産の須恵器甕が出土した。

また、厚真町上幌内モイ遺跡で検出された一一世紀前半の「儀礼場」では、銅鋺四点（すべて佐波理）や五所川原産の須恵器壺が出土した。注目されるのは、上幌内モイ遺跡の銅鋺は破砕され、被熱し変形した状態で出土していることだ。

銅鋺（金鋺）は、『枕草子』四二段「あてなるもの」に「甘いシロップをかけたかき氷を入れるによい」とされるなど、古代日本で貴人の食器として珍重された。また、仏具の一種でもあり、密教・修験道の関連遺跡でしばしば出土する。

修験道の聖地である栃木県日光男体山山頂遺跡では、一三点の銅鋺・銅盤・銅鉢が出土している。日光男体山や、石川県羽咋市の福水ヤシキダ遺跡（九世紀後半）では、銅鋺・錫杖・三鈷鐃がセットで出土し、これらの祭祀具が一体として宗教儀礼にもちいられたらしい。

後述するように、北海道の遺跡で出土する銅鋺は、こうしたセット関係としては出土していない点に注意を要する。また、本州の遺跡で出土する銅鋺には破砕・被熱がみられない。上幌内モイ遺跡出土銅鋺の一点には、鋲によって補修した痕がある。銅鋺を補修する例は本州の遺跡でもよくみられるので［原、一九九六］、この銅鋺は本州から入手した時点ですでに補修されていたのだろう。古代日本においてそれだけの貴重品であった銅鋺を、上幌内モイ遺跡の人びとは破砕し、火に投じて儀礼行為をおこなったことになる。平取町亜別遺跡や厚真町ショロマ4遺跡出土の銅鋺も、被熱はしていないが、バラバラの小破片として出土している。

上記のような様相は、擦文文化期の北海道では、銅鋺が古代日本での一般的なあり方とは異なる背景のもとに受容されていたことをうかがわせる。

カンカン2遺跡や上幌内モイ遺跡で出土している五所川原産須恵器の壺や甕は、酒の貯蔵・醸造にもちいられたという説が有力であり、後世における漆器のシントコ（行器。日本社会から輸入された宝物で、酒の貯蔵・醸造にも使った）のような役割を果たした可能性が高い。また、上幌内モイ遺跡では炭化したイナキビ・イナキビ団子が多量に出土している。イナキビ団子は、今日でもアイヌ民族のカムイノミ（神々への祈りの儀礼）において供物として広くもちいられている。こうしたことから、この発掘調査で知られた、擦文中期から後期の「儀礼場」とされる遺構の様相は、アイヌ文化の中心的な宗教儀礼であるカムイノミの原型ともみなされることがある［乾、二〇一二］。

ただしその一方で、上幌内モイ遺跡の儀礼について、私は以前、青森市朝日山（2）遺跡の儀礼（一〇世紀の周溝遺構から、炭化穀物や破砕・被熱した銅鏡が出土）との類似性を指摘し、密教系の宗教文化が北上した可能性を考えたことがある［蓑島、二〇一〇］。

奈良県吉野町の大峯山寺本堂（山上ヶ岳山頂）の一九八四年度発掘調査では、一〇世紀初頭と推定される護摩壇跡が確認され、その内部と付近から、火中に投じられた多量の銭貨や籾粒が検出された。さらにそこでは、被熱した銅製観音菩薩立像や、金銅製および銅製の独鈷杵、銅製三鈷杵、錫杖頭、香炉などの仏具が出土し、護摩に焚きこまれたことが推察されている。初期密教では、仏像や仏具を焼くような、今日の常識とはかなり異なる護摩修法がおこなわれることがあったようだ［菅谷・前園・西藤、一九八六／時枝、二〇一八など参照］。

こうした護摩の様相は、銅鋺や銅鏡を破壊し、穀物とともに火中に投じた上幌内モイ遺跡や朝日山（2）遺跡の儀礼行為を彷彿とさせるものがある。

当時の北日本における宗教・儀礼のあり方をうかがわせる資料として、八～一一世紀頃の「錫杖状鉄製品」という遺物が東北地方で多く出土することにも注目される。これらは一見、僧侶が携行する錫杖に似ており、吉野・熊野などの宗教者が列島北部で活動したことを想定する説もある。北海道でも、千歳市末広遺跡の一〇世紀頃の住居址で、刀子状の鉄製品と五点の筒形鉄製品を組み合わせた錫杖状鉄製品が確認されている。

ただし、錫杖状鉄製品は、僧侶が携行する一般的な錫杖とは、素材や形態が大きく異なる点にも注意を要する。

錫杖状鉄製品の性格については、日光男体山山頂遺跡出土の鉄製錫杖を源流とする初期密教の宗教具が、東北のエミシに受容され、発展したものとする見解［井上、二〇〇六］がある。その一方で、靺鞨や女真などの大陸系のシャーマニズムの影響を受けたエミシの宗教具とする説［小嶋、二〇〇四］もある。現状では前者が有力だが、近年、刀子と鎖状の部品を組み合わせた、錫杖状鉄製品の構成と類似する鉄製品が、ロシア沿海地方のチェルニャチノ5遺跡の靺鞨文化の墓（七世紀のM73墓）から出土している。錫杖状鉄製品の背景は、北方ユーラシアに広がる宗教・儀礼との関連で検討すべき余地も依然として残されている。

なお、日光男体山や、青森、岩手の遺跡からは、鉄製の鐃も出土している。錫杖や鐃のような密教法具の素材として鉄をもちいることは、正倉院宝物の鉄製錫杖・鉄製三鈷の例を除けば、日光男体山および古代東北の独自性・異質性である［時枝、二〇一二］。

一方、北海道では、古代遺跡における鐃の出土例はなく、錫杖状鉄製品も一例しかない。それに比して、銅鋺の出土例だけが際立って多い。また、銅鋺・錫杖・鐃がセットで出土することは、東北北部まではその傾向がみられるが、北海道では確認されない。これらのことから、古代の北海道における「密教的」遺物の存在が、日光男体山や福水ヤシキダ遺跡におけるような、初期密教系の宗教思想をどの程度背景として伴うものであったかには疑問がある。

以上のように、上幌内モイ遺跡や朝日山（2）遺跡の儀礼の様相は、初期密教との関連を連想させるものがあり、そこに初期密教や、その宗教者の活動が影響を与えた可能性を完全に排除することはできない。ただし、これらの遺跡の儀礼には、関東や北陸以南の儀礼との違いもまた明瞭であり、「南」の宗教文化がストレートに北上したものと考えることも難しい［蓑島、二〇一九］。むしろ、南北の祭祀・儀礼との交流を踏まえて、古代の東北北部・北海道で発展した、独自の宗教文化の存在を想定した方がよいであろう。

古代の祭祀・儀礼は、その後の北海道の信仰にそのままの形態で継承されたわけではない。

しかし、擦文文化期の北海道社会に、本州から初期密教とかかわる宗教文化が断片的に伝播したり、オホーツク文化を介して北方ユーラシア大陸に起源を有する宗教文化と接触する機会があったりしたことは否定できない。それらが、民族誌的に知られるアイヌの信仰・儀礼や精神文化におよぼした幅広い影響について、今後も追究していく必要がある。

「アイヌ史」の一部としての擦文文化

擦文文化期の宗教・儀礼に関して、さらに注目すべき事実がある。千歳市美々8遺跡やユカンボシC15遺跡では、民族誌的なアイヌ文化において主要な祭祀具であるイクパスイやイナウとみられる木製品が、中世や近世の「アイヌ文化期」とされる層位だけでなく、「擦文文化期」(場合によってはそれ以前)とされる層位からも出土している〔田口、二〇〇四/三浦、二〇〇四/手塚、二〇一一〕。とくに、美々8遺跡のⅠB-2層から出土したイクパスイ(口絵p.4)や、ユカンボシC15遺跡のⅠBⅢ層出土のイナウは代表的な資料である。これらの層は、いずれも九四六年降下の白頭山―苫小牧火山灰(B-Tm)を挟み、一〇世紀中葉を主体とする層とみられている(ただし一部に一二~一五世紀頃までの中世の遺物を含む可能性が残るとも指摘される)。イクパスイは、アイヌ民族がカムイ(神)に祈る際に、酒を捧げるのに使用する「へら」状の木製品で、アイヌの祈り・願いを正しく神々に伝えるのに不可欠の儀礼具とされる。また、イナウは木を刃物で削ってカールさせた儀礼具で、神々がたいへん喜ぶ贈り物であり、神そのものを表現することもある〔藤村、一九八五／中川、二〇一〇など〕。

木製品は、通常の遺跡では朽ちてなくなってしまい、考古学的調査で確認される例は少ない。ところが上記の遺跡では、たまたま水浸しの低湿地であったため、多量の木製品が腐らずに遺存し、そのなかにイクパスイやイナウが含まれていた。したがって、これらのイクパスイやイナウの出土例は氷山の一角に過ぎず、擦文文化期の社会には、相当数のイクパスイやイナウが普及し、使用されていたとみてよいだろう。

イクパスイやイナウの成立が擦文文化期にさかのぼるという事実は、今日までアイヌ文化の中心的な儀礼として伝わるカムイノミの原形が、擦文文化期にはすでに成立していたことの有力な裏づけとなる。さらに踏み込んでいえば、カムイノミの成立は、「カムイ」に対して祈る主体としての「アイヌ」という内面的な意識の成立を伴っていた可能性がある。宗教儀礼の成

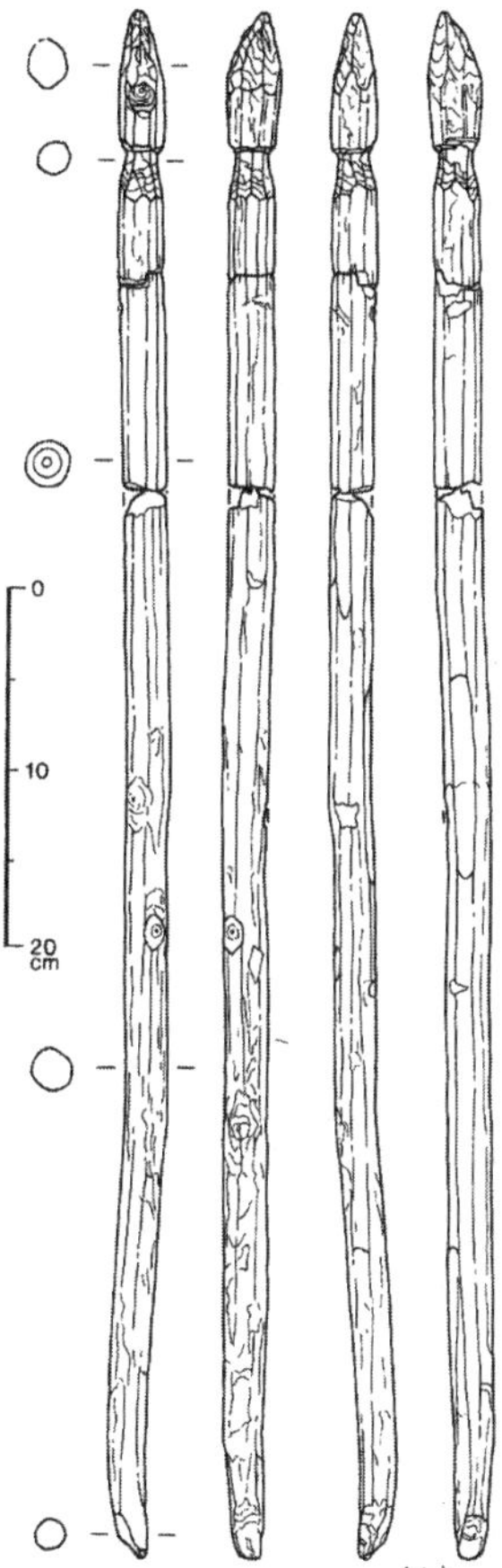

図6-9　出土したアイヌ民族の木製祭祀具イナウ（擦文文化期にさかのぼる可能性）（9～13世紀、北海道立埋蔵文化財センター編2001『千歳市ユカンボシC15遺跡（4）』より引用）

立・展開の追究は、「アイヌ」の自己認識、アイデンティティの形成という課題に迫るための手がかりをも秘めているのである。

ところで、考古学的に検出される古い時代のイクパスイには、民俗例とは異なり、北海道に自生しないスギやヒノキ、アスナロなど本州系の樹種がもちいられる例が多いことが指摘されている［清水、二〇〇八／手塚、二〇一一］。これについて手塚薫氏は、初期のイクパスイでは、異界との交流を媒介する祭祀具にふさわしい材として、交易で入手された外来の木材が転用されたのではないかとしている［手塚、二〇一一］。証明は難しいが、興味深い仮説である。

これまで本章で述べてきたような、アイヌ史において交易の有する意味は、決して物質文化や経済・社会の側面に限定されるものではない。かつて知里真志保（ちりましほ）氏は、民族誌的に記述されたアイヌ民族と神々との関係と、アイヌ民族と異民族との交易とが、「まるで符節を合わせるようにぴたりと一致するのを発見して驚く」ことを論じている［知里、一九五三・一九五四］。アイヌ民族の伝統的な世界観に異民族との交易のイメージが色濃く反映していることについては、近年も指摘があり［中川、二〇一〇］、知里氏の着想についても再評価がなされている［本田、二〇〇九／瀬川、二〇一五］。アイヌにとって外部世界との交易は、物質文化や経済・社会の問題にとどまらず、精神文化や世界観をも深く規定するものであった。

アイヌ史において、外部世界との交易を重要な前提とする文化・社会の形成は、石器から鉄器への転換が進み、対外交易が必須となる続縄文後半期から擦文文化期にかけての時代を起点とするといえるだろう。そのことは、アイヌの宗教、精神文化にも多大な影響をおよぼした。

このような意味においても、続縄文後半期や擦文文化期は、「アイヌ史における古代」として認識すべき面を備えているのである。

おわりに

古代の日本は、北海道を国家領域に包摂することはなく、またそうした意識も有していなかった。七～九世紀の日本国にとって、「渡島エミシ」は国土の外側に位置し、朝貢の関係を結んだ「夷狄」のひとつであった。さらに、一〇世紀以後の日本では、国家領域を固定的、閉塞的にとらえる排外主義的な国土観が醸成され〔伊藤、二〇一六〕、そのなかで北海道とその周辺の住民は、日本国の領域から明瞭に切り離された「エゾ」の人びととして意識されるようになっていく。

一方、そうした認識レベルの切断とはうらはらに、北海道と本州を結ぶ交流・交易はさらなる拡大をとげていった。文治五年（一一八九）の奥州合戦による平泉政権の滅亡後、鎌倉幕府において、北海道方面との交易の実務は、執権北条氏の家臣で、津軽十三湊を重要拠点とする安藤氏（室町期には安東氏と表記）に委任される。一二世紀の平泉政権および一三世紀以後の十三湊・安藤氏との交易によって、この時期の北海道には、鉄鍋や漆器などの交易品が、以前よりさらに大量、かつ継続的にもたらされるようになった。このことが、北海道での土器の製作を終わらせる要因となり、アイヌ民族の歴史における大きな転換点となった。一般には、これ以後を「アイヌ文化期」と呼称する。

しかし、「はじめに」でも述べたように、一三世紀を「アイヌ文化の成立」とする歴史像には、近年、多くの疑問が寄せられている。「アイヌ民族の歴史」は、より広い時間と空間においてとらえられなくてはならない。

擦文文化期の人びとは、本州や大陸など外部世界と活発に交流し、それらの文化を大胆に取り入れながらも、続縄文文化期以来の伝統を水面下で受け継ぎ、変奏し、独自の多彩な文化やアイデンティティを創出していった。こうした、擦文文化の展開にみられる文化とアイデンティティの「変容と持続」「継承と創造」の両立には、「アイヌ民族の歴史」の特徴の一端がよくあらわれている。それはまさしく、「アイヌ史における古代」「古代アイヌ」と呼ぶにふさわしい時代であった。

本章で明らかにしてきたように、「古代アイヌ」の文化には、今日に伝わる、「いわゆる伝統的なアイヌ文化」と類似する点を少なからずみいだすことができる一方で、それとはかけ離れた、一見異質な要素も多く存在する。こうした事実は、「アイヌ史」としての統一的な叙述を不可能とするものではなく、むしろ「アイヌ史」の内実を豊かにするものといえるだろう。

近年、アイヌ文化の「多様性」がしばしば強調されるが、それは地域的な多様性やジェンダーの差などにとどまるものではない。「アイヌ史」の各時代にみられるさまざまな特性を、「アイヌ文化の多様性」としてとらえる視点が必要ではないか。古代以来の「アイヌ史」の実態を、多様性と異種混淆（こんこう）性の側面からとらえたとき、現在においてアイヌ民族が生み出す文化や、そこから表出するさまざまな様相も、まぎれもなく「アイヌ史」の欠かせない一部であることが自然に了解できるだろう。

もちろん、「アイヌ史における古代」「古代アイヌ」という概念の妥当性は、今後さらに検証されていく必要性がある。しかし、「アイヌ史」を、より多彩で変化に富んだ、長期的な民族史としてとらえなおすうえで、続縄文後半期や擦文文化期を「アイヌ史における古代」ととらえる認識には、大きな有効性と可能性がある。そしてそれは、「先住民族」としてのアイヌ民族の地位をふまえた歴史像をいかに構築するかという、きわめて現代的な課題にも深く結びついているのである。

参考文献（※紙数の都合により発掘調査報告書については割愛した）

秋野茂樹　二〇〇六年「江戸期におけるアイヌの霊送り儀礼——和人が記した記録からその様相を見る——」『環太平洋・アイヌ文化研究』五
天野哲也　二〇〇八年『古代の海洋民オホーツク人の世界』雄山閣
石井　淳　一九九七年「北日本における後北C_2-D式期の集団様相」『物質文化』六三
石附喜三男　一九六七年「アイヌ文化における古代日本的要素伝播の時期に関する一私見」『古代文化』一九-五（のち同一九八六『アイヌ文化の源流』みやま書房に再録）
伊藤　循　一九九六年「古代国家の蝦夷支配」『古代蝦夷の世界と交流』名著出版
伊藤　循　二〇一六年『古代天皇制と辺境』同成社
乾　哲也　二〇一一年「厚真の遺跡を支えたもの——交易・シカ資源——」『アイヌ史を問いなおす——生態・交流・

文化継承―』勉誠出版
井上雅孝　二〇〇六年「古代鉄製祭祀具から見た蝦夷の信仰と儀礼」『立正史学』九九
上野秀一　一九九二年「本州文化の受容と農耕文化の成立」『新版古代の日本9　東北・北海道』角川書店
右代啓視　二〇〇三年「オホーツク文化の土器・石器・骨角器」『新北海道の古代2　続縄文・オホーツク文化』北海道新聞社
江田真毅　二〇一九年「動物利用の変化」『考古学からみた北大キャンパスの5,000年』中西出版
大西秀之　二〇〇九年『トビニタイ文化からのアイヌ文化史』同成社
大沼忠春　一九九六年「北海道の古代社会と文化―7～9世紀―」『古代蝦夷の世界と交流』名著出版
小野哲也　二〇一一年「標津遺跡群―知床に刻まれた「道東アイヌ」の足跡―」『アイヌ史を問いなおす―生態・交流・文化継承―』勉誠出版
菊池俊彦　一九九五年『北東アジア古代文化の研究』北海道大学図書刊行会
菊池俊彦　二〇〇九年『オホーツクの古代史』平凡社新書
熊谷公男　一九八六年「阿倍比羅夫北征記事に関する基礎的考察」『東北古代史の研究』吉川弘文館
クリフォード、ジェイムズ　二〇二〇年『リターンズ―二十一世紀に先住民になること―』みすず書房（原著二〇一三）
越田賢一郎　二〇〇三年「北方社会の物質文化」『蝦夷島と北方世界』吉川弘文館
小嶋芳孝　二〇〇四年「錫杖状鉄製品と蝦夷の宗教」『アイヌ文化の成立：宇田川洋先生華甲記念論文集』北海道出版企画センター
斉藤利男　二〇一四年『平泉　北方王国の夢』講談社選書メチエ
榊田朋広　二〇一六年『擦文土器の研究』北海道出版企画センター
榊田朋広・高瀬克範　二〇一九年「石狩低地帯北部における先史・古代の植物利用」『日本考古学』四八
清水　香　二〇〇八年「アイヌ文化の捧酒箸について―樹種選択を中心に―」『國學院雑誌』一〇九－七
菅谷文則・前園実知雄・西藤清秀　一九八六年「大峯山寺発掘調査について」『佛教藝術』一六八
鈴木　信　二〇〇三年「続縄文～擦文文化期の渡海交易の品目について」『北海道考古学』三九

鈴木　信　二〇〇四年「「北海道式古墳」の実像」『新北海道の古代3　擦文・アイヌ文化』北海道新聞社
鈴木靖民　二〇一四年『日本古代の周縁史―エミシ・コシとアマミ・ハヤト―』岩波書店
瀬川拓郎　二〇〇五年『アイヌ・エコシステムの考古学―異文化交流と自然利用からみたアイヌ社会成立史―』北海道出版企画センター
瀬川拓郎　二〇〇七年『アイヌの歴史―海と宝のノマド―』講談社選書メチエ
瀬川拓郎　二〇一五年『アイヌ学入門』講談社現代新書
関根達人　二〇一六年『モノから見たアイヌ文化史』吉川弘文館
関口　明　二〇〇三年『古代東北の蝦夷と北海道』吉川弘文館
高瀬克範　二〇一四年「続縄文文化の資源・土地利用」『国立歴史民俗博物館研究報告』一八五
田口　尚　二〇〇四年「アイヌ文化の木製品」『新北海道の古代3　擦文・アイヌ文化』北海道新聞社
武廣亮平　二〇〇四年「「独犴皮」についての一考察」『日本歴史』六七八
武廣亮平　二〇〇六年「古代・中世前期のアザラシ皮と北方交易」『史叢』七四
谷本晃久　二〇一一年「〝アイヌ史的近世〟をめぐって―アイヌ史の可能性、再考―」『アイヌ史を問いなおす―生態・交流・文化継承―』勉誠出版
谷本晃久　二〇一五年「近世の蝦夷」『岩波講座日本歴史13〈近世4〉』岩波書店（のち同二〇二〇『近世蝦夷地在地社会の研究』山川出版社に再録）
知里真志保　一九五三・一九五四年「ユーカラの人々とその生活―北海道の先史時代人の生活に関する文化史的考察」『歴史家』二・三（のち『知里真志保著作集』三〈平凡社、一九七三〉に再録）
手塚　薫　二〇一一年『アイヌの民族考古学』同成社
時枝　務　二〇一二年「古代東北の山寺と山林仏教」『日本仏教総合研究』一一
時枝　務　二〇一八年「神仙思想と山岳信仰」『古代の信仰・祭祀〈古代文学と隣接諸学7〉』竹林舎
中川　裕　二〇一〇年『語り合うことばの力―カムイたちと生きる世界―』岩波書店
中田裕香　二〇〇四年「擦文文化の土器」『新北海道の古代3　擦文・アイヌ文化』北海道新聞社
中村和之　二〇一四年「中世・近世アイヌ論」『岩波講座日本歴史20〈地域論〉』岩波書店

西本豊弘　一九八四年「オホーツク文化の生業」『北海道の研究2 考古篇Ⅱ』清文堂出版
原　明芳　一九九六年「銅鋺考」『長野県の考古学』長野県埋蔵文化財センター
福井淳一　二〇二一年「北海道におけるサケ科利用の変遷」『北海道考古学』五七
藤村久和　一九八五年『アイヌ、神々と生きる人々』福武書店
本田優子　二〇〇九年「アイヌ口承文芸にみられる「史実」と交易」『北海道立アイヌ民族文化研究センター研究紀要』一五
三浦圭介　一九九四年「古代東北地方北部の生業にみる地域差」『北日本の考古学』吉川弘文館
三浦正人　二〇〇一年「北海道で出土する「コイル状鉄製品」について」『日本考古学の基礎研究』茨城大学人文学部考古学研究室
三浦正人　二〇〇四年「木・繊維製品」『考古資料大観11　続縄文・オホーツク・擦文文化』小学館
蓑島栄紀　二〇〇一年『古代国家と北方社会』吉川弘文館
蓑島栄紀　二〇一〇年「北方社会の史的展開と王権・国家」『歴史学研究』八七二
蓑島栄紀　二〇一四年「古代北海道地域論」『岩波講座日本歴史20（地域論）』岩波書店
蓑島栄紀　二〇一五年『「もの」と交易の古代北方史―奈良・平安日本と北海道・アイヌ―』勉誠出版
蓑島栄紀　二〇一九年「9～11・12世紀における北方世界の交流」『専修大学社会知性開発研究センター古代東ユーラシア研究センター年報』五
八重樫忠郎　二〇一九年『平泉の考古学』高志書院
山田秀三　一九九三年『東北・アイヌ語地名の研究』草風館
渡辺　仁　一九七四年「アイヌ文化の源流―特にオホツク文化との関係について―」『考古学雑誌』六〇－一

ESSAY

故郷（ふるさと）の先人達

安彦良和

子供の頃の話だ。

雪が解けきって土が固まると農家は春耕というのをやる。馬に曳かせた鋤で畑地を掘り起こすのだ。すると、土中からは決まって土器や石器が出た。それを目当てに、権兵衛さんのカラスよろしく、僕等はよく父親が鋤き起こした黒土の間を物色したものだ。

出るのは黒曜石を加工した矢尻が大半だったが、赤茶けた土器片やツルリと磨かれた石斧等もあった。三歳年上の兄は菓子箱にそれを整理して入れ、ちょっとした郷土資料館の標本のようなものをつくった。

といっても、我が家が在ったのは○○遺跡の上でもその近くでもなく、ありふれた大正期の開墾地だった。無人の山野を親達が苦労をして切り拓いたのだ。そこから先人達の遺物が出るということは、無人になる以前に、そこにも先人達の暮らしや往来があったということで、北海道という土地の過疎地のイメージからするとなんだか不思議ではある。

遺物は、今にして思うと続縄文期かそれに続く擦文期のものだったのだろう。土地柄を考えれば、大陸系の色あいが強いオホーツク人が遺したものだったのかもしれない。

司馬遼太郎さんは『オホーツク街道』でこのオホーツク人に強く関心を示されている。モンゴル学を学ばれた司馬さんにとっては、北海道が日本列島の北のどん詰まりではなく、サハリンを経由して大陸につながるということがとても魅惑的に思えたのだろう。

実際、古代の北海道には大陸系狩猟民が進出していた形跡がある。

斉明紀、朝命を受けて蝦夷に遠征した阿倍比羅夫は日本海をどうやら北海道にまで北上したらしい。大河の河口で粛慎と交渉したがうまくいかず、戦ってこれを敗走させたとある。「大河」というのは石狩川だろうと解する説と、いやそんなに遠くまでは行くまいという説とがあるそうだが、僕はこの「大河」は天塩川だろうと思っている。粛慎人が一時彼等の拠点としていた弊賂弁島に帰ったと記されているがこの音は幌延の地名を思わせるし、だいたい石狩川の河口近くに島などはないからである。天塩川なら洋上富士、利尻岳をいただく利尻・礼文の両島が、遠望できる距離にしっかりと在る。

どうも現代人の我々は古代の人々の行動力を甘く見がちである。粛慎や比羅夫に限らない。縄文人や擦文人と深いつながりを持つとされるアイヌ人も、もともとは非常に行動的で、英雄を尊ぶ尚武の民だったらしい。有名な叙事詩『ユーカラ』は戦いの勇者を讃える唄だし、十三世紀には一支族であるカラフトアイヌが先住民ニブヒを圧迫し、彼等を服属させていたあの元朝と戦ったという記録さえある。『北の元寇』と称される北辺の戦さだ。万余の軍隊を相手にして負けなかったというから凄い。南で戦った鎌倉武士も顔負けである。

アイヌの戦いの痕跡は、僕の故郷にもある。遠軽という、地域では割合大きな町のど真ん中にそびえる瞰望岩という巨岩がそれで、優勢な敵十勝アイヌに攻められた在地の湧別アイヌが、天険の地に拠って戦い、折からの大洪水でかろうじて救われたと伝説が伝える。巨岩はだから天然の砦（チャシ）で、カムイノミという神事の場でもあった。遠軽という地名はその岩のアイヌ名「インガルシ（見晴らしのいい所）」からきていると、これは町の案内にある。

この話は子供の頃から聞かされて知っていたが、遠い十勝地方から敵が攻めて来るというのは昔の話というにしては少し変で、眉唾ものだと生意気にも思っていた。やはり、アイヌの人達の行動力（バイタリティ）を侮っていたのだ。

アイヌについてはもうひとつ腑（ふ）に落ちないことがあった。

『アイヌ』というのは「人間」という意味で、昔「お前は誰だ？」と和人に訊（き）かれたアイヌ人が「アイヌ！」と応（こた）えて、以来そう呼ばれるようになったというのだ。

萱野茂著の『アイヌ語辞典』にも、エピソードはともかく、訳語としては第一に「人間」とある。だが見識らぬ人に「誰だ？」と訊かれて、果たして「人間だ！」と応えるだろうか。どうも変だ、つくられた人間主義（ヒューマニズム）の臭いがあると思っていた。

これについては最近はこう思うようにしている。「アイヌ！」と応えた当のアイヌ人は「いっぱしの者（もん）だ！」と云ったのではないかというふうにだ。

雄々しく和人支配に抗したシャクシャインもコシャマインも語尾は「アイン＝アイヌ」だ。英雄に通じる誇り高き人は他所（よそ）者に対して胸を張ってそう応じたと思いたい。そういう高き矜持（きょうじ）をもった先人達が、古代の我が郷土を闊歩（かっぽ）していたのだろう。

もっと知りたい人のための参考文献

『新版［古代の日本］』（角川書店・一九九一〜九三）は、『第1巻　古代史総論』から『第10巻　古代資料研究の方法』まで全10巻シリーズ。東北・北海道に関連するのは、坪井清足・平野邦雄監修『第9巻　東北・北海道』。古代史の到達点の現状と展望を探る。

「街道の日本史」シリーズ、全56巻（吉川弘文館・二〇〇〇〜〇五）。街道沿いの地域にまつわる伝統・伝説・文化・生活・歴史を都道府県別に解説。『蝦夷地から北海道へ』『下北・渡島と津軽海峡』『平泉と奥州道中』など、1〜13巻までが東北・北海道の関連書となっている。

シリーズ「遺跡を学ぶ」（新泉社）は、二〇〇四年から150巻以上も刊行されている人気シリーズ。東北の遺跡では、飯村均『律令国家の対蝦夷政策・相馬の製鉄遺跡群』、進藤秋輝『古代東北統治の拠点・多賀城』などがある。「遺跡には感動がある！」がキャッチフレーズで、豊富な図版と分かりやすい解説に定評がある。

「歴史散歩」シリーズ（山川出版社・二〇〇五〜一四）。史跡・文化財を訪ね歩く都道府県別のガイドブック。本文は2色刷で携帯に便利。地域や史跡の見どころが一目でわかるキャッチフレーズなど、役立つ情報を数多く収録。

シリーズ「日本の遺跡」（同成社）は、二〇〇五年から51巻刊行されている。東北・北海道では『白河郡衙遺跡群』『多賀城跡』など。

『列島の古代史　ひと・もの・こと』（岩波書店・二〇〇五〜〇六）は、『1　古代史の舞台』『2　暮らしと生業』など全8巻シリーズ。上原真人・白石太一郎・吉川真司・吉村武彦編。

『シリーズ　日本古代史』（岩波新書・二〇一〇〜一一）は『農耕社会の成立』『ヤマト王権』『飛鳥の都』『平城京の時代』『平安京遷都』『摂関政治』の全6巻。古代史のスタンダードを知りたい人向けの新書内シリーズ。中国・朝鮮半島との関係性がより密になる現在、最前線の研究者が描きだす、新鮮な古代史像は刺激に満ちている。

『日本古代の歴史』シリーズ（吉川弘文館・二〇一三〜一九）。佐藤信・佐々木恵介企画の全6巻シリーズ。『倭国のなりたち』『飛鳥と古代国家』『奈良の都と天平文化』『平安京の時代』『摂関政治と地方社会』『列島の古代』。地方・庶民の姿や各地域間の交流に注目。中国・朝鮮半島との関係もふまえた歴史像を描いている。

『シリーズ　古代史をひらく』（岩波書店・二〇一九〜二一）。吉村武彦・吉川真司・川尻秋生編。『前方後円墳』『古代の都』『古代寺院』『渡来系移住民』『文字とことば』『国風文化』の全6巻シリーズ。巻末の座談会は読み応えあり。

『新版　古代史の基礎知識』（角川選書・二〇二〇）は、古代史の理解に必要な重要事項を配置。吉村武彦編。新聞紙上をにぎわしたトピックをはじめ、歴史学界で話題となっている論争も積極的に取り上げて平易に解説している。

「県史シリーズ」（山川出版社・一九六九〜八一）・「新版　県史シリーズ」（山川出版社・二〇〇〇〜一五）どちらも全47巻。各県の古代〜近現代までを網羅。巻末には詳細な年表・遺跡のリストだけではなく、各地の行事など民俗史的資料も豊富。北海道・東北地方は1〜7巻。

『テーマで学ぶ日本古代史』（吉川弘文館・二〇二〇）。佐藤信監修／新古代史の会編。「社会・史料編」と「政治・外交編」がある。古代社会の全体像を、様々な論点から平易に解説する。

「歴史文化ライブラリー」シリーズ（吉川弘文館）。熊谷公男『古代の蝦夷と城柵』など。

『東北の古代史』シリーズ（吉川弘文館・二〇一五〜一六）。全5巻。前九年・後三年合戦に至るまでの東北史を平易に解説する。

『講座　東北の歴史』シリーズ（清文堂出版・二〇一二〜一四）。全6巻。

『平泉の文化史』（吉川弘文館・二〇二〇〜二一）。菅野成寛監修・及川司編『1　平泉を掘る』、菅野成寛監修・編『2　平泉の仏教史』、浅井和春・長岡龍作編『3　中尊寺の仏教美術』の全3巻。

『新北海道の古代』（北海道新聞社・二〇〇一・二〇〇三・二〇〇四）。野村崇・宇田川洋編。『1　旧石器・縄文文化』『2　続縄文・オホーツク文化』『3　擦文・アイヌ文化』の全3巻。

『新版　北海道の歴史　上　古代・中世・近世編』（北海道新聞社・二〇一一）。

『アイヌ史を問いなおす』（勉誠出版・二〇一一）。蓑島栄紀編。

『東北の古代遺跡　城柵・官衙と寺院』（高志書院・二〇一〇）。進藤秋輝編。

『遺跡は語る　旧石器〜古墳時代』（岩手日報社・二〇〇〇）。岩手日報社出版部編。

『古代・中世を歩く　奈良〜安土桃山時代』（岩手日報社・二〇〇一）。岩手日報社出版部編。

「自治体史」　北海道・青森県・秋田県・岩手県・山形県・宮城県・福島県の各県と、八戸市・秋田市・仙台市をはじめとする各県・市などが編さんした自治体史は、それぞれの地域の歴史を知るのに便利。各自治体の図書館・博物館などに所蔵されている。

いことは否定できない。しかし、もう一方で続縄文系の土壙墓の分布域を引き継いでいることに加えて、埋葬主体も独特の土壙タイプが本来で、さらには北上市の岩崎台地遺跡群のように同じ遺跡内に併存する土壙墓と末期古墳の埋葬施設に共通する特徴があるうえ、ともに黒曜石の石器・剝片（はくへん）を撒（ま）くという北方系の埋葬儀礼の痕跡が認められる事例もあるので、埋葬観念も含めた墓制全体としては、むしろ続縄文系の土壙墓の系譜を引く墓制とみることも可能であろう。それが列島で古墳が造られなくなったあとも200年以上も造られ続けたという事実は、この地域の蝦夷文化の独自性を示す貴重な遺構群とも考えられよう。

（熊谷公男・蓑島栄紀）

分けて交替で年間60日程度勤務し（番上兵）、食料や装備は自弁であった。下番のときは出身地で農作業に従事した。

それに対して陸奥国（8世紀末以降は出羽国にも）に置かれた鎮兵は多賀城の創建に相前後して創設され、主に東国の軍団兵士の中から選抜されて陸奥に派遣された。食料の支給を受けながら数年にわたって城柵の警備や征討などに従事する専業兵士（長上兵）であった。対蝦夷関係の緊迫度に応じて500～3800人程度で増減され、征夷がしばらくなかった天平末年前後は一時廃止された。陸奥国の兵力としては主力であったが、食料の官給は国家財政を圧迫し、弘仁6年（815）に陸奥国の鎮兵は全廃される。

末期古墳　まっきこふん

7世紀初頭～9世紀後半、東北北部で築造された小円墳。古墳文化の終末期古墳と区別してこうよぶ。分布域は青森・岩手・秋田の北3県に宮城県北部を加えた東北地方の北半部で、ちょうど古墳の北限ラインよりも北の地域に相当する。北海道の道央部に分布する「北海道式古墳」も同系統の墳墓と考えられる。

墳形は円形が基本で、周溝をめぐらすものが多い。規模は、周溝の内径で5～10m前後のものが多く、通常の古墳のように数十mにおよぶ大型のものはみられない。墳丘が残っていることはまれで、もともと高さ1～2m程度と推定されている。埋葬施設（主体部）は通常1基で、長方形の土壙（どこう）の周囲に側板をはめこんだ土壙タイプと横穴式石室の変形タイプに分けられる。後者の分布は北上川流域に限られ、時期も比較的新しいが、前者は出現当初から終末まで用いられ、分布域も広いので、末期古墳の基本的な埋葬施設とみてよい。しかもこのような構造の埋葬施設は、古墳文化圏では近接した時期、地域では見出（みいだ）しがたいとされる。その構築法は、本来、地面を掘り下げて埋葬施設を作って埋葬を終えた後で墳丘を築造したが、これは通常古墳文化の古墳が先に墳丘を作り、その中に埋葬施設を作るのとちょうど逆である。ただし8世紀後半以降は、末期古墳もしだいに墳丘を先に築くようになる。

かつて末期古墳は蝦夷独自の墳墓というとらえ方が一般的であったが、近年では、直前まで東北北部に分布していた続縄文系の土壙墓の特色（屈葬で墳丘を築かない、など）と大きく異なるので、古墳文化の系譜を引く墳墓とみる見解が大勢である。確かに形態的に古墳文化の影響が強軍の大野東人によって創建される。陸奥国では養老4年（720）に起こった蝦夷の反乱を契機に蝦夷支配体制の再編強化が進められ、大崎地方の玉造柵・新田柵などの諸城柵や官衙の再整備と並行して新国府多賀城が創建され、鎮守府が併置された。

仙台平野北端の低丘陵に立地し、一辺1km前後の築地・材木塀の外郭を四周にめぐらした不整方形を呈する。外郭の東・西・南に門を備える。近年、創建期の外郭南門は新しい南門よりも120mほど北にあったことが判明した。城内の中央に南北116m、東西103mの築地で区画した政庁を置き、その中に正殿・東西脇殿などを規則正しく配置する。その周囲からは官衙・工房・道路・住居などの施設が検出された。城下には付属寺院の多賀城廃寺（多賀城市高崎）があり、また奈良時代末以降に東西南北の道路による町割りが形成される。

その後、多賀城は宝亀11年（780）に勃発（ぼっぱつ）した伊治呰麻呂（これはりのあざまろ）の乱で焼き討ちされるが、間もなく再建される。その後も多賀城は陸奥国府として長く存続するが、平安初期に陸奥国北部に胆沢城が建置されると、鎮守府も胆沢城に移転される。

鎮守府　ちんじゅふ

神亀（じんき）元年（724）の多賀城創建時に国府とともに多賀城に併置され、延暦21年（802）の胆沢城建置後は胆沢城に移転する。令外（りょうげ）（律令の規定外）の長上兵である鎮兵を統轄し、戦時には征討を行い、平時には城柵を警備するとともに、その修理をおこなった。新たな城柵の造営も鎮守府が担当した。鎮守府の官人（鎮官）の構成は、当初、将軍・判官・主典の三等官であったが、天平宝字元年（757）に将軍・副将軍・軍監・軍曹の四等官となり、弘仁3年（812）以降は副将軍が廃止された。

多賀城に国府・鎮守府が併置されていた時期は、国司が鎮官を兼務することが原則とされたが、胆沢城移転後の大同3年（808）以降は、国司と鎮官が別個に任命されるようになって、鎮守府の独立性が高まる。胆沢城移転後は、胆沢城周辺の奥郡の統治を行う「第2国府」となるとする説が有力である。

鎮兵　ちんぺい

陸奥国の兵制には、通常の軍団兵士のほか、鎮守府の管轄下に置かれた令外の兵制である鎮兵があった。軍団兵士は、国内の公民から徴発され、1軍団1千人の兵士で編成し、それを6つ程度の番（グループ）に殿からなる政庁を置いているので、行政的官衙としての機能を有していたとみてよい。もう一方で、一般の国府などと異なって、周囲に材木塀（材木を建て並べた柵）・築地（土をつき固めた塀）などの頑丈な外郭施設をめぐらして防備を固め、常備軍を配備しているので、蝦夷に備える軍事施設ともいうことができる。

志波城　しわじょう

岩手県盛岡市下太田方八丁ほかに所在する陸奥国最北の城柵。胆沢・志波地域平定後の延暦22年（803）、坂上田村麻呂が造営した。北上盆地の北端、北上川の支流である雫石川南岸の低位段丘上の沖積地に立地する。多賀城にほぼ匹敵する規模で、古代城柵の中で最大級である。弘仁2年（811）、水害に遭いやすいという理由で移転が申請され、翌年、約10 km南方に新造された徳丹城に移転する。実際にも洪水によって遺跡の北半部が流失している。

志波城の外郭施設は、1辺840 m四方の築地と、その外側の1辺928 m四方の外大溝で2重に区画されている。その南辺中央に南門が開き、築地には櫓が約60 m間隔で設置された。城内には1辺150 mの築地をめぐらした中に、正殿・東西脇殿などを建て並べた政庁を中央部に置き、その周囲に種々の実務官衙を配置する。また志波城では、外郭のすぐ内側に約1町（108 m）幅で、ベルト状に兵舎や工房とみられる竪穴住居が密集しており、注目される。

続縄文文化　ぞくじょうもんぶんか

およそ紀元前5〜3世紀頃から紀元後6・7世紀頃まで、北海道島とその周辺に分布した文化。本州で弥生文化が広まったあとも、縄文をもつ土器を製作し、稲作農耕を受容せず、狩猟・漁労・採集を中心とする生活を維持した。ただし、隣接する弥生文化や古墳文化との交流はさかんで、交易による鉄器の入手もはじまっていた。前半期には地域ごとの文化圏の差異が大きいが、後半期には広範囲が共通性の高い文化圏で覆われ、本州東北地方への南下も顕著となる。また、前半期の一部の地域については、稲作農耕を受容しなかったものの、広義の弥生文化の一部に含むべきとする意見もある。本州の古墳文化・土師器文化との交流によって、6・7世紀頃に擦文文化へと変容する。

多賀城　たがじょう

宮城県多賀城市市川・浮島に所在する古代城柵で陸奥国府が置かれた。神亀元年（724）に按察使・鎮守将判官）に任じられて以来、桓武天皇の時代に近衛少将、権中将、中将を歴任し、その後さらに中衛大将をへて、大同2年（807）には右近衛大将となり、生涯天皇側近のエリート武官であった。阿弖流為軍に敗れた2年後の延暦10年（791）、近衛少将の田村麻呂は、若くして征東副使（のちの征夷副将軍）に抜擢される。同13年（794）に実施された征夷では、田村麻呂の活躍もあって、ようやく蝦夷軍に勝利する。ついで同16年（797）に征夷大将軍に任じられ、同20年（801）の征夷で胆沢・志波両地域の蝦夷を平定し、翌年に胆沢城、翌々年に志波城を造営する。同23年（804）、再度征夷大将軍に任命されるが、翌年に殿上で行われた徳政相論で桓武天皇が征夷と造都の中止を宣言したことで、次期征夷は中止となる。その後公卿となり、弘仁2年（811）、大納言にて没す。

擦文土器　さつもんどき

　およそ7世紀後半頃から12・13世紀頃まで、北海道島とその周辺で用いられた土器。木のヘラで表面を調整した痕跡（刷毛目＝擦文）から命名された。成立時期は6世紀後半～8世紀頃まで、終焉については11～13世紀頃まで、研究者によって見解の相違がある。時期ごとの変遷については、早期～晩期の5期に分ける宇田川洋の説や、Ⅰ～Ⅵ期に分ける石附喜三男の説が主流。本州の土師器の影響を強く受けて成立したが、在来の続縄文土器の要素も受け継いでいる。また、9・10世紀頃から、器形や文様・装飾の面で、本州の土器とは異なる独自の特徴を顕著に示すようになる。その後、おもに本州との交易の進展により、鉄鍋や漆器、陶磁器などの流入が増大すると、13世紀頃までには製作されなくなる。

城柵　じょうさく

　城柵は、古代国家が蝦夷・隼人などの化外の民の支配のために置いた軍事的機能を有する官衙施設である。隼人に対する城柵は実態が不明であるが、蝦夷に対しては7世紀半ば以降、陸奥・越後・出羽各国の北辺部に、支配領域の拡大と蝦夷の反乱に備えるために城柵を置いていった。文献に現れる主要な城柵として、越後の渟足柵・磐舟柵、陸奥の多賀城・桃生城・伊治城・胆沢城・志波城・徳丹城、出羽の出羽柵・秋田城・雄勝城などがある。城柵には、その周辺に坂東や北陸などから柵戸とよばれる移民を導入し、軍団兵・鎮兵などの常備軍を配備した。

　城柵は、通常、中央部に正殿や脇

態は倭人と異ならないとする非アイヌ説として受け取られた。その後、蝦夷には倭人と共通する要素と、アイヌ民族に通じる要素の両面があるとして、アイヌ説と非アイヌ説の止揚を唱える説（工藤雅樹）や、それを基本的に継承しつつ、蝦夷研究は、まず蝦夷が存在した時間的枠組み（6～11世紀）と空間的枠組み（新潟北部・東北地方（除福島）・北海道）を明らかにした上で学際的に進める必要があるとする説（熊谷公男）などが現れるが、近年の蝦夷研究は総じて低調である。

蝦夷研究にはなおさまざまな課題が残されている。たとえば、蝦夷が基本的に「まつろわぬ人びと」に対する王権側の認識であることは動かないにしても、それが住民のエスニックな実態とまったく関わらないのかという問題は、なお十分に解決されてはいない。奈良時代前半以降、蝦夷は服属してもすぐさま公民とされるわけではなく、蝦夷（夷）・蝦狄（狄）・俘囚・田夷・山夷などさまざまな呼称でよび分けられ、公民と区別して国家支配のもとに置かれるようになる。これは、蝦夷がもはや単なる「まつろわぬ人びと」の汎称ではなくなっていることを示している。それらの呼称が蝦夷の実態といかにかかわるのかという問題は、辺民説・アイヌ説の議論を進展させるためにも重要と思われる。

オホーツク文化　オホーツクぶんか

およそ5～9世紀に、北海道島の北部、東部およびサハリンや千島列島に分布した海洋適応文化。海獣狩猟や海洋漁労をおもな生業とし、陸獣の狩猟や雑穀農耕もおこなった。また、ヒグマやクジラ、クロテンなどの動物儀礼をさかんにおこなった。骨角製の人物彫像や各種の動物造形も多く出土している。大陸系、本州系の豊富な外来遺物を有することから、毛皮類などの対外交易に従事していたと考えられる。前半期には大陸系の物質文化との関係が深いが、後半期には本州系の物質文化とのつながりが深くなることが指摘されている。北海道島では、9・10世紀頃に隣接する擦文文化の影響を強く受けて変容し、終焉するが（道東のトビニタイ式土器、道北の元地式土器の時期）、サハリンでは12・13世紀頃までオホーツク文化が継承される（南貝塚式土器の時期）。

坂上田村麻呂　さかのうえのたむらまろ

758―811　8世紀末～9世紀初めの武人。苅田麻呂の子。宝亀11年（780）23歳で近衛将監（近衛府のと阿倍氏の傍流の出で、阿倍引田臣比羅夫ともいう。改新政権の左大臣阿倍内麻呂（阿倍倉梯麻呂）の亡き後、阿倍氏の最有力者となる。斉明天皇4年（658）から同6年にかけて、連年、多数の軍船を率いて日本海側を北上し、齶田（秋田）、渟代（能代）を経て渡島（北海道）に至り、これら北方の蝦夷集団をはじめて王権に服属させた。さらに渡島蝦夷の救援要請を受けて粛慎（オホーツク文化人か）とも接触し、戦闘を経て服属させる。ときに越国守とあるので、遠征の出港地は越国（北陸地方）であろう。このときの遠征では、斉明天皇元年（655）以前に服属していた津軽蝦夷が先導役をはたしていたとみられる。その後、天智天皇2年（663）の百済救援の役でも将軍の一人として半島に派遣された。

胆沢城　いさわじょう

岩手県奥州市水沢佐倉河に所在する古代城柵。北上川と胆沢川の合流点付近の平坦な沖積地上に立地する。坂上田村麻呂が胆沢・志波両地域を平定した翌延暦21年（802）に造営された。完成後、多賀城にあった鎮守府がここに移され、陸奥国北辺部を統轄する中心的な城柵となる。外郭施設は670m四方の築地で構成され、その内外をさらに大溝がめぐる。外郭には南北2つの門が開き、東辺と西辺では櫓が確認されている。城内の中央やや南寄りに正殿と東西脇殿からなる政庁がある。その周囲は約90m四方の塀で囲まれ、東辺と南辺では門が確認された。外郭南門から政庁南門までは全長175mの城内大路が通じており、その南端から145mの地点で政庁前門（殿門ともいう）が発見されている。ほかに城内からは厨（城内で使う食料の調達・保管、給食等を行う施設）や種々の実務官衙とみられる建物が発見された。

蝦夷（エミシ）

古代、東北地方・新潟県から北海道にかけての地域の住民を国家側からよんだ呼称。

蝦夷研究には江戸時代以来の長い歴史がある。もともとは蝦夷を縄文人の末裔でアイヌの先祖とみる蝦夷アイヌ説が有力であったが、戦後は一転して蝦夷辺民説（または非アイヌ説）が主流となる。辺民説とは、国家にしたがわない辺境の民の国家側からの呼称という意で、直接実態には関わらない概念とする学説であるが、戦後、津軽半島で弥生時代の水田跡が発見されたこともあって、一般には蝦夷は農耕も行い、その実

キーワード解説

アイヌ文化　アイヌぶんか

一般には、アイヌ語や口承文芸、踊りや木彫、各種の儀礼ほか、衣食住のさまざまな特徴をもつ文化としてイメージされるが、その内容はたえず変化し、また地域によっても多様である。いわゆる「伝統的なアイヌ文化」だけを「アイヌ文化」として固定化するのは誤りであり、その問題性は、アイヌ文化だけでなく、あらゆる文化に共通する課題である。考古学的には、およそ13世紀以後に、北海道島で土器や竪穴(たてあな)住居の使用が終わったあとの、鉄鍋(てつなべ)や漆器、平地住居などの使用に特徴づけられる文化を「アイヌ文化」と呼ぶが、近年では、土器や竪穴住居を使っていた時期についても、その時代の「アイヌ文化」として把握すべきとする理解がみられる。その後、中近世にかけて多様に育(はぐく)まれてきた「アイヌ文化」は、近現代に、日本政府による同化政策や社会的な差別・抑圧のなかで大きな変容を強いられたが、そうしたなかでもアイヌ民族は主体的な力強さを示し、現在もアイヌ文化はたえまない創造の過程にあるといえる（なお、そのことによって同化政策の不当性が減じるわけではない）。

阿弖流為　あてるい

―802　8世紀後半の陸奥国胆沢(いさわ)地方（現奥州市）の蝦夷の族長。姓を大墓(おおはかの)といい、名を阿弖利為(たも)とも記す。38年戦争において、延暦8年（789）に胆沢の蝦夷を率いて征東将軍紀古佐美の率いる2万7千余の征夷(せいい)軍を北上川東岸の巣伏(すぶし)村（現岩手県奥州市江刺愛宕四丑(おだきしうし)か）付近で巧みな戦略を用いて破ったことは有名。このとき征夷軍は、戦死者25人に加えて1036人もの溺死(できし)者を出して退却した。征夷大将軍坂上田村麻呂が同20年（801）に胆沢・志波地域を平定した翌年、胆沢城を築き始めたときに、盤具(いわぐの)母礼らとともに投降。田村麻呂は同年7月に2人をともなって帰京し、助命を嘆願したが、公卿(くぎょう)らの反対にあってかなわず、同年8月13日、河内国植山（椙山(すぎやま)とも伝える。比定地はいずれも未詳。国史大系本『日本紀略』が杜山と記すのは誤り）で斬刑(ざんけい)に処された。

阿倍比羅夫　あべのひらふ

7世紀後半、斉明天皇の時代に活躍した武人。生没年は不詳。もとも

【宮城県】
◇東北歴史博物館
宮城県多賀城市高崎 1-22-1
TEL：022-368-0106

◇地底の森ミュージアム
宮城県仙台市太白区長町南 4-3-1
TEL：022-246-9153

◇わくや万葉の里　天平ろまん館
宮城県遠田郡涌谷町涌谷字黄金山 1-3
TEL：0229-43-2100

◇陸奥国分寺跡
宮城県仙台市若林区木ノ下 2 丁目
TEL：022-211-3683（宮城県文化財課保存活用班）

【福島県】
◇福島県立博物館
福島県会津若松市城東町 1-25
TEL：0242-28-6000

◇福島文化財センター白河館・まほろん
福島県白河市白坂一里段 86
TEL：0248-21-0700

◇南相馬市博物館
福島県南相馬市原町区本町 2-27
TEL：0244-22-2111

【秋田県】

◇秋田県立博物館
秋田県秋田市金足鳰崎字後山 52
TEL：018-873-4121

◇秋田県埋蔵文化財センター
秋田県大仙市払田字牛嶋 20
TEL：0187-69-3331

◇後三年合戦金沢資料館
秋田県横手市金沢中野根小屋 102-4
TEL：0182-37-3510

◇秋田市立秋田城跡歴史資料館
秋田県秋田市寺内焼山 9-6
TEL：018-845-1837

【岩手県】

◇岩手県立博物館
岩手県盛岡市上田字松屋敷 34
TEL：019-661-2831

◇毛越寺宝物館
岩手県西磐井郡平泉町平泉字大沢 58
TEL：0191-46-2331

◇中尊寺讃衡蔵
岩手県西磐井郡平泉町平泉衣関 202
TEL：0191-46-2211

◇志波城古代公園
岩手県盛岡市上鹿妻五兵エ新田 47-11
TEL：019-658-1710

◇奥州市埋蔵文化財調査センター
岩手県奥州市水沢佐倉河字九蔵田 96-1
TEL：0197-22-4400

◇柳之御所資料館
岩手県西磐井郡平泉町平泉字伽羅楽 108-1
TEL：0191-34-1001

【山形県】

◇山形県立博物館
山形県山形市霞城町 1-8
TEL：023-645-1111

◇長井市古代の丘資料館
山形県長井市草岡 2768-1
TEL：0238-88-9978

◇山形県立うきたむ風土記の丘考古資料館
山形県東置賜郡高畠町大字安久津 2117
TEL：0238-52-2585

東北・北海道の古代史関係施設（2022年3月末現在）

【北海道】
◇北海道博物館
北海道札幌市厚別区厚別町小野幌53-2
TEL：011-898-0466

◇国立アイヌ民族博物館
北海道白老郡白老町若草町2-3-1
TEL：0144-82-3914

◇北海道立北方民族博物館
北海道網走市字潮見309-1
TEL：0152-45-3888

◇オホーツクミュージアムえさし
北海道枝幸郡枝幸町三笠町1614-1
TEL：0163-62-1231

◇ところ遺跡の館
北海道北見市常呂町栄浦371
TEL：0152-54-3393

◇モヨロ貝塚館（網走市立郷土博物館分館）
北海道網走市北1条東2丁目
TEL：0152-43-2608

◇平取町立二風谷アイヌ文化博物館・沙流川歴史館
北海道沙流郡平取町二風谷55
TEL：01457-2-2892

◇沙流川歴史館
北海道沙流郡平取町二風谷227-2
TEL：01457-2-4085

◇標津町ポー川史跡自然公園
北海道標津郡標津町伊茶仁
TEL：0153-82-3674

【青森県】
◇青森県立郷土館
青森県青森市本町2-8-14
TEL：017-777-1585

◇三内丸山遺跡センター
青森県青森市三内字丸山305
TEL：017-766-8282

◇八戸市博物館
青森県八戸市大字根城字東構35-1
TEL：0178-44-8111

◇八戸市埋蔵文化財センター　是川縄文館
青森県八戸市大字是川字横山1
TEL：0178-38-9511

鳥海山
胆沢
横河
遊佐
白鳥
中尊寺
柳之御所遺跡
毛越寺
城輪柵跡
飽海
平戈
河崎柵
磐井
出羽柵?
陸
大吉山瓦窯跡
名生館
官衙遺跡
栗原
伊治城跡
佐芸
宮沢遺跡
白谷
玉造
東山
官衙遺跡
木戸窯跡群
避翼
玉野
新田柵跡
黄金山産金遺跡
鼠ヶ関
野後
城生柵跡
羽
月山
桃生城跡
色麻
菜切谷廃寺
大室塞
村山
黒川
赤井官衙遺跡
日の出山
瓦窯跡
塩竈神社
多賀城跡
栖屋
多賀城廃寺
最上
小野
名取
陸奥国分尼寺跡
清水
陸奥国分寺跡
郡山官衙遺跡
玉前
柴田
三十三間堂官衙遺跡(亘理郡衙)
篤借
角田郡山遺跡(伊具郡衙)
飯豊山
伊達
奥
岑越
泉官衙遺跡(行方郡衙)
磐梯山
湯日
大悲山石仏群
慧日寺跡
安達
郡山台遺跡(安達郡衙)
郡山五番遺跡(標葉郡衙)
清水台遺跡(安積郡衙)
葦屋
磐瀬
関和久官衙遺跡(白河郡衙)
松田
白水阿弥陀堂
雄野
白河関
根岸官衙遺跡(磐城郡衙)
高野
郡遺跡・応時遺跡(菊多郡衙)
長有
菊多関
0
50km

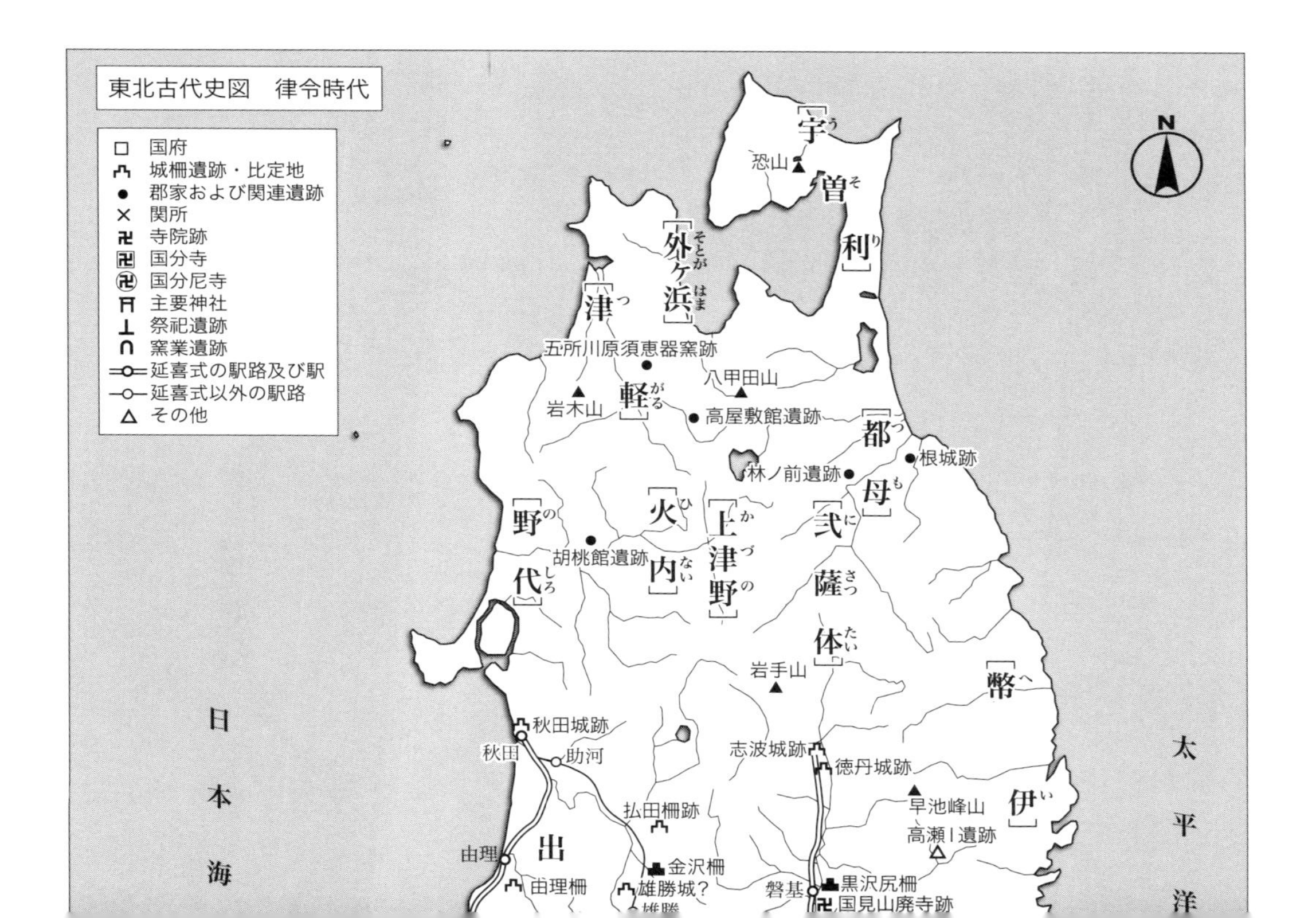
東北古代史図　律令時代
□ 国府
城柵遺跡・比定地
● 郡家および関連遺跡
× 関所
寺院跡
国分寺
国分尼寺
主要神社
祭祀遺跡
窯業遺跡
延喜式の駅路及び駅
延喜式以外の駅路
△ その他
N
宇
恐山
曽
利
外ケ浜
津
五所川原須恵器窯跡
八甲田山
岩木山
軽
高屋敷館遺跡
都
根城跡
林ノ前遺跡
母
野
火
上津野
弐
胡桃館遺跡
代
内
薩
体
岩手山
幣
日本海
太平洋
秋田城跡
秋田
助河
志波城跡
徳丹城跡
早池峰山
伊
高瀬Ⅰ遺跡
払田柵跡
由理
出
金沢柵
黒沢尻柵
由理柵
雄勝城？
磐基
国見山廃寺跡

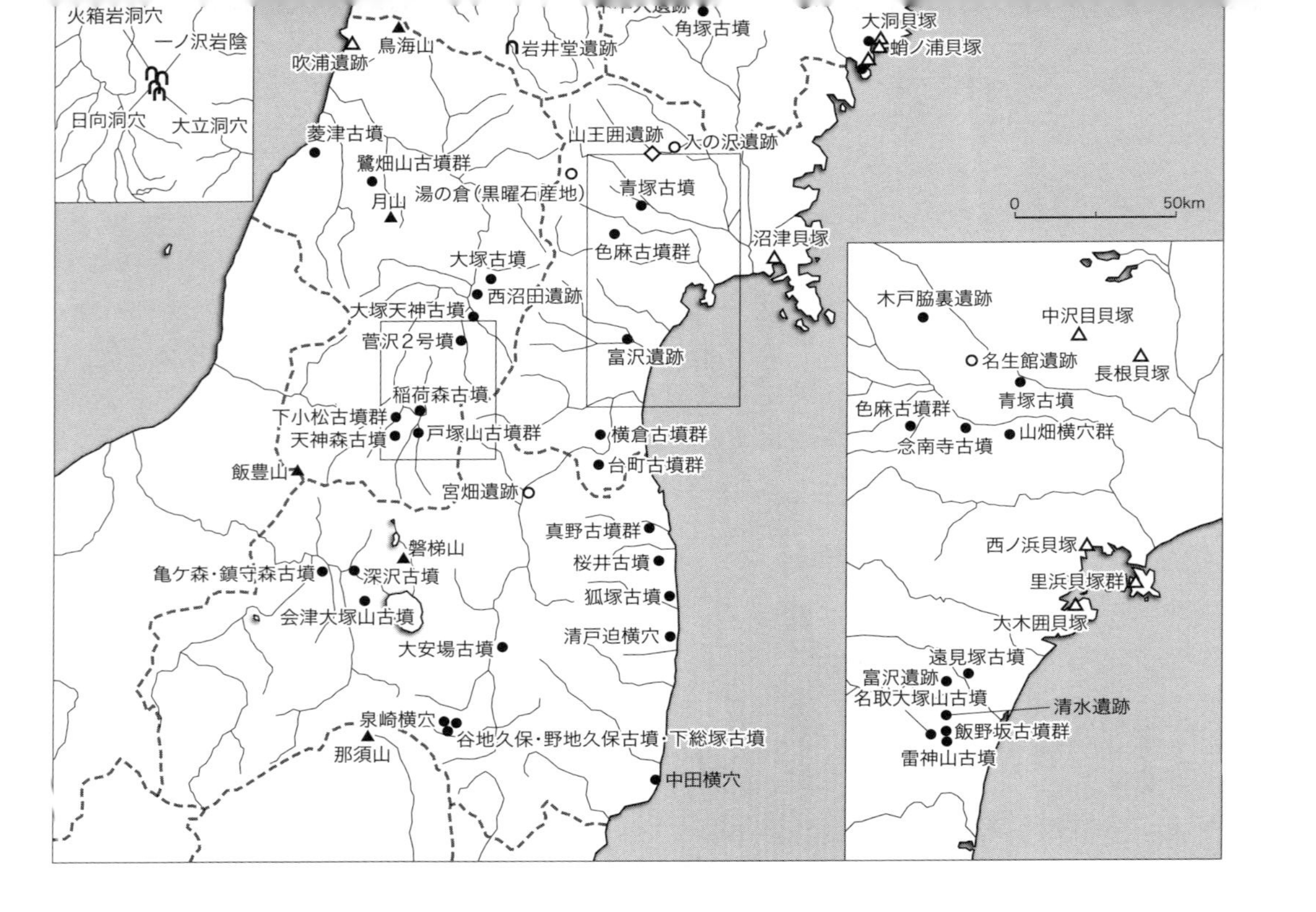

火箱岩洞穴
一ノ沢岩陰
日向洞穴
大立洞穴
吹浦遺跡
鳥海山
岩井堂遺跡
角塚古墳
大洞貝塚
蛸ノ浦貝塚
菱津古墳
鷲畑山古墳群
山王囲遺跡
入の沢遺跡
湯の倉(黒曜石産地)
月山
青塚古墳
0
50km
色麻古墳群
沼津貝塚
大塚古墳
西沼田遺跡
大塚天神古墳
菅沢2号墳
富沢遺跡
木戸脇裏遺跡
中沢目貝塚
名生館遺跡
長根貝塚
青塚古墳
色麻古墳群
念南寺古墳
山畑横穴群
稲荷森古墳
下小松古墳群
天神森古墳
戸塚山古墳群
横倉古墳群
台町古墳群
飯豊山
宮畑遺跡
真野古墳群
磐梯山
桜井古墳
亀ケ森・鎮守森古墳
深沢古墳
狐塚古墳
会津大塚山古墳
清戸迫横穴
大安場古墳
西ノ浜貝塚
里浜貝塚群
大木囲貝塚
遠見塚古墳
富沢遺跡
名取大塚山古墳
清水遺跡
飯野坂古墳群
雷神山古墳
泉崎横穴
谷地久保・野地久保古墳・下総塚古墳
那須山
中田横穴

東北古代史図　縄文～古墳時代の主な遺跡
洞窟・岩陰遺跡
遺物包含地・散布地
配石遺構
その他集落・居館跡、水田跡等
縄文時代貝塚、捨て場
古墳、その他の墳墓
N
物見台遺跡
恐山
大平山元遺跡
亀ヶ岡遺跡
三内丸山遺跡
砂沢遺跡
森ヶ沢遺跡
大森勝山遺跡
岩木山
八甲田山
阿光坊古墳群
垂柳遺跡
長七谷地貝塚
鹿島沢古墳群
丹後平古墳群
是川石器時代遺跡
杉沢台遺跡
大湯環状列石
伊勢堂岱遺跡
御所野遺跡
寒川遺跡
日
本
海
岩手山
永福寺山遺跡
地蔵田B遺跡
早池峰山
一本杉遺跡
江釣子古墳群
太
平
洋

ンコロマナイ遺跡
目梨泊遺跡
ホロナイポ遺跡
落切川左岸遺跡
オホーツク海
智東8遺跡
オムサロ遺跡
シブノツナイ竪穴群
常呂遺跡
トコロチャシ遺跡
知床岬遺跡
二ツ岩遺跡
モヨロ貝塚
チャシコツ岬上遺跡
大雪山
ピラガ丘遺跡
トビニタイ遺跡
元町遺跡
オタフク岩遺跡
須藤遺跡
松法川北岸遺跡
石狩岳
伊茶仁カリカリウス遺跡
三本木遺跡
弁天島遺跡
トーサムポロ湖周辺竪穴群
北斗遺跡
西月ケ岡遺跡
材木町5遺跡
勝太竪穴群
太平洋
0
80km

北海道古代史図　擦文・オホーツク文化
擦文文化の遺跡
オホーツク文化の遺跡
日本海
N
浜中2遺跡
香深井遺跡
元地遺跡
利尻富士町役場遺跡
亦稚遺跡
抜海岩陰遺跡
富磯貝塚
豊里遺跡
音類竪穴群
天塩川口遺跡
楠遺跡
香川三線遺跡
小平高砂遺跡
錦町5遺跡
神居古潭遺跡
沢町遺跡
大川遺跡
蘭島遺跡
K39(サクシュコトニ川)遺跡
後藤遺跡
羊蹄山
カリンバ2遺跡
茂漁・柏木東・西島松5遺跡
キウス9遺跡
ウサクマイ遺跡
ユカンボシC15遺跡
美々8遺跡
上幌内モイ遺跡
宇隆1遺跡
末広遺跡
カンカン2遺跡
南有珠7遺跡
南川2遺跡
宮津チャシ遺跡
青苗遺跡
青苗砂丘遺跡
御幸町遺跡
矢不来3遺跡
湯の川遺跡
札前遺跡

『新版古代の日本9 東北・北海道』角川書店、巻末地図に加筆・修正し作成（以下同）

北海道古代史図　旧石器・縄文・続縄文時代
● 旧石器時代の遺跡
○ 縄文時代の遺跡
△ 続縄文時代の遺跡
日本海
船泊遺跡
忍路環状列石
音江環状列石
大川遺跡
手宮洞窟
天内山遺跡
フゴッペ洞窟
ワッカオイD遺跡
滝里安井遺跡
石狩紅葉山遺跡
坊主山遺跡
札幌K135遺跡
江別太遺跡
十勝岳
元江別1遺跡
ユカンボシE7遺跡
西島松5遺跡
キウス周堤墓群
カリンバ遺跡
羊蹄山
丸子山遺跡
祝梅三角山遺跡
ママチ遺跡
ヲチャラセナイ遺跡
南川遺跡
ピリカ遺跡
高砂貝塚
上幌内モイ遺跡
タプコプ遺跡
有珠モシリ遺跡
入江貝塚
静川遺跡
植苗貝塚
柏台1遺跡
北黄金貝塚
アヨロ遺跡
青苗遺跡
鷲ノ木遺跡
神威岳
垣ノ島遺跡
大船遺跡
矢不来遺跡
中野A・B遺跡
恵山貝塚
湯の里4遺跡

西暦	天皇・年号	記事
780	11	伊治呰麻呂の乱起こり、按察使紀広純が殺され、多賀城が焼き討ちされる。出羽国に、乱の影響で渡島蝦夷が動揺しないよう指示する
784	桓武／延暦 3	長岡京遷都
789	8	征東将軍紀古佐美ら、胆沢の巣伏村で阿弖流為らと戦い敗北
794	13	征夷大将軍大伴弟麻呂・副将軍坂上田村麻呂ら、胆沢の蝦夷を征討。平安京遷都
801	20	征夷大将軍坂上田村麻呂ら、蝦夷征討を行い、胆沢・志波地域を制圧
802	21	胆沢城を造営。蝦夷の首長阿弖流為、征夷大将軍坂上田村麻呂に降伏
803	22	志波城を造営
804	23	秋田城下に秋田郡を置く
805	24	藤原緒嗣と菅野真道に天下の徳政を相論させ、征夷と造都を中止する
808	平城／大同 3	この年までに鎮守府が多賀城から胆沢城に移される
812	嵯峨／弘仁 3	志波城を廃止し、徳丹城に移る
830	淳和／天長 7	出羽国で大地震、秋田城が倒壊する
842	仁明／承和 9	承和の変、橘逸勢を伊豆国に配流（途上の遠江国で死亡）
869	清和／貞観 11	陸奥国で大地震、津波が多賀城城下を襲う
875	17	渡島蝦夷が 80 艘の水軍で出羽国の秋田郡・飽海郡を襲撃する
878	陽成／元慶 2	出羽国秋田城下 12 村の俘囚が反乱を起こし、秋田城を焼き討ちする（元慶の乱）
879	3	渡島蝦夷の賊首とその一族 3 千人が津軽蝦夷百余人とともに秋田城に帰順
894	宇多／寛平 6	遣唐使（大使菅原道真）の派遣を停止
901	醍醐／延喜 1	右大臣菅原道真を大宰権帥に左遷
902	2	延喜の荘園整理令
914	14	三善清行、意見封事十二箇条を奏上
935	朱雀／承平 5	平将門の乱（～天慶 3（940））
939	天慶 2	藤原純友の乱（～天慶 4（941））。出羽国の俘囚が反乱、秋田城の軍と合戦（天慶の乱）

陸奥と渡島　古代史年表

西暦	天皇・年号	記事
701	文武／大宝1	遣唐使を派遣（粟田真人）。『大宝律令』制定
708	元明／和銅1	和同開珎を鋳造。越後国を北に拡張し、出羽郡を置く
710	3	平城京遷都
712	5	出羽国を置き、陸奥国置賜・最上2郡を出羽国に移管する
713	6	風土記の撰進を命じる
718	養老2	陸奥国から石城・石背国を分置（養老6・722年頃に再併合）
720	4	陸奥国で蝦夷が反乱、按察使上毛野広人が殺される。舎人親王らが『日本書紀』を撰上
724	聖武／神亀1	按察使兼鎮守将軍大野東人が多賀城を建置する（多賀城碑）。海道蝦夷が反乱、陸奥大掾佐伯児屋麻呂を殺害
727	4	渤海使が蝦夷の地に来着。その後、入京。
733	天平5	出羽柵を秋田村高清水岡に移す
737	9	大野東人ら、多賀城・秋田出羽柵間に駅路を開設しようとするが、途中で中止
740	12	恭仁京遷都
741	13	国分寺・国分尼寺建立の詔
743	15	墾田永年私財法を公布。盧舎那大仏造立を発願
744	16	難波京遷都（後期難波宮）
745	17	平城京還都
749	孝謙／天平勝宝1	陸奥守百済王敬福、陸奥国小田郡より産出した黄金を献上
759	淳仁／天平宝字3	陸奥国桃生城・出羽国雄勝城が完成。出羽国に雄勝・平鹿2郡を置き、多賀城～秋田城（出羽柵を改名）間の駅路を完成させる
762	6	藤原朝獦、多賀城を修造し多賀城碑を建てる
767	称徳／神護景雲1	陸奥国の伊治城が完成
770	光仁／宝亀1	道鏡を下野薬師寺に配流
774	5	陸奥国に急変があった場合、坂東8ヵ国に援兵を差し向けることが命じられる
774	5	海道蝦夷が反乱し、桃生城が陥落。三十八年戦争へ

陸奥と渡島　古代史年表

西暦	天皇・年号	記事
3C末	古墳時代	前方後円墳が出現
471		埼玉県稲荷山古墳出土鉄剣銘「辛亥年七月中」
478	宋／昇明2	倭国王武、宋から「使持節都督倭新羅任那加羅秦韓慕韓六国諸軍事安東大将軍倭王」の号を受ける
538	宣化3	仏教が日本に伝来（552年説もあり）
603	推古11	冠位十二階の制定
604	12	十七条憲法の制定
628		唐、中国統一
645	皇極4	中大兄皇子・中臣鎌足らが蘇我入鹿を暗殺、蘇我本宗家が滅亡（乙巳の変）
645	孝徳／大化1	難波京遷都（前期難波宮）
646	2	「改新の詔」を公布
647	3	渟足柵を設置、柵戸を置く
648	4	磐舟柵を設置し蝦夷に備える。越と信濃の民を選び柵戸を置く
655	斉明1	来朝した越と陸奥の蝦夷を難波宮で饗応し、津軽蝦夷に冠位を授ける
658〜660	斉明4〜6	阿倍比羅夫、越国から日本海沿岸を北上し、秋田・能代・渡島の蝦夷と粛慎を服属させる
658	斉明4	蝦夷200余人、上京して朝貢する。柵養蝦夷・柵造らに叙位。この年までに道奥（陸奥）国・越国を置く
659	斉明5	遣唐使に蝦夷の男女2人を同道して唐に行き、皇帝に謁見する
660		百済が唐・新羅連合軍に滅ぼされる
663	天智2	倭と百済軍、唐・新羅連合軍と白村江で戦い敗北
667	6	近江大津宮に遷都
668		高句麗が唐・新羅の連合軍に滅ぼされる
670	9	全国的な戸籍（庚午年籍）をつくる
672	天武1（弘文1）	壬申の乱
683〜685	天武12〜14	この頃越国を越前・越中・越後3国に分割する
684	13	八色の姓制定
690	持統4	庚寅年籍をつくる
694	8	藤原京遷都

口絵作成＝山下武夫（クラップス）
図版作成＝村松明夫

■執筆者一覧　掲載順

熊谷公男（くまがい・きみお）

1949年生。東北学院大学名誉教授。日本古代史。『古代の蝦夷と城柵』（吉川弘文館）、『蝦夷の地と古代国家』（山川出版社）など。

高瀬克範（たかせ・かつのり）

1974年生。北海道大学大学院文学研究院教授。考古学。『本州島東北部の弥生社会誌』（六一書房）、『続縄文文化の資源利用』（吉川弘文館）など。

菊地芳朗（きくち・よしお）

1965年生。福島大学行政政策学類教授。日本考古学（特に古墳時代）。『古墳時代史の展開と東北社会』（大阪大学出版会）、『倭国の形成と東北』（共著、吉川弘文館）など。

樋口知志（ひぐち・ともじ）

1959年生。岩手大学人文社会科学部教授。日本古代史。『阿弖流為―夷俘と号すること莫かるべし―』（ミネルヴァ書房）、『前九年・後三年合戦と奥州藤原氏』（高志書院）など。

堀 裕（ほり・ゆたか）

1969年生。東北大学大学院文学研究科教授。日本古代史。『仏教がつなぐアジア―王権・信仰・美術―』（共編著、勉誠出版）など。

蓑島栄紀（みのしま・ひでき）

1972年生。北海道大学アイヌ・先住民研究センター准教授。日本古代史（北方史・アイヌ史）。『「もの」と交易の古代北方史―奈良・平安日本と北海道・アイヌ―』（勉誠出版）、『古代国家と北方社会』（吉川弘文館）など。

安彦良和（やすひこ・よしかず）

1947年生。漫画家。『ナムジ』『虹色のトロツキー』『王道の狗』『ヤマトタケル』『機動戦士ガンダム THE ORIGIN』など多数。

吉村武彦（よしむら・たけひこ）

1945年生。明治大学名誉教授。日本古代史。『日本古代の社会と国家』（岩波書店）、『新版 古代天皇の誕生』（角川ソフィア文庫）など。

川尻秋生（かわじり・あきお）

1961年生。早稲田大学文学学術院教授。日本古代史。『古代東国史の基礎的研究』（塙書房）、『日本古代の格と資財帳』（吉川弘文館）など。

松木武彦（まつぎ・たけひこ）

1961年生。国立歴史民俗博物館教授・総合研究大学院大学教授。日本考古学。『古墳とはなにか――認知考古学からみる古代』（角川選書）、『人はなぜ戦うのか――考古学からみた戦争』（中公文庫）など。

角川選書 656

シリーズ 地域の古代日本

陸奥と渡島

令和4年6月15日　初版発行

編　者　吉村武彦・川尻秋生・松木武彦

発行者　青柳昌行

発　行　株式会社 KADOKAWA
東京都千代田区富士見 2-13-3　〒102-8177
電話 0570-002-301（ナビダイヤル）

装　丁　片岡忠彦　　帯デザイン　Zapp!

印刷所　横山印刷株式会社　　製本所　本間製本株式会社

ISBN978-4-04-703694-9 C0321

この書物を愛する人たちに

詩人科学者寺田寅彦は、銀座通りに林立する高層建築をたとえて「銀座アルプス」と呼んだ。
戦後日本の経済力は、どの都市にも「銀座アルプス」を造成した。
アルプスのなかに書店を求めて、立ち寄ると、高山植物が美しく花ひらくように、
書物が飾られている。

印刷技術の発達もあって、書物は美しく化粧され、通りすがりの人々の眼をひきつけている。
しかし、流行を追っての刊行物は、どれも類型的で、個性がない。
歴史という時間の厚みのなかで、流動する時代のすがたや、不易な生命をみつめてきた先輩たちの発言がある。
また静かに明日を語ろうとする現代人の科白がある。これらも、
銀座アルプスのお花畑のなかでは、雑草のようにまぎれ、人知れず開花するしかないのだろうか。
マス・セールの呼び声で、多量に売り出される書物群のなかにあって、
選ばれた時代の英知の書は、ささやかな「座」を占めることは不可能なのだろうか。
マス・セールの時勢に逆行する少数な刊行物であっても、この書物は耳を傾ける人々には、
飽くことなく語りつづけてくれるだろう。私はそういう書物をつぎつぎと発刊したい。
真に書物を愛する読者や、書店の人々の手で、こうした書物はどのように成育し、開花することだろうか。
私のひそかな祈りである。「一粒の麦もし死なずば」という言葉のように、
こうした書物を、銀座アルプスのお花畑のなかで、一雑草であらしめたくない。

一九六八年九月一日　　角川源義

新版　古代史の基礎知識

編　吉村武彦

歴史の流れを重視し、考古学や歴史学の最新研究成果を取り入れ、古代史の理解に必要な重要事項を配置。新聞紙上をにぎわしたトピックをはじめ、歴史学界で話題の論争も積極的に取り上げて平易に解説する。

643　416頁

978-4-04-703672-7

国際交易の古代列島

田中史生

弥生時代以来、東アジア海域で広域的・重層的に行われた国際交易により、古代社会はどう変わったのか。その実態を、首長層の交易ネットワーク、海商の登場、国家の交易管理と唐物偏重の背景などから探る。

567　256頁

978-4-04-703567-6

古墳とはなにか
認知考古学からみる古代

松木武彦

なぜ巨大古墳が現れ、衰退したのか。墳墓の分布やかたちの継承から首長層のヒエラルキーを論じてきた古墳時代の歴史を、人の心理や認識の仕方をよりどころとして新たに読み解く。認知考古学最前線の成果。

493　256頁

978-4-04-703493-8

平城京誕生

吉村武彦・舘野和己・林部　均

飛鳥・藤原京から平城京へといたる国のあり方と宮都の造営を、律令国家の形成という「王法」と、鎮護国家仏教の庶民への信仰の広まりという「仏法」の二つの観点から描く。考古学と文献史学の成果を投入。

483　232頁

978-4-04-703483-9

角川選書

遣唐使船の時代
時空を駆けた超人たち
遣唐使船再現シンポジウム 編

阿倍仲麻呂、吉備真備、最澄、空海、円仁そして鑑真。遣唐使船が行き交った古代の東アジア・ネットワークと、唐の文化を移入した遣唐使、留学僧らの超人的な活躍、その精華として結実した古代文化を描く。

479 | 240頁

978-4-04-703479-2

奇蹟の正倉院宝物
シルクロードの終着駅
米田雄介

五弦琵琶は、世界中で一つ正倉院にのみ実物が伝わる。螺鈿が施された美しい琵琶は、天平人の耳にどう響いたのか。聖武天皇遺愛の品から始まる数々の宝物の受容と展開の歴史を、その魅力とともに解き明かす。

478 | 218頁

978-4-04-703478-5

遣唐使の光芒
東アジアの歴史の使者
森 公章

古代国家形成に大きな影響をもたらした遣唐使。対等外交だったか、朝貢関係か、その対外認識や政策の実態など、遣唐使事業のすべてを検証し、将来された文物と思想、日本独自の文化受容のあり方を描く。

468 | 264頁

978-4-04-703468-6

風土記
日本人の感覚を読む
橋本雅之

七一三年の官命によって編纂された「風土記」。全国各地の産物や土地、神話などを記す古代の貴重な資料である。その地誌としての性格をふまえ「風土記」を読み解き、日本人に通底する心のありようを知る。

577 | 208頁

978-4-04-703582-9

日本の古代道路
道路は社会をどう変えたのか
近江俊秀

中央と地方とを結んだだけではなく、中央の文化を地方に伝え、地方と地方とを結ぶ役割を果たした古代の道路網。駅路廃絶後も地域社会に政治・経済・文化的な影響を及ぼした歴史を、最新成果から明らかにする。

548 | 256頁
978-4-04-703548-5

遣唐使　阿倍仲麻呂の夢
上野　誠

帝国・唐の重臣閣僚となった阿倍仲麻呂。その非凡な才は新生国家としての日本を体現する知そのものだった。仲麻呂の生涯を貫く夢と、残されたただ一首の歌「天の原」の謎を、日唐交流史を背景に鮮やかに描く。

530 | 272頁
978-4-04-703530-0

万葉集と日本人
読み継がれる千二百年の歴史
小川靖彦

八世紀末の成立から千二百年。紫式部、藤原定家、佐佐木信綱らが読んだそれぞれの時代の『万葉集』は、どのようなものだったのか。時代とともに変化する歌の読み方、解釈を追い、日本人の心の歴史をたどる。

539 | 256頁
978-4-04-703539-3

邪馬台国の考古学
魏志東夷伝が語る世界
東　潮

洛陽から方万里の外は、夷狄の世界とされた三世紀東アジア。現在の中国東北部、朝鮮半島など「東夷」の国々の考古学的な新知見と『魏志』の世界観から、邪馬台国論争に決着をつけ、倭国の新たな歴史像を描く。

503 | 256頁
978-4-04-703503-4

角川選書

角川選書

装いの王朝文化
川村裕子

衣服は、いつの時代も、着用している人物の位や性格など、様々な情報を示してきた。『源氏物語』『枕草子』などの記述を手がかりに装束の記号性を読み解き、作品の新たな解釈と古典を読む楽しみを味わう！

573 | 192頁

978-4-04-703575-1

武士はなぜ歌を詠むか
鎌倉将軍から戦国大名まで
小川剛生

戦乱の中世、武士は熱心に和歌を詠み続けた。武家政権の発祥地・関東を中心に、鎌倉将軍宗尊親王、室町将軍足利尊氏、江戸城を築いた太田道灌、今川・武田・北条の大名を取り上げ、伝統の足跡をたどる。

572 | 296頁

978-4-04-703589-8

怪しいものたちの中世
本郷恵子

社会事業や公共事業を請け負った勧進聖、祈祷師や占い師、芸能者、ばくち打ちや山伏――。夢見る喜びや生きる意味を考える機会を与えた中世の宗教者の知られざる役割を、豊富な事例で解き明かす新しい中世史。

566 | 200頁

978-4-04-703566-9

日本思想の言葉
神、人、命、魂
竹内整一

古い言葉をじっくりと読み味わうことで、我々は先人の叡智や、消えゆくものへの静かな眼差しに触れることができる。今日という時代を生きるよすがとなる、美しい言葉の数々が織りなす、日本思想史の新たな地平。

575 | 264頁

978-4-04-703590-4